めちゃくちゃ売れてる
投資の雑誌ダイヤモンドザイ Diamond ZAiが作った

ダイヤモンド社

1万通貨vs1000通貨 始め方でこんなに差がつく!

FXはギャンブルじゃない!

ギャンブラーきつねと慎重うさぎのFXはじめて物語

FXが儲かるらしいと聞きつけてきたギャンブラーきつねの誘いに乗って、FXを始めたうさぎ。

両者とも10万円の元手でスタートしたのだが……、結果はいかに。

*1 1ドル=100円で計算。2023年1月時点で1ドル=130円くらいなので、130万円くらいになります。

*2 レートが上昇すると証拠金の関係で、3万ドルは買えない場合もあります。

2人とも 1勝2敗なのに、残高に大きな差ができちゃった

ザイ編集部からの提言!

慎重うさぎに学ぶべし!

まずやってみる! ただし1000通貨で

きつね君を見て、「あ、これってボクのこと!」って思った人、実は大半の人がこんな経験をしているから安心して。本書に出てくる勝ち組の個人投資家たちでさえ、こんな経験をしている人が多い。失敗から学ぶってヤツだ。

でもちょっと考えてみてほしい。パチンコや競馬とか、いわゆるギャンブル初体験!というときに、いきなり100万円で1点買い!なんてしないでしょ。最初は100円とか200円で始めて様子を見るのがごくフツーの行動のはず。なのにFXっていう魔法がかかった途端にみんな大胆になってしまう。これってどうなのって編集部は思うのだ。

FXもうさぎ君みたいに少額で始めるのが賢いやり方。はやる気持ちをグッと抑えることが勝利への近道だ。米ドル/円の取引単位は1万通貨(2023年1月時点で130万円くらい)がメジャーではあるけれど、1000通貨で取引できるFX会社も多い。まず、1000通貨でやってみる。あれこれ戦略を考えるのは、十分な準備運動をしてからでも遅くない。さぁ、FXを始めよう!

FXは2つの通貨の交換

米ドルと円、ユーロと英ポンドなど2つの通貨の交換レートがFXの基本。この通貨の組み合わせのことを「通貨ペア」と呼ぶ。通貨ペアの交換レートは日々上がったり下がったりする。昨日は1ドルで100円もらえたのに今日は99円になったり、101円になったり。その変化を予想して儲けるのがFXなのだ。株の場合、会社が倒産したら株券の価値はゼロになるが、アメリカやイギリスが国家破綻することは考えにくい。FXは、市場規模のデッカイマーケットが相手なのだ！

やっぱりFXはスゴかった！

みんなが夢中になっているFXの魅力ってどこにあるの？という人のために、FXがスゴい理由をおさらいしておこう。これを読めばFXが「外貨投資のトップランナー」である理由がわかるはずだ！

FXで億の夢も！

憧れの億り人。もちろん、誰もがFXでカンタンに億万長者になれる！なんて言うつもりはない。でも、レバレッジがかけられたり、売りからも入れるというのは、なかなか優れた商品性だし、それを活かせば、億へのチャンスはある！　何より少額から始められるのがいい。10万円からスタートしても、1000通貨を基本にすれば、ローリスクでコツコツ積み上げていくことも可能だし、ある程度増えてきたらレバレッジを少し上げて、投資効率を高めていくことも自由自在だ！

上がっても下がっても儲かる！

FXの魅力は相場の局面によらず稼げること。外貨預金は円を外貨に交換して預ける商品だから、外貨の価値が上がらないと（円の価値が下がらないと）儲からない。外貨預金に預けたあとに円高が進むと、金利がついても損する可能性は高い。でもFXなら「外貨を買う」だけじゃなく「外貨を売る」取引もできる。つまり、円高のときは「外貨を売る（円を買う）」取引をすれば利益になる。円が上がっても下がっても収益チャンスのあるFX。円高で泣かないために活用を！

コストが安い

FXを両替手段に使う企業も増えてきた。その理由は「FXで両替したほうがコストが安いから」。両替するときのコストは手数料とスプレッドの2つだが、FXなら手数料無料が基本。スプレッド、つまり買値と売値の差もどんどん狭くなって、1円程度から、今や0.2銭程度に（米ドル／円の場合）。これって1万ドルの取引なら1万円と20円ということだから雲泥の差。せっかく利益が出ているのにコストが圧迫して手元に残るのは雀の涙、なんてこともFXなら、ない！

いろんな国の通貨に投資できる

日本で高度成長期以降、1ドル360円から100円へと円の価値が急速に高まっていったように、世界には「第2の日本」になりそうな国がたくさんある。そうした国の将来性を見越して先に外貨投資しておくのもいいし、先進国だってまだまだ成長余地のある国は多い。投資手段はもちろんFX。資源価格の影響が大きいカナダ、オーストラリアや、リスクは高いけど政策金利が魅力的なメキシコなど、FXなら取扱通貨の種類も多いので、自分の戦略に合わせて通貨が選べる！

世界の動きに敏感になるぞ

為替市場は、アメリカ大統領のひと言、世界のどこかで起きたテロ、金融機関の倒産などいろんな要因で動く。FXをやっていると必然的に「世界が今、どうなっているか」を意識させられることが多い。普段、新聞やテレビで報道されていても右から左に流しちゃう国際情勢のニュースが気になるようになる。アメリカや欧州の景気とか、世界の金利の動向とかはFXの世界では押さえておくべき基本情報。FXのウデを磨いていると自然に国際派のイメージがついちゃうかも！

オモシロイぞ！FXって‼

リターンが大きい分、リスクもあるのは金融商品の性。そこはちゃんと理解した上で始めれば、こんなに面白い取引はない。自分の好きなときに好きなだけできるFXの世界、一度覗いてみてもソンはない！

24時間トレードできる

いくら便利な商品でも「取引時間は日中だけ」なんて限られていたら仕事のある人には使いにくい。でもFXの為替市場は平日だと24時間休みなく動いている。しかも、取引量が多くなるのはニューヨーク市場が動き出す頃。日本時間でいえば夜9時頃からなのだ。会社員ならちょうど帰宅して一服したあとが、いちばん盛り上がる時間帯。もちろん、この時間じゃなくてもFXはできるし、出勤前にチャートを確認して注文だけ入れてとか、好きな時間に取引できる！

レバレッジのパワーは大きい

通貨ペアの上がり下がりを予想して、予想が的中すれば利益になるFX。しかもFXには「レバレッジ」がある。これを上手く使うと利益を効率よく増やせるのだ。レバをかけずに（＝レバ1倍で）10万円で1万円の利益が得られるとき、10倍のレバをかけて取引すると利益は10倍の10万円！　ただし損したときも10倍の10万円になってしまう。レバがよく「諸刃の剣」といわれるのはそのせい。まずは低レバで始めてその効果を実感。レバを味方につけることが成功への近道！

家でも出先でもどこでもできる

為替市場が24時間動いてるってことは気が休まる暇がなさそう？　でも大丈夫。FX会社が力を入れているのがスマホ対応だ。相場の状況はもちろん、設定されたレートに達するとメールで教えてくれるし、チャートを見ながら新しい注文を入れたり、持っているポジションを決済したりも余裕でできる。パソコンを持ち歩かなくてもスマホがあれば慌てる必要はない。「外出が多いからFXはムリ」なんて思う必要もない。むしろスマホを活用することで収益チャンスを増やせる！

金利が毎日もらえる

外貨預金の魅力は海外の高金利を享受できること。FXにも金利のような仕組みがある。それが「スワップポイント」。イメージとしては買ったほうの通貨の金利をもらって、売ったほうの通貨の金利を支払う感じだ。たとえば豪ドル／円を買ったら豪ドルの金利をもらって円の金利を支払う。円の金利なんて今どき雀の涙だから収支はプラス。豪ドルを持っているだけでスワップポイントがもらえちゃう。しかも毎日。レバレッジを抑えればFXを外貨預金のようにも使えるのだ！

Contents

序章

第1章 015 FXトレードの基本をさくっとマスター

第2章 047 1000通貨だからできるトレードテクニック

第3章 067 知れば知るほど便利なFXのしくみ

第4章

097

ファンダメンタルズ分析の実践練習

第5章

117

テクニカル分析なしでは勝ち目なし！

第6章

137 先輩トレーダーに学ぶトレードスタイル

第7章

第1章

FXトレードの基本をさくっとマスター

［この章で覚えること］

1. 少額&実践でツールの使い方を習得すべし
2. 取引は米ドル／円の1000通貨単位と決めよ
3. 注文の仕方は"ファスト+OCO（おーしーおー）"と覚えるべし
4. 売買タイミングはチャートに聞け！

いきなり全力！は超リスキー まずは少額1000通貨でじっくり練習！

はやる気持ちは抑えて「仮免」を目指そう

「今日からFXをやってみる！」

そう決意して、FX会社に口座を開設。10万円のお金を入金して、やる気満々で始めようと思っているあなた。ちょっと待った！

FXを始めようと思って、いきなり大金を入金して、全力で**トレード**[※1]を始めてしまうのは無謀もいいとこ。その先に待っているのはイバラの道だ。**ビギナーズラック**[※2]で資産が一時的に増えることはあっても、きっと手痛い失敗が待っている。「お試し感覚で取引→FXからの退場を宣告される」という過ちを犯さないためには、全力の取引を始める前の準備が大切だ。モノには順序というものがある。「クルマを運転したい！」と思っても、いきなりディーラーに行ってクルマを買う人はいない。まずは仮免を取得してから路上に出ないと、事故るだけだ。FXでその仮免にあたるのが、「1000通貨取引」だ。

1000通貨取引だと実際のお金が動くとはいえ、ごく少額。買ってから10円下がる大失敗の取引でも損失は1万円で済む。5連敗、10連敗しても取り返せる範囲の金額で収まるから、初心者にはもってこいなのだ。まずは、1000通貨取引で練習しよう。

操作方法や専門用語の理解からスタートだ

最初は取引ツールの操作方法だってわからないだろうし、FX独特の用語もちんぷんかんぷん。注文を入れたのはいいけれど、「あれ、決済ってどうするの？」とヘルプを見ているようじゃ、心許ない。せめて操作方法やFX用語をひと通り覚えるまでは、1000通貨で取引しよう。FXでは1万通貨が基本の取引単位だが、1000通貨単位で取引できるFX会社も多い。

「あれ、FXって**デモ口座**[※3]もあるって聞いたけど？」なんて思う人がいるかもしれない。デモ口座とは、本番さながらの取引を仮想のお金で試せる口座だ。確かにデモ口座で練習するのもいいけれど、仮想のお金だとどうしても本気になれない。買いボタンを押したものの、「どうせデモだし」と放ったらかして家事や仕事に集中していたらFXの練習にはならない。

FX取引を始めると、さまざまな感情が生まれる。「本当に買ってよかったのかな」と逡巡したり、思ったのと反対に動いて損切りするときには心が痛む。思いどおりに動いていても「利益を確定するべき？　でも、もっと儲かるかも」と欲望が湧いてきたりもする。そんな心の揺れを体感できるのは、本物のお金を使った取引だけだ。

1000通貨取引なら、少額とはいえ、実際のお金が動く。うまくいけばいつもより豪華なランチ代くらいは余裕で稼げるし、失敗すればランチ抜きになるかもしれない。「今買うか、もう少し下がってから買うか？」「損切りするか、もう少し耐えるか？」、悩みながらみんな上達していく。最初は1000通貨で小さく始めて、FX独特の用語や画面の見方、アプリの使い方などに慣れていこう。せっかくFX会社が用意してくれた1000通貨取引、とことん使い切らなきゃソン！

第1章では、トレードの流れをざっと紹介していくので、そこを読んでから実践に進もう。

準備段階「1000通貨取引」でチェックしておきたいこと!

- 取引ツールの操作方法
- 取引に必要な専門用語
- 注文方法の種類
- 決済の手順
- 損益状況の見方

まずはじっくり練習ね!

●デモ口座VS1000通貨取引

オススメ!

	デモ口座	1000通貨取引
メリット	◎口座開設の前に気軽にできる ◎損をしても自分のお金は減らない	◎本気でやれるので練習になる ◎取引による心の揺れを体感できる ◎リアリティがある
デメリット	◎本気になれない面がある ◎FXの練習にはあまりならない ◎金額が大きすぎる	◎口座開設しないとできない ◎損をしたら実際にお金が減る

第1章 用語解説 an explanation

※1 [トレード]
とれーど◉FXで行う取引のこと。FXでは買って売って、売って買ってと1回の取引が短期間で完結することが多いため、トレードという言葉が使われやすい。FX取引を行う人はFXトレーダーという。

※2 [ビギナーズラック]
びぎなーずらっく◉FXを始めたばかりの人が偶然にも勝ってしまうこと。これを自分の才能のおかげと勘違いしてしまう人は多いが、実際は怖いもの知らずの無謀なトレードが偶然よい方向に働いただけであることがほとんど。

※3 [デモ口座]
でもこうざ◉仮想のお金で取引できる口座。リアルなお金か仮想のお金かという違い以外は、ほぼ本番同様の環境で試せる。

わからない言葉だらけ…をすっきり解消！専門用語はしっかり覚える

FX口座にログインしてみよう

FXの世界へ一歩、足を踏み入れてみると、そこにはわからない言葉だらけだ。やたらにアルファベット3文字表記が多いし、カタカナばかりで意味がわからない。やっぱり最初にカクニンしておかなくちゃダメだ。

FX口座にログインしてみると、**為替レート**[※1]の一覧やチャートなどが表示される。FX会社によって、表示される内容や使い勝手は変わってくるので、そこも確かめておきたいポイント。

ちなみにマネックス証券のFX PLUSの初期画面は左のとおり。画面最上部が口座状況、真ん中に為替チャート、右側が発注画面、下部が取引状況という組合せになっている。ログインしたらチャートの上にあるレートパネルをクリックしてみよう。為替レートの一覧が表示される。

為替レートというのは、その時いくらで取引できるのか、という価格のこと。FXは24時間取引されていて、刻々と価格は変動する。価格が動くたびにピカピカと点滅して、結構頻繁に動いているのがわかる。

このアルファベット3文字ってなに？

それにしても、為替レートの一覧を見ても、**通貨ペア**[※2]の欄にはアルファベットが並ぶばかりで、よくわからん、米ドル／円はどれ？　と迷ってしまうかも。FXでは通貨をアルファベット3文字の略称で表すのが通例なのだ。

これは**ISO**[※3]で定められた世界共通の通貨コード。大体最初の2文字で国名、最後の1文字で通貨名を表している。たとえば、米ドルならUSD、円ならJPY、ユーロならEURといった具合だ。最初はとまどうかもしれないが、慣れてしまえば問題はない。

通貨ペアの表記の順番は決まっていて、米ドルと円の組み合わせが円／米ドルと表記されることは、ごくごく一部を除いて皆無。必ず米ドル／円（USD／JPY）なのだ。これは、左側の通貨（1単位）に対して、右の通貨はいくらか、と読むので、この場合、1米ドルは〇〇円となる。

ISOで決められている世界共通の通貨コードなのだ

記号	どこの通貨?
JPY	日本円
USD	アメリカドル
EUR	ユーロ
GBP	イギリスポンド
AUD	オーストラリアドル
NZD	ニュージーランドドル
CAD	カナダドル
CHF	スイスフラン
SGD	シンガポールドル
ZAR	南アフリカランド
HKD	香港ドル
CNH	中国元
MXN	メキシコペソ
TRY	トルコリラ

初期画面には情報がいろいろ!

為替レート

ボタンを押すとレート情報に切り替わる。パネルとレート一覧の2種類がある。チカチカと動くレートを見ているだけで、ワクワクする。

口座状況

口座に証拠金がいくらあるのか、あとどのくらい取引ができるか(取引余力)、出している注文に対してどのくらいの証拠金が必要なのか、などがわかる。

為替チャート

通貨ペアの値動きを示すもの。通貨ペアやチャートの時間軸などは簡単に変えられる。テクニカル指標の追加や、マウスで線を引くこともできる。

取引状況

今持っているポジションや、発注している注文の一覧が表示される。そのほか、注文や約定の履歴をチェックすることができる。

発注画面

新規注文を出すときに使う。ファスト注文画面(21ページ)が表示されている。プルダウンで通貨ペアを選び、注文数量を入力する。+−ボタンで増減も可能。

※1 **［為替レート］**
かわせれーと◉為替市場で決定される2つの通貨の交換レート。経済状態やニュース、2つの通貨のどちらを欲しい人が多いかという需給など、さまざまな要因によって変動する。為替レートがどう動くかを予測するのはFXトレーダーの最難問。

※2 **［通貨ペア］**
つうかぺあ◉FXで取引する2国の通貨の組合せのこと。FX会社によって扱っている通貨ペアの数は異なる。100以上扱っている会社も。

※3 **［ISO］**
あいえすおー◉国際標準化機構のこと。1947年にロンドンで創設され、世界的な標準である国際規格を策定するための非政府組織。略称はアイソ、イソなどとも読む。

いよいよ取引スタート 最初は〝今スグ買える〟注文方法にチャレンジだ

なんで値段が2つもあるの?

為替レートの欄を見てみよう。価格らしきものがたくさん並んでる。これは何だっ!

ＦＸ初心者がとまどいがちなのが、この為替レートの見方だろう。株なら株価は1つだし、日経２２５先物でもレートは1つ。でも、ＦＸでは2つのレートが同時に存在しているのだ。それがビッド（Ｂｉｄ・売）とアスク（Ａｓｋ・買）。

一見、おやっと思うが、日常生活にも似た仕組みがある。たとえば、中古ＣＤショップなどが良い例だ。ここでは店側の買取価格と販売価格は同額じゃない。安く買い取って高く売らなきゃ利益は出ないからだ。ＦＸもこれと同じで、ＦＸ会社が「売りたい値段」と、「買いたい値段」は違う。

個人投資家から見ると、売りたいときの値段がビッドで、買いたいときの値段がアスクだ。「高く買って安く売る」レートになっている。

だから、ビッドとアスクの2つのレートを見て、高いほうが買値で安いほうが売値。あるいは、ビッドとアスクが並んで表示されていたら、「左側にあるのが売値、右側にあるのが買値」と覚えておくのもいい。

ちなみに、この売値と買値の差をスプレッドという。たとえば、今、米ドル／円を買って、その瞬間、売ろうと思うと、買値より安い値段でしか売れない。この差（スプレッド）が投資家にとってのコストになる。だから、スプレッドは小さいほど有利といわれるのだ。スプレッドはＦＸ会社や通貨によっても異なる。

スプレッドって何?

USD/JPY
売(Bid) 144.161
0.2
買(Ask) 144.163
安値 143.530
高値 144.332

投資家が買いたいときの値段
投資家が売りたいときの値段
この差がスプレッド
スプレッドが小さいほうが有利なんだ!

基本となるのはファスト注文

レートの見方がわかったら、いよいよ注文だ。ＦＸ取引の基本的な流れは、「買い注文（エントリー）」→「保有」→「決済の売り注文（イグジット）」で完了となる。逆に「売り」から入る場合の決済は「買い」になる。

最初は、おなじみのＵＳＤ／ＪＰＹ（米ドル／円）の買い注文を出してみよう。

最も簡単な注文方法は「ファスト注文」といわれるもの。現時点でのレートで取引する注文方法だ。最初はこれだけ覚えておけばいい。

左のメニューバー「新規注文」から選ぶこともできるが、ＴＯＰ画面の右上に常時表示されているのは「ファスト注文」だ。ここでサクッと操作して

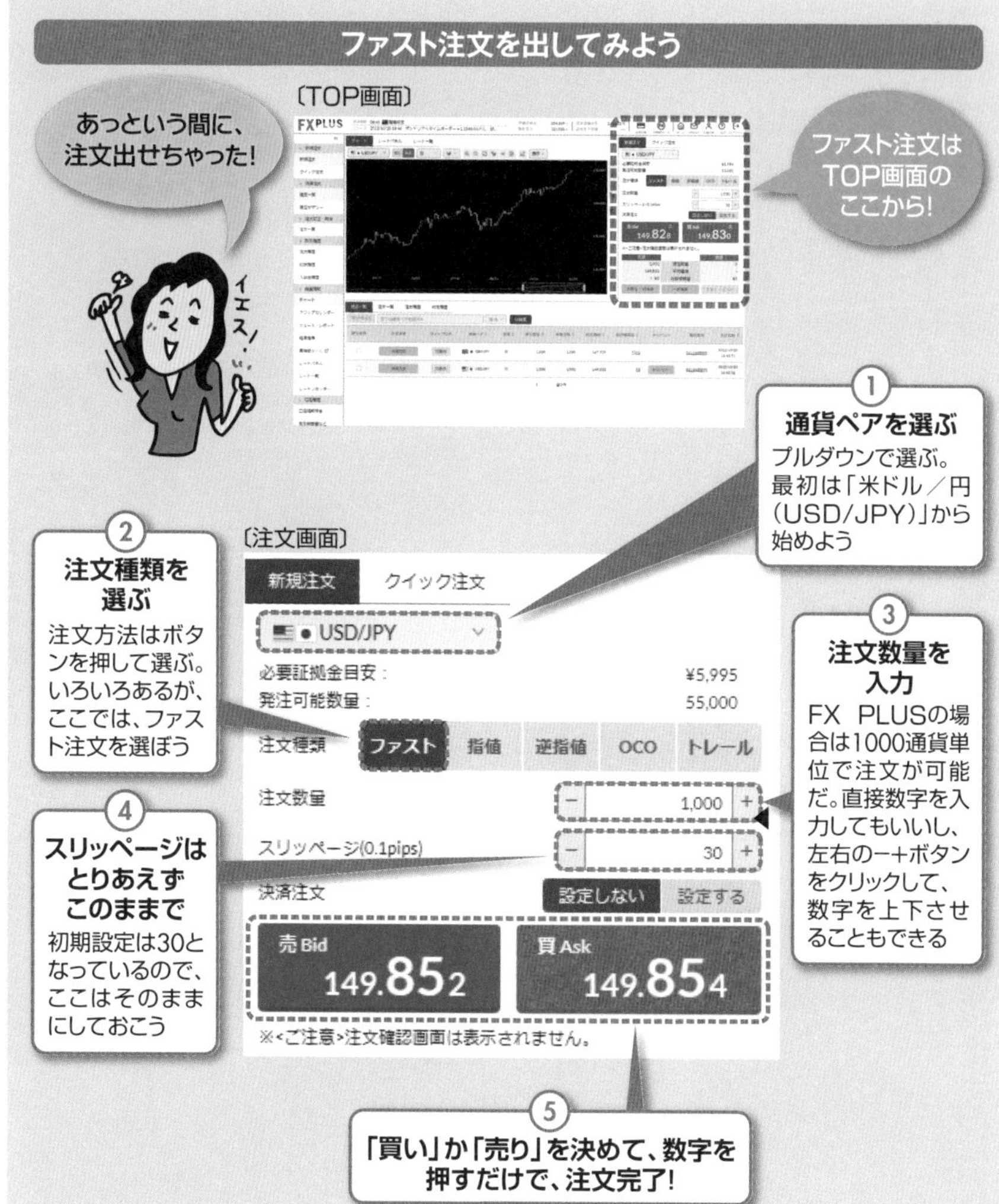

みよう。

まず、取引したい通貨ペアをプルダウンで「USD／JPY」と選択（①）する。次に注文種類の「ファスト」を選び（②）、注文数量を決める（③）。一般的には最小取引単位が1万通貨の会社が多いが、FX PLUSでは、1000通貨単位で注文することができる。最初の取引は「1000通貨」にしてやってみよう。

スリッページ（25ページ参照）はとりあえずそのままにして（④）、レートの数字が大きく表示されている「売」と「買」、どちらかのボタンをクリック（⑤）。これで注文完了！　スピーディに注文を出せるよう、注文内容を確認する画面は表示されない。

注文が成立すると画面下部にある「建玉一覧」の画面に表示される。ちゃんと反映されているか、確認しておこう。建玉一覧に米ドル／円、1000通貨の表示があれば、注文が成立していることの証明。総評価損益を見ると為替レートの変動にあわせて数字が動いているのが確認できるはず。初めての注文、成功だ！

儲かってる？ソンしてる？損益状況を確認しよう！

今の損益状況はどうなってる!?

注文が完了したら、次は儲かってるのかソンしてるのか、現在の損益状況を確認してみよう。

画面下部にある「建玉一覧」をクリック。建玉（たてぎょく）とは、新規注文は成立したけど、まだ決済していない注文のことをいう。建玉は〝ポジション〟と呼ばれることも多いので覚えておくべし。

ここでは前ページで米ドル／円を1000通貨買ったけど、まだ決済していないので、建玉一覧には「USD／JPY・買・1000」が、建玉として表示される。

建玉一覧の画面で注目しておくべき数字が「総評価損益」。いわゆる含み益、含み損がいくらなのかを教えてくれる数字だ。

含み損益[※1]は「このポジションを今決済したら、どのくらいの損失、あるいは利益になるか」という金額。1ドル100円で買った1000ドルが101円になったら、含み益が発生するし、99円に下がったら含み損だ。レートはどんどん変わるので、あまり含み損益ばかりを気にして一喜一憂してもしょうがないが、「今いくら儲かってるんだろう」と気になるのは人の性。そんなときは総評価損益を確認してみればいいのだ。

総評価損益は最新時点のレートで計算される。刻々と動く為替レートにあわせて、総評価損益の数字も動く。最初のうちはレートだけ見ていてもピンとこないが、損益として表示されると実感がわいてくる。「為替レートが10銭上がったら、どのくらい損益が動くのかな」と見ていくことで、値動きと損益の関係についての感覚もついてくるのだ。

含み損益と実現損益は違う

ただし、総評価損益はあくまでも「含み」の利益と損失。実際に実現した損益ではないので、この数字だけを見て儲かったつもりでいると、あとでイタイ目にあう。最初に自分で決めた目標どおり、「これだけ儲かったらいいや」「これ以上損したらまずい」というレートに達したらちゃんと決済して、含み損益を実現損益に変えてやらないといけない。

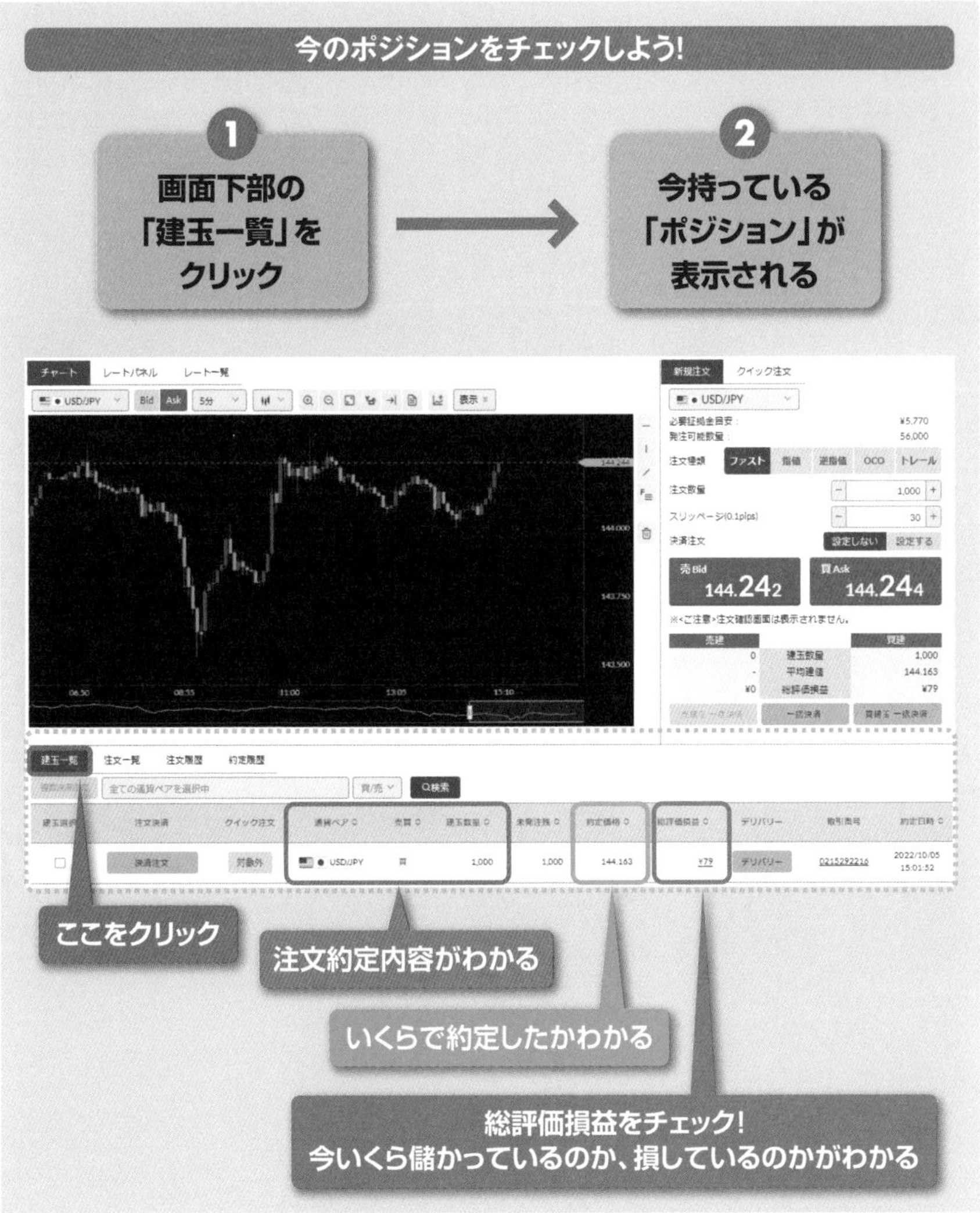

今のポジションをチェックしよう！

1 画面下部の「建玉一覧」をクリック → 2 今持っている「ポジション」が表示される

ここをクリック

注文約定内容がわかる

いくらで約定したかわかる

総評価損益をチェック！
今いくら儲かっているのか、損しているのかがわかる

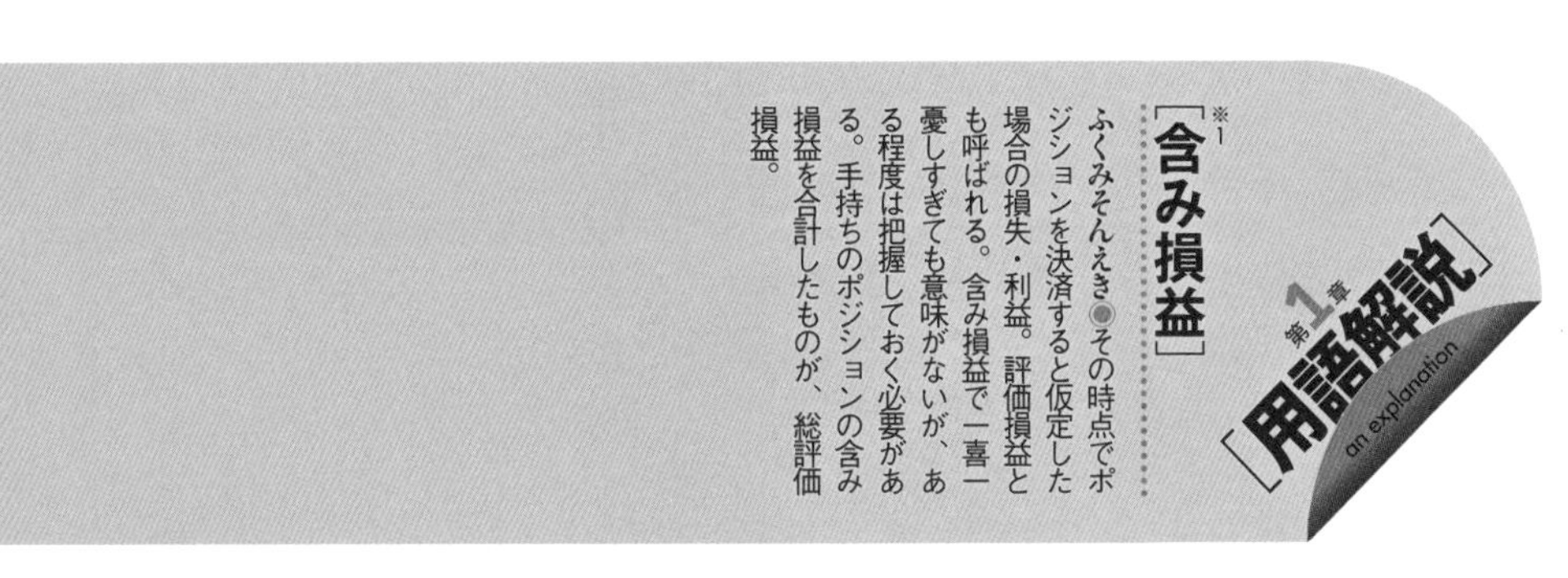

※1
［含み損益］

ふくみそんえき◉その時点でポジションを決済すると仮定した場合の損失・利益。評価損益とも呼ばれる。含み損益で一喜一憂しすぎても意味がないが、ある程度は把握しておく必要がある。手持ちのポジションの含み損益を合計したものが、総評価損益。

第1章 FXトレードの基本をさくっとマスター

決済注文を出して取引完了！さて、その結果は？

決済するまでが1クール取引の結果を確認する

最後は決済注文だ。決済のときは、最初の注文とは反対、つまり「買い注文」でポジションを建てたら決済は「売り注文」、最初が「売り注文」だったら決済は「買い注文」になる。

ポジションを決済したいときは、画面下部の「建玉一覧」に注目しよう（左ページ参照）。まずは、「建玉一覧」から決済したいポジションを選び（①）、「決済注文」の黄色いボタンをクリック。決済注文画面がポップアップする。「ファスト」注文を選び（②）、「注文数量」を確認（③）。もし、最初に3000通貨買っていて1000通貨だけは残したいなら、数字の左側にある「ー」で数量を変えて「2000」とすればいい。「スリッページ」[※1]はそのままにして、ここでは「売」の数字をクリック（④）して決済完了。

エントリー注文したときと同じように、買値と売値の2つの値段が大きく表示されるので、買い注文の決済なら「売」の数字を、売り注文の決済なら「買」の数字をクリック。売りと買いがわからなくなっても、FX PLUSでは買い注文の決済のときは「売」のほうが濃く表示されるので安心だ。

さて、決済した結果、どのくらいの利益、損失になったのだろうか。それを見るには画面下部のメニューから「約定履歴」[※2]を見てみよう。「決済損益」[※3]として表示された金額が先ほどの決済注文による利益・損失だ。

新規の注文を入れて、損益状況を確認し、最後に決済。これがFXトレードの1クールとなる。この流れの操作方法はよく覚えておくこと。

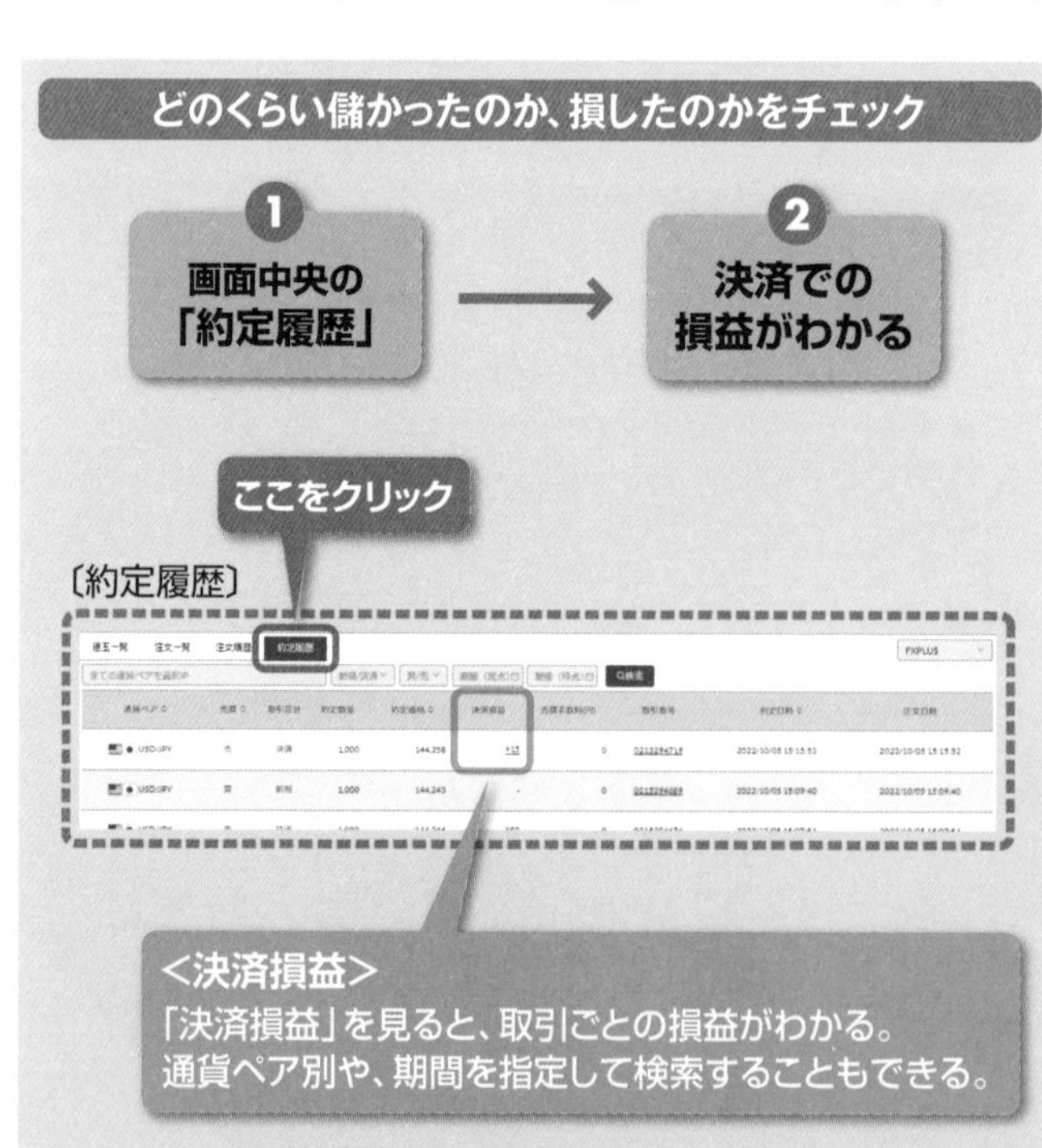

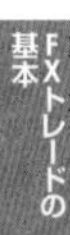

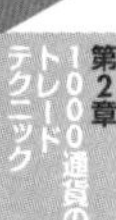

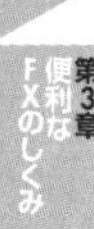

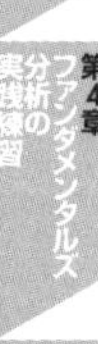

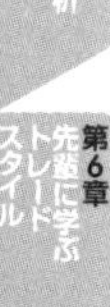

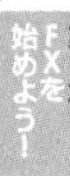

決済注文を出してみよう！

〔建玉一覧〕

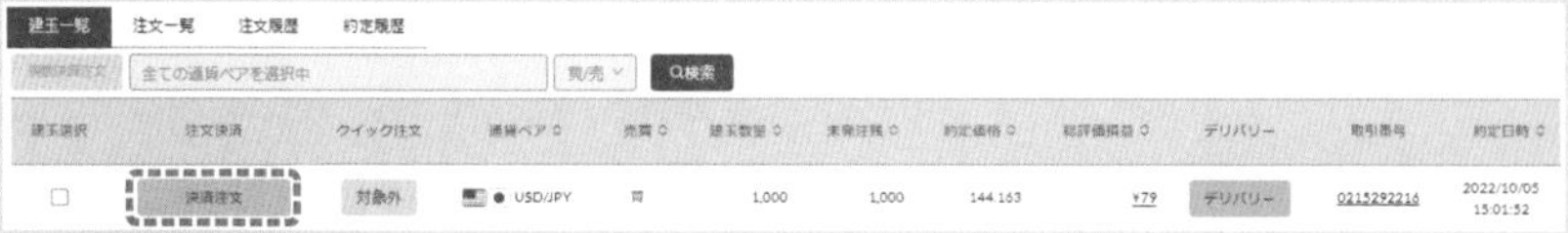

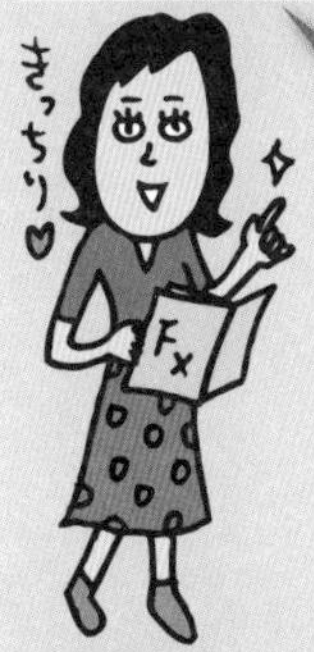

建玉一覧
注文一覧
注文履歴
約定履歴
全ての通貨ペアを選択中
買/売
Q検索
建玉選択
注文決済
クイック注文
通貨ペア
売買
建玉数量
未発注残
約定価格
総評価損益
デリバリー
取引番号
約定日時
決済注文
対象外
USD/JPY
買
1,000
1,000
144.163
¥79
デリバリー
0215292216
2022/10/05 15:01:52

きっちり♡
Fx

①
決済注文ボタンを押す
決済したいポジションを選んで、決済注文ボタンを押す

②
ファストを選ぶ
注文画面がポップアップするので、注文種類を選ぶ。ここでは、すぐ決済したいので、左端の「ファスト」をクリック。

〔注文画面〕

③
注文数量とスリッページを確認

決済注文
USD/JPY
注文種類
ファスト
指値
逆指値
OCO
トレール
注文数量
1,000
スリッページ(0.1pips)
30
売 Bid
144.244
買 Ask
144.246
売建
買建
0
建玉数量
1,000
144.163
¥0
¥81
決済対象建玉
建玉数量
未発注残
約定価格
総評価損益
約定日時
買
1,000
1,000
144.163
¥81
2022/10/05 15:01:52
取消対象注文
取引区分
売買
注文種別
注文数量
注文価格
有効期限 状態
取引番号
注文日時
該当するデータがありません。

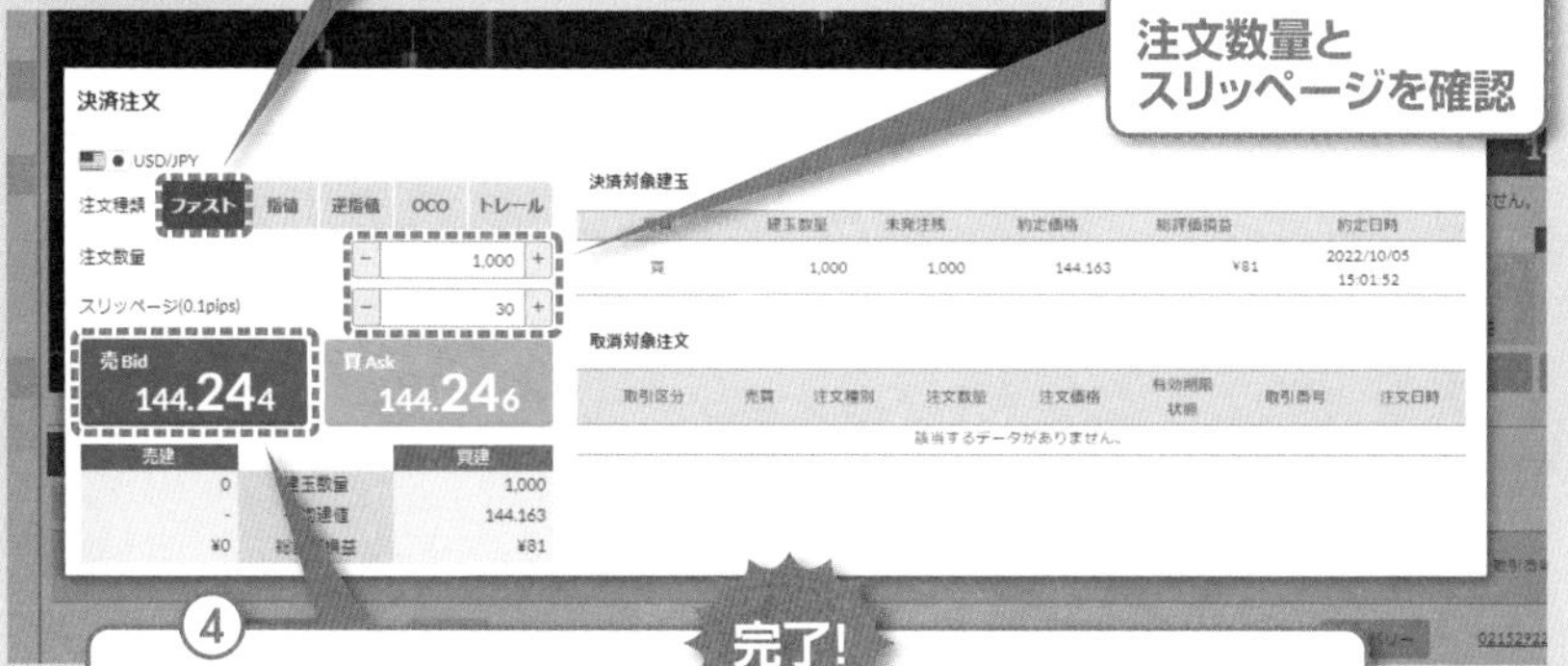

④
左側の数字「売」をクリック！　**完了！**
今回は「買い」ポジションに対する決済なので、「売り」の数字が濃く表示される。間違えて「買い」の数字をクリックしても「買い注文」は通らないので安心だ。

第1章 用語解説 an explanation

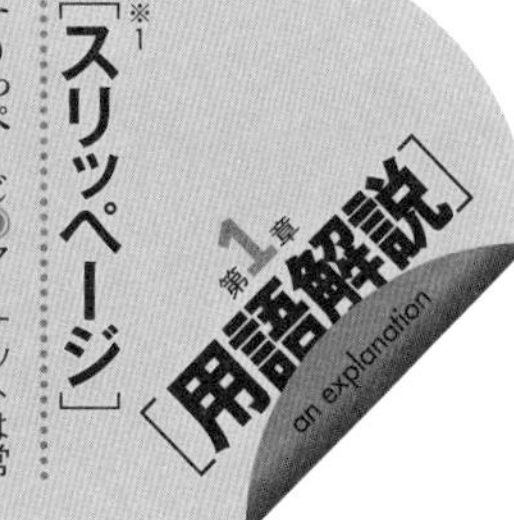

※1
［スリッページ］
すりっぺーじ◉マーケットは常に動いているので、注文したときに表示されている価格と約定した価格がズレる場合がある。その差のこと。スリッページによって想定した価格より不利な注文が約定されることを防ぐため、どのくらいまで許容できるかを設定することができるのだ。

※2
［約定履歴］
やくじょうりれき◉過去に行った取引の結果。自分がどんな取引をしていたのか確認したいときに見る。Ｅｘｃｅｌなど表計算ソフトで管理すると、自分のトレード傾向がより把握しやすくなり、成績向上にもつながる。

※3
［決済損益］
けっさいそんえき◉決済して実際に口座に反映された損失・利益。実現損益とも呼ばれる。

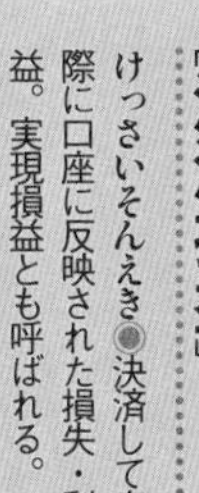

適正な取引額はどのくらい? やっぱり1000通貨でトレードする

慣れる前に退場!? だけは避けよう

1000通貨でとりあえず注文から決済までを体験してみて、なんとなくFXのことが見えてきたのでは。

とはいっても、「FXの注文が一通りできる」のと、「FXで稼げる」ことの間には高い壁がある。稼げる投資家になるためには、どんな通貨ペアを売買するのか、いつどんなタイミングで売買するのか、どのくらいの金額を売買すればいいのか――、などなど、知っておかなければいけないことは、いろいろある。

ここでは、まずどのくらいの金額を売買すべきか考えてみよう。

FXは外貨預金や外貨建てMMF、投資信託など、他の外貨建て商品に比べて**取引コスト**※1は格段に安いし、自分が取引したいと思ったとき、ほぼ24時間取引できる。それに取引できる通貨ペアの種類が比べものにならないくらい豊富だったりと、ものすごく便利な金融商品だ。でも初心者がいきなり「儲かって儲かってしょうがない!」なんてことはありえない。最初は誰だって損したり儲かったりを繰り返して、だんだんと慣れていくもの。

ところが、慣れる前にFXをやめざるを得なくなる人もいる。典型的なのは、FXの魅力のひとつである「少額から始められる」のキャッチフレーズに飛びついて10万円ほどで始めたのはいいものの、**レバレッジ**※2の感覚になじまないうちに身の丈に合わない多額の取引を繰り返し、一度の負けで大きな損失を出してしまうパターン。

思っていたのと反対方向に1銭、1円動いたら、どのくらい損するのか、感覚をつかめていないのに、多額の取引をするのは大ケガのもとだ。

どのくらいの金額が適正なのか

でも、10万円で始める初心者にとって、「多額」ってどのくらいなんだろう。

多くのFX会社では基本の取引数量が**1万通貨**※3に設定されている。米ドル/円なら1万ドルだから、1ドル100円とすると約100万円! FXにはレバレッジがあるから、取引は可能ではある。でも、口座に10万円しか入れていないのに、いきなり初心者が100万円の取引をしようったって、推奨できる話ではない。2円、3円と思惑とは反対に動いたとき、元手の20%、30%と大きな打撃を食らってしまう。左ページのきつね君のように、うっかり3連敗でもしようものなら、もとの10万円を取り戻すのは、そうとう難しくなってしまう。

だから、もう1ケタ単位を落として、1000通貨なのである。元手10万円で1000ドルの取引なら、レバレッジは1倍だ。よっぽど為替が大きく動いて「米ドル/円で10円幅の損を出してしまった!」なんてことがあっても、打撃は1万円で済む。

10万円程度の少額で始められるFXの魅力を最大限に使おうと思ったら、取引通貨は1000通貨から始めることが好ましい。うさぎ君のように、コツコツ取引経験を積んでいこう。

ただし、1000通貨で取引できるFX会社のなかには1万通貨未満だと取引手数料がかかるところもあるので注意が必要だ。1万通貨でも1000通貨でも取引コストが変わらない会社を選ぶようにしよう。

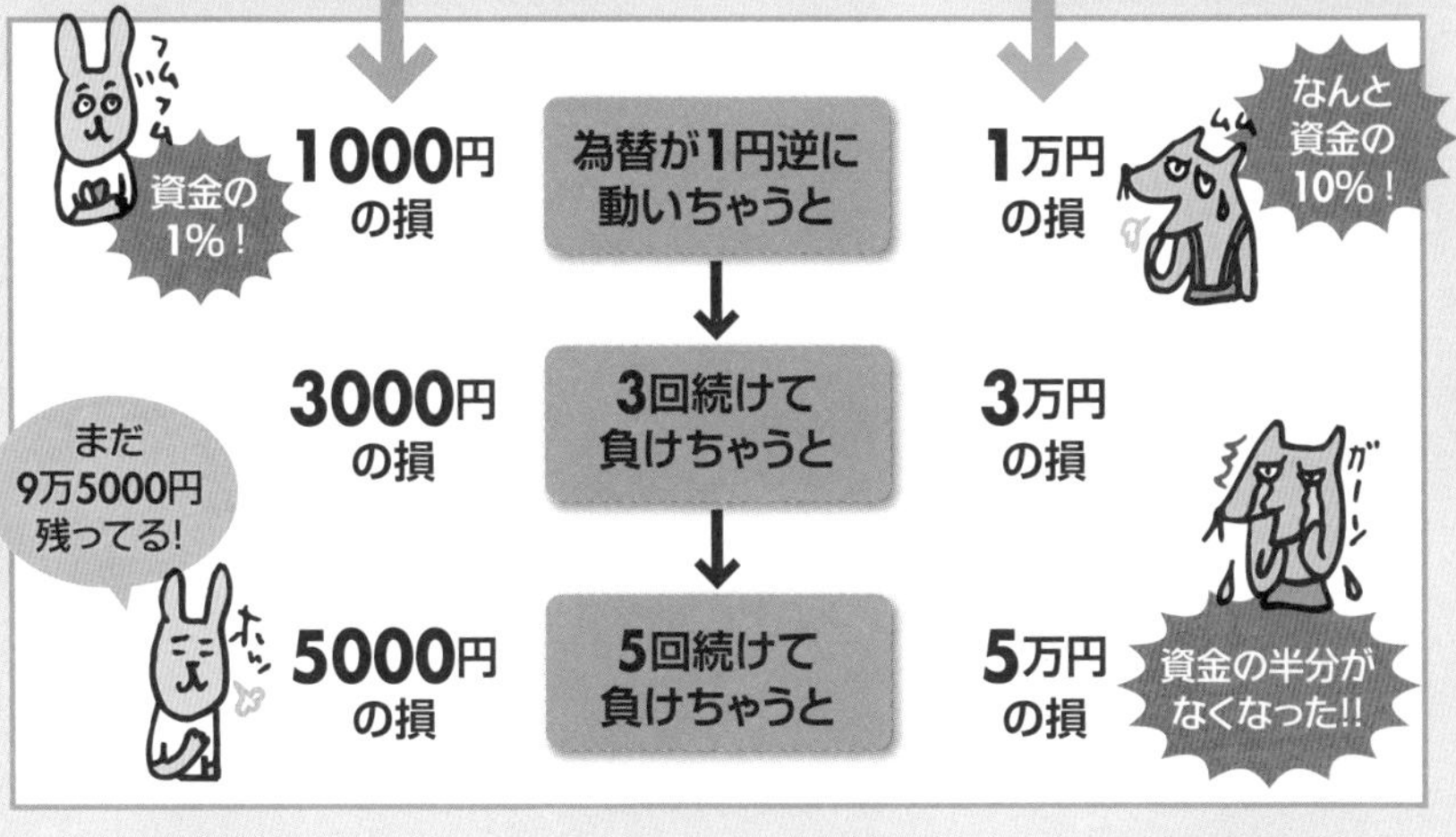

第1章 用語解説 an explanation

※1
［取引コスト］
とりひきこすと◉FXの取引コストは取引手数料とスプレッドの2つ。1万通貨だと取引手数料無料なのに、1000通貨だと取引手数料がかかるFX会社もある。事前に取引条件の確認をお忘れなく。

※2
［レバレッジ］
ればれっじ◉レバレッジの計算方法は人によりさまざまだが、本来は1単位あたりの取引に必要な最低証拠金の倍率。最高25倍と設定されており、たとえば1万ドルの取引で必要最低証拠金が4万円ならレバレッジは25倍となる。

※3
［1万通貨］
いちまんつうか◉1万通貨を基本単位とする会社が多い。「1枚」といったときは1万通貨で計算するのが基本。

「負けは小さく」が大原則 損切りの習慣は必ず身につける

たった一度の損失で強制退場にならないために

すべてのFXトレーダーが必ず守るべき大原則がある。それが〝損切り[※1]の徹底〟。

自分の思惑とは反対の方向にいってしまった場合の対処方法だ。損失が出たら、あきらめて決済してしまうこと。いつまでもダラダラと持ち続けず、早めに決済することで、損失幅を広げないようにするのだ。初心者ほど、たった一度の損失が原因で資金の大半を失ってしまいやすい。なぜ、そんなことになってしまうのだろうか。

巻頭のマンガでFXデビューしたきつね君。FXを始めて最初は調子よく買い増しして、10万円の資金が12万円まで増えた。でも2回目のトレードで買ったポジションは思うように上がらず、下がるばかり。「これまでも一時的に含み損になることはあったけど、結局は利益になったし」と放置したのが運の尽き。含み損はみるみるふくらみ5万円、7万円、そしてとうとう10万円に……。結局、最後まで損切りできず強制決済[※2]（詳細は74ページ）の憂き目にあい、残った資金はごくわずかだけ……。

これが損切りできないFX投資家の典型的な失敗例だ。

「含み損が出ても、じっと待っていると大抵はそのうち戻るし」というのが損切りしない人の大半の言い分。たしかに、プラマイゼロくらいまで戻ってきて、「やっぱり損切りしなければよかった」となることも多い。でも、それはあくまで結果論。問題は戻らなかったときの損失が、致命傷になるということなのだ。

負けは小さく 勝ちは大きく

売りでも買いでも、新しく取引を始めるときは必ず、「この辺まできたらあきらめて決済する」と、損切りするポイントの目安を決めておこう。損切りをきちっとやっておけば、たとえ勝率が悪くてもトータルの損益をプラスにすることもできる。よく「1勝9敗でもFXは勝てる」というが、それは、損切りを徹底してソンを小さくして、儲けを大きくすればよいということ。要は、損切りと利益確定（リカク）のバランスが重要なのだ。

左ページの表を見てほしい。ここでは、リカクは30銭、損切りはマイナス10銭として、10回トレードした場合をシミュレーションしてみた。このケースでは3勝7敗が分岐点となり、勝率30%でも勝てることがわかる。ここでつい、損切りラインをマイナス20銭、30銭と広げると、勝率をグンと上げないと利益が出なくなってしまうのだ。自分でルールを決めたら守る、ということを徹底しよう。とはいえ、10回中8回以上負けるというのは、何か戦略がおかしい、と思ったほうがいいかも。これまでの自分のトレード内容を見直して、戦略を立て直すべし。そのときも損切りだけは絶対忘れずに！

この本の手順通りに進めている人はまだ1000通貨での取引のはず。1000通貨だと損切りするときの心理的負担も少ない。まずは1000通貨取引で損切りに慣れておこう。1000通貨ですら損切りできないようなら、1万通貨取引での損切りはもっとハードルが高くなる。損切りだけは何度も繰り返して習慣づけよう。

重要なのは損切りとリカクのバランスだ!

リカク
(利益確定)

ここでは 損切りは−10銭、リカクは+30銭、1000通貨で10回トレードしたと仮定してシミュレーション!

損切り			リカク			トータル
回数	銭	損	回数	銭	利益	損益
0	-10	0	10	30	300	3000円
1	-10	-10	9	30	270	2600円
2	-10	-20	8	30	240	2200円
3	-10	-30	7	30	210	1800円
4	-10	-40	6	30	180	1400円
5	-10	-50	5	30	150	1000円
6	-10	-60	4	30	120	600円
7	-10	-70	3	30	90	200円
8	-10	-80	2	30	60	-200円
9	-10	-90	1	30	30	-600円
10	-10	-100	0	30	0	-1000円

※1 [損切り]

そんぎり◉含み損を抱えたポジションを自分で決済すること。ストップ、ストップロスということも多い。FXでは勝率100%を目指すより、勝率6割程度でもこまめに損切りして利益はできるだけ伸ばすことで、稼げるようになる人が大多数。損切りできない人にFXをやる資格はない!

※2 [強制決済]

きょうせいけっさい◉含み損がふくらみ、そのままいくと預けた証拠金以上の損失、つまり借金を背負ってしまう可能性すらあるため、あらかじめ合意されたレベルで自動的に行う損切り注文。自動ロスカットともいう。どの段階で自動ロスカットとなるかは会社や商品によって異なる。マージンカットと呼ばれることもある。

うまくいったら利益確定（リカク）して実現益にする！

目標に達したら決済するべし

「この価格を割ったら大きく下げそうだから、売っておこう」
「ほら、下がった！」
なんてトレードが思惑どおりに進んだときはウレシイもの。徐々に増えていく含み益の数字に思わずニンマリしてしまう。

でも、ほおをゆるめてばかりもいられない。含み益はあくまで含み。決済しないと実現益[※1]とはならない。なるべくトレードする前に目標ターゲット（価格）を決めておいて、ターゲットに達したら決済＝利益確定[※2]（リカク）するようにしよう。

ただし、リカクは簡単なようでいて結構難しい。人間の心理はオモシロイもので、決して合理的にはできていないのだ。

含み損を抱えているときは損を認めたくなくて、〝きっと戻るはず〟と自分に都合よく考えて損切りを後回しにしがち。逆に含み益のときは〝これ以上は上がらないんじゃないか、逆に下げちゃいそう〟と悲観的になって、ほんの少し利益が出た段階であせってリカクしてしまう。その結果、「もっと早く損切りすればよかった」「もっと利益が伸ばせたのに」と、もっともっとの後悔にさいなまれることになる。

一度決めたらカンタンに変更しないこと！

リカクのターゲットを決めるときは損切りとのバランスを考えて、少なくとも損切りまでの幅より、リカクまでの幅が大きくなるように設定する。

とにかく負けたくないの一心で、こまめにリカクしたとしよう。でも、いくら9勝1敗でも、1回あたりの勝ちが500円で負けが5000円じゃ、トータルで負けてしまう。ここまで極端でなくても、勝率は5割以上なのにどうも資金が減っていく、なんて人は少なくない。

そして、何より大事なのは一度ターゲットを決めたら、途中で変更しないこと。含み益があるときにチャートを見ていると、ここがピークで、今にも下がってしまうのではないか、含み損に変わってしまうのでは、と気が気でなくなる。「このまま持ち続けて負けるくらいなら、5銭10銭の利幅でも勝ったほうが後々気分がいいし……」なんて考えが頭をよぎってしまう。

そんなことで早めにリカクしてしまうと、損切りまでの幅より、リカクの幅が狭くなってしまいがち。そうするとせっかく最初にリカクと損切りのバランスを考えて注文を入れたのに、台無しになってしまうわけだ。勝率は上がるかもしれないが、トータルでは損してしまうパターン。

だから、そこはグッとこらえてターゲットに到達するのを待つべし。その我慢ができるようになったら、ターゲット間近まできたときに「さらに利益を伸ばせないか」と欲張ってみるのもいいだろう。ただし、せっかく上昇したのに、欲張ったせいでタイミングを逸し、リカクしそこねてはもったいない。そのときは、損切りポイントを徐々に上げて、利益を確保しながら、利益を追求していくなどのテクニックが役に立つ。

損切りは最初に決めたポイントを愚直に守らなければいけないけれど、利益はできるだけ伸ばしてみよう。

あせってリカクしてしまう「ありがちな話」

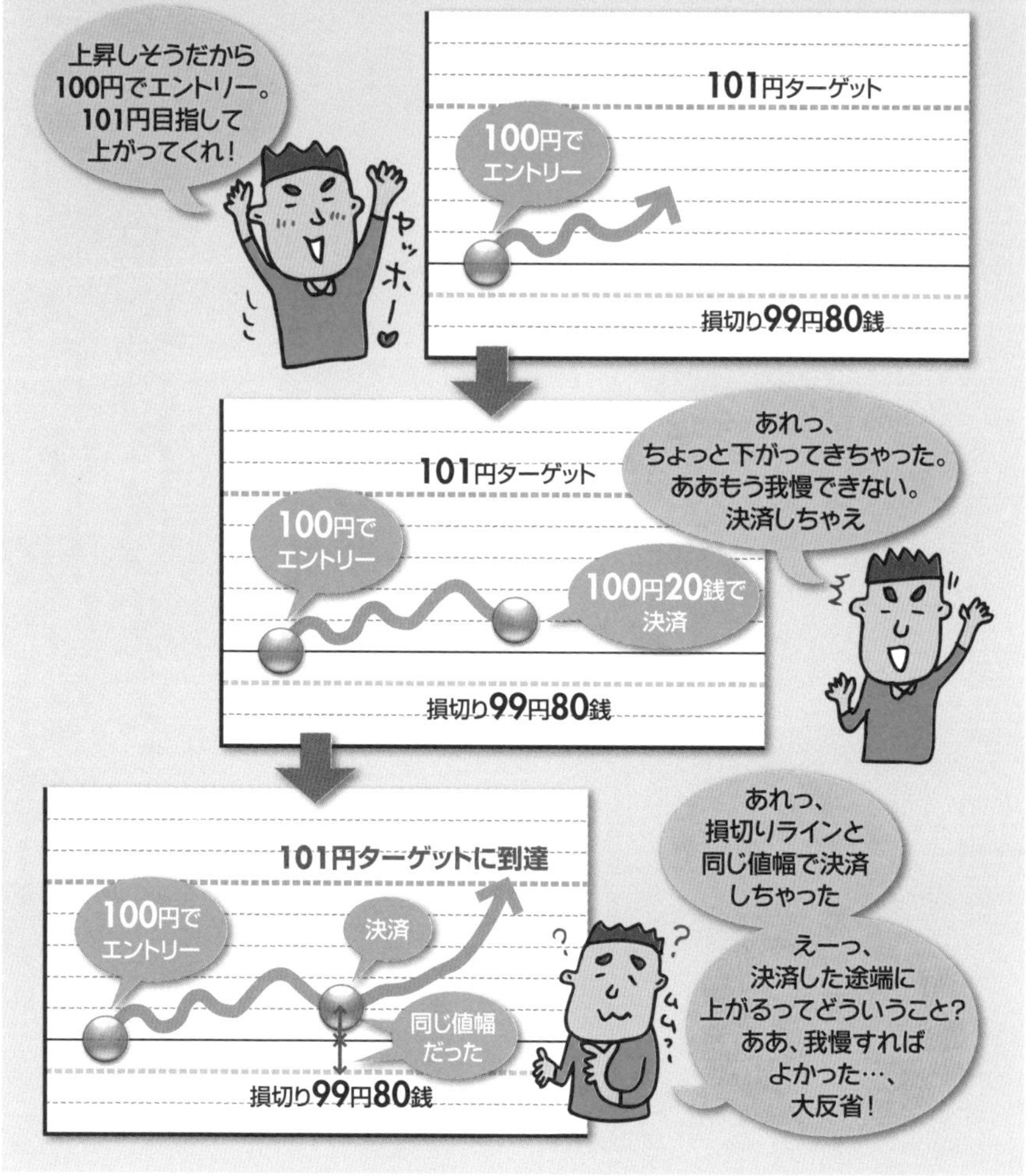

上昇しそうだから
100円でエントリー。
101円目指して
上がってくれ！

ヤッホー！

101円ターゲット
100円でエントリー
損切り99円80銭

あれっ、
ちょっと下がってきちゃった。
ああもう我慢できない。
決済しちゃえ

101円ターゲット
100円でエントリー
100円20銭で決済
損切り99円80銭

101円ターゲットに到達
100円でエントリー
決済
同じ値幅だった
損切り99円80銭

あれっ、
損切りラインと
同じ値幅で決済
しちゃった

えーっ、
決済した途端に
上がるってどういうこと？
ああ、我慢すれば
よかった…、
大反省！

※1 **[実現益]**

じつげんえき◉ポジションを決済して得られた利益。まだ決済していないポジションの利益のことは、含み益や評価益と呼ばれる。反意語は実現損。

※2 **[利益確定]**

りえきかくてい◉含み益を抱えたポジションを決済すること。利確（リカク）と略されたり、利食い（リグイ）と言ったりもする。ちなみに「利食い千人力」という格言があり、利益を確定して初めて儲けになる、リカクの重要性を説いている。

ビギナーの大原則は、エントリーしたら速攻OCO注文！

リカクと損切りを同時に発注できるスグレモノ

ポジション[※1]を持ったあと、すぐに考えないといけないのが、リカクと損切り。そもそもエントリー[※2]する前に、「この辺までいっちゃったらリカクかな、ここまでいっちゃったら損切りかな」と、ざっくりとでもイメージを持って、注文を入れておきたい。

そこで活躍してくれるのが「OCO[※3]（おーしーおー）注文」。これは、持っているポジションに対する注文方法としては、リカクと損切りを同時に発注できるスグレモノなのだ。

たとえば100円で買った米ドル。これを「101円になったらリカク、99円になったら損切り」というように2つの注文を同時に発注できる。

リカクの売り注文が約定したら、99円で入れた損切りの売り注文が残ってしまい、新規のポジションが建ってしまうんじゃないかと不安になるかもしれないが、大丈夫。OCO注文では、片方が約定すると、もう片方は自動的にキャンセルされる。つまり、リカクが約定してポジションがなくなれば、損切り注文は自動的にキャンセルされるし、損切りが約定すればリカク注文はキャンセルされる。OCOとは、One Cancels the Otherの略なのだ。

エントリーして新しいポジションをとったらすぐ、機械的にOCO注文を入れること。「ずっとチャートを見てるから、ファスト注文で損切りするよ」という人もいるだろうけど、いざ含み損になると、「もう戻るだろう」「あと少しだけ」とついつい自分を甘やかしがち。これでは、損がずるずる膨らんで取り返しのつかないことになってしまう。

もしも思った以上に相場が動き出してもっと利益がとれそう！と思ったら、リカク注文のレートを変更すればいい。

途中で損切りを遠くに動かすのはNG！

ただし、損切りのほうは最初に慎重に決めておき、「もう少し待とう」といった甘えはもたないこと。もちろん上昇していく途中で損切りを近くに移すのならよいが、遠くに動かすのはダメ。それじゃ損切り注文を入れた意味がなくなってしまう。

損切りの徹底は誰もが口をそろえるFX必勝法則の基本中の基本。OCO注文を入れておけば、損切りをうっかり忘れてしまうこともなくなる。「エントリーしたらすぐにOCO注文」を習慣にしよう。

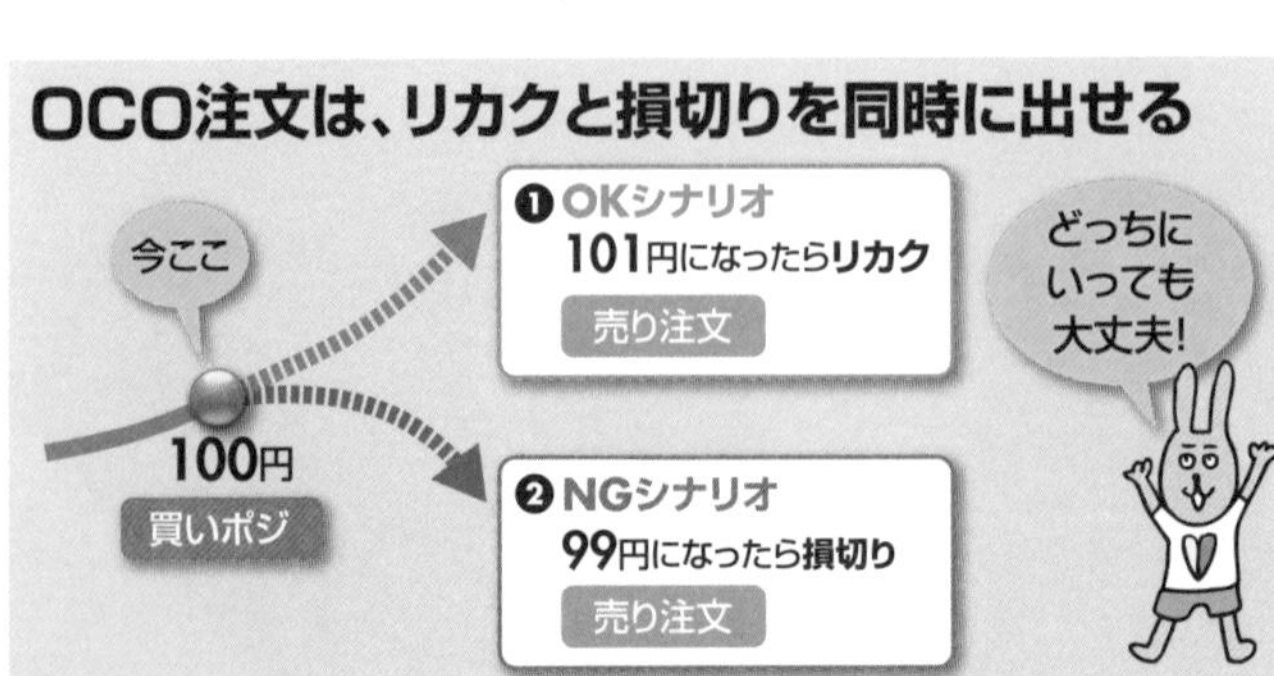

OCO注文を出してみよう

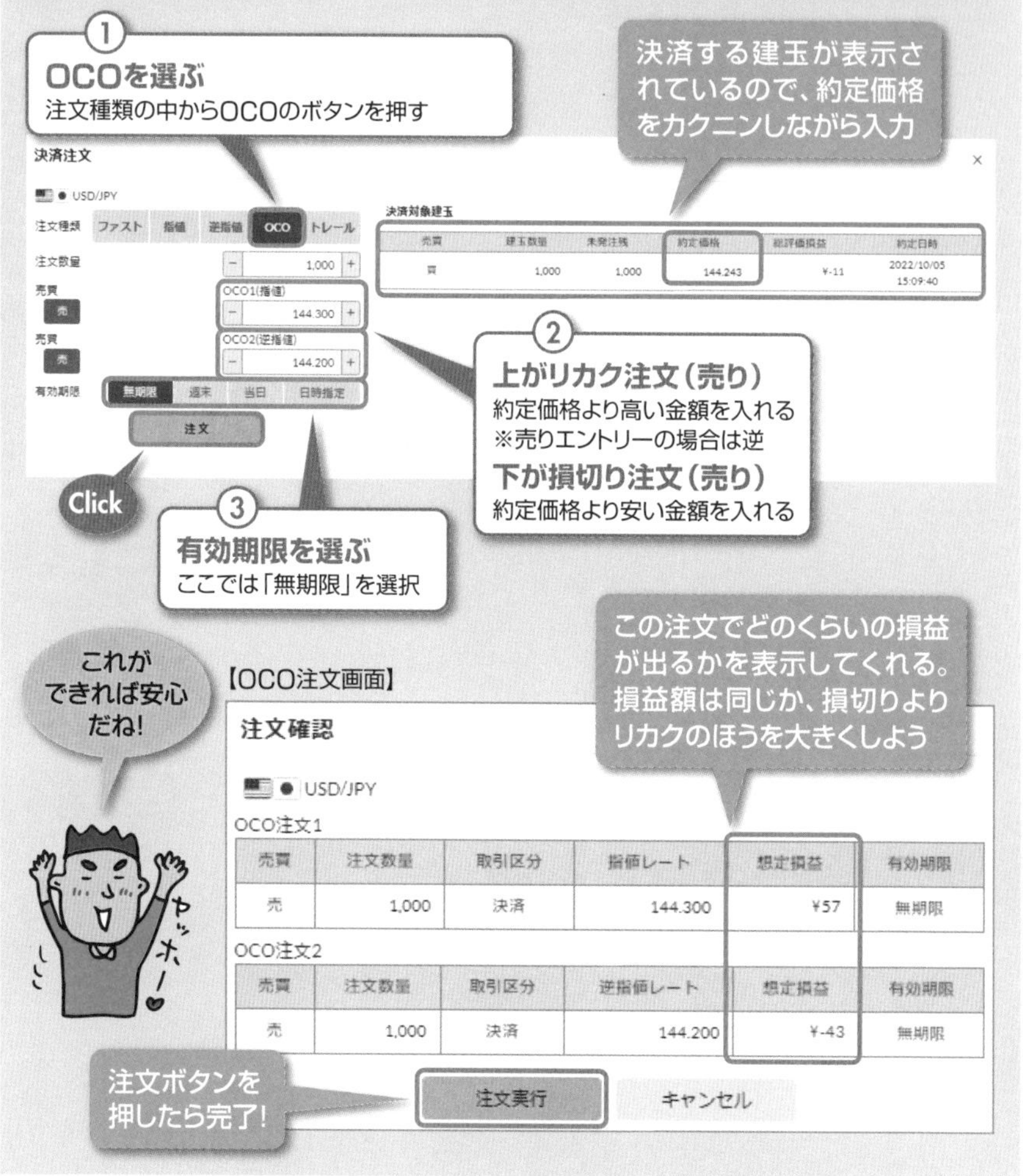

① OCOを選ぶ
注文種類の中からOCOのボタンを押す

決済する建玉が表示されているので、約定価格をカクニンしながら入力

決済注文

USD/JPY

注文種類　ファスト　指値　逆指値　OCO　トレール

注文数量　1,000

売買　売　OCO1(指値)　144.300

売買　売　OCO2(逆指値)　144.200

有効期限　無期限　週末　当日　日時指定

注文

Click

決済対象建玉

売買	建玉数量	未発注残	約定価格	総評価損益	約定日時
買	1,000	1,000	144.243	¥-11	2022/10/05 15:09:40

② 上がリカク注文（売り）
約定価格より高い金額を入れる
※売りエントリーの場合は逆
下が損切り注文（売り）
約定価格より安い金額を入れる

③ 有効期限を選ぶ
ここでは「無期限」を選択

これができれば安心だね！

ヤッホー！

この注文でどのくらいの損益が出るかを表示してくれる。損益額は同じか、損切りよりリカクのほうを大きくしよう

【OCO注文画面】

注文確認

USD/JPY

OCO注文1

売買	注文数量	取引区分	指値レート	想定損益	有効期限
売	1,000	決済	144.300	¥57	無期限

OCO注文2

売買	注文数量	取引区分	逆指値レート	想定損益	有効期限
売	1,000	決済	144.200	¥-43	無期限

注文実行　キャンセル

注文ボタンを押したら完了！

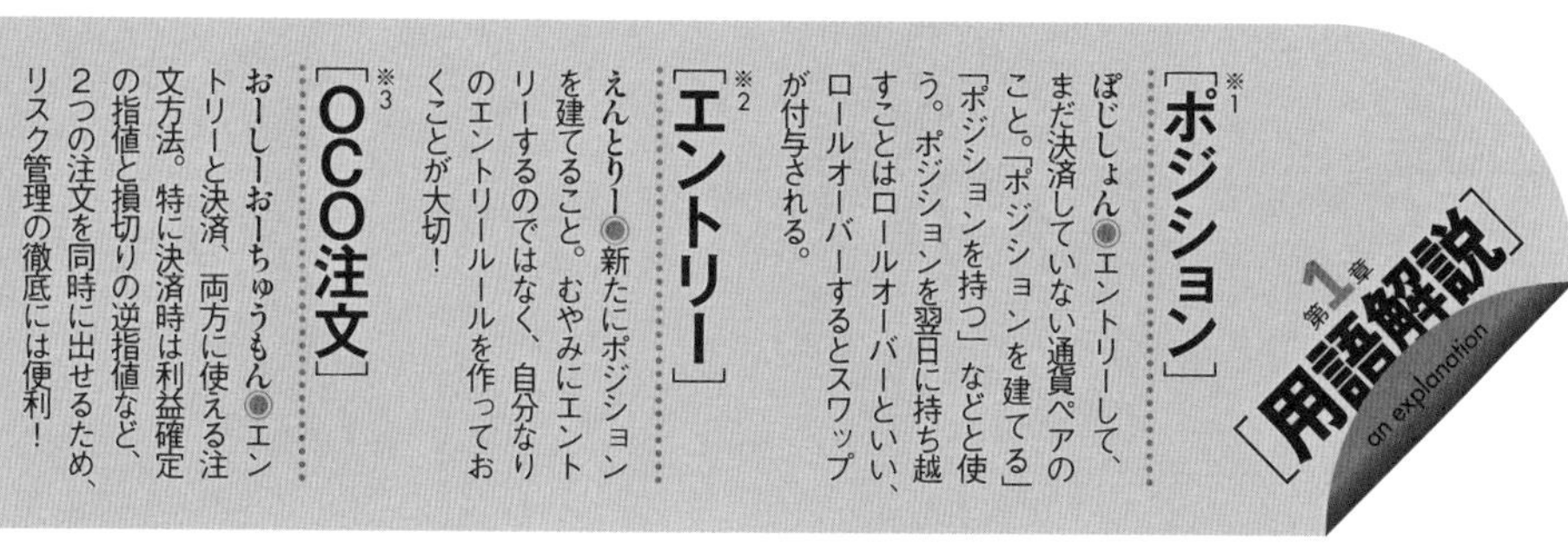
第1章 用語解説 an explanation

※1 [ポジション]
ぽじしょん◉エントリーして、まだ決済していない通貨ペアのこと。「ポジションを建てる」「ポジションを持つ」などと使う。ポジションを翌日に持ち越すことはロールオーバーといい、ロールオーバーするとスワップが付与される。

※2 [エントリー]
えんとりー◉新たにポジションを建てること。むやみにエントリーするのではなく、自分なりのエントリールールを作っておくことが大切！

※3 [OCO注文]
おーしーおーちゅうもん◉エントリーと決済、両方に使える注文方法。特に決済時は利益確定の指値と損切りの逆指値など、2つの注文を同時に出せるため、リスク管理の徹底には便利！

チャートはトレードに欠かせないアイテムローソク足って何だ？

ローソク足には情報が詰まってる

トレードで一番大切なのは〝取引するタイミング〟といってもいい。上がりそうと思ったときに買って、下がりそうと思ったら売るのが原則だ。でも、「上がりそうだの下がりそうだの、どう判断すればいいかわからない！」というのが、FX入門者共通の悩み。

FXで投資判断を下す際に、最大のよりどころとなるのが、チャートだ。チャートは過去の値動きを克明に記録したグラフのこと。チャートには為替市場に参加している人たちの心理状態や行動が凝縮されているといわれている。チャートなくして、FXの成功はありえない！　慣れれば見方は簡単なので、食わず嫌いせずにチャートと友達になってみよう。

〔TOP画面〕

チャートには、いくつか種類があるが、基本となるのはローソク足といわれるもの。1本1本がローソクに似ているのでこの名前がつけられたが、これがなかなかのスグレモノ。ローソク足にはいろいろな情報が詰まっているのだ。

1本のローソクには、値動きを示す4つの値段が織り込まれている。高値（たかね）・安値（やすね）と始値（はじめね）・終値（おわりね）だ。この4つの値段のことを「四本値[※1]（よんほんね）」という。始値とは、市場が始まったときに最初につけた値段のことで、終値は、市場がクローズするときに最後につけた値段を指す。高値・安値は、その期間で最も高かった値段と安かった値段のことだ。

1本のローソクで1日の値動きを示すものを「日足[※2]（ひあし）」という。1週間の値動きなら「週足」、1カ月なら「月足」、5分や1分の動きなら「5分足」「1分足」と、期間を変えて表示させることができる。

ひと目でわかるビジュアル系

では、ローソク足をどう見ればいいのか。最初に着目すべきはローソク足の色だ。ローソク足は四角い箱の部分と箱から上下に伸びる線で構成されている。このうち、「実体」と呼ばれる箱の色は2種類ある。左ページのチャートでは赤が「陽線（ようせん）」で、青が「陰線（いんせん）」を表している。ただし、FX会社によって設定されている色は異なるし、自分でカスタマイズすることもできる。

赤の陽線は始値より終値が高く終わったことを示す。青はその逆で、始値より終値が安く終わったことを示す。だから、赤い線が続いていれば市場は上昇基調だし、青い線続きなら下落基調だ。こうやって色を見るだけで、為替の方向性（トレンド）を確認できるのはローソク足の優れたところ。

もうひとつ、ローソク足で着目すべきは「ヒゲ」と呼ばれる線の部分。ヒゲの先っちょは高値・安値を示す。たとえば「過去1週間の高値はいくらだろう」と思ったときは、日足チャート

第1章 FXトレードの基本
第2章 1000通貨のトレードテクニック
第3章 便利なFXのしくみ
第4章 ファンダメンタルズ分析の実践練習
第5章 テクニカル分析なしでは勝ち目なし！
第6章 先輩に学ぶトレードスタイル
第7章 FXを始めよう！

ローソク足は情報たっぷりのスグレモノ！ 見方を覚えよう

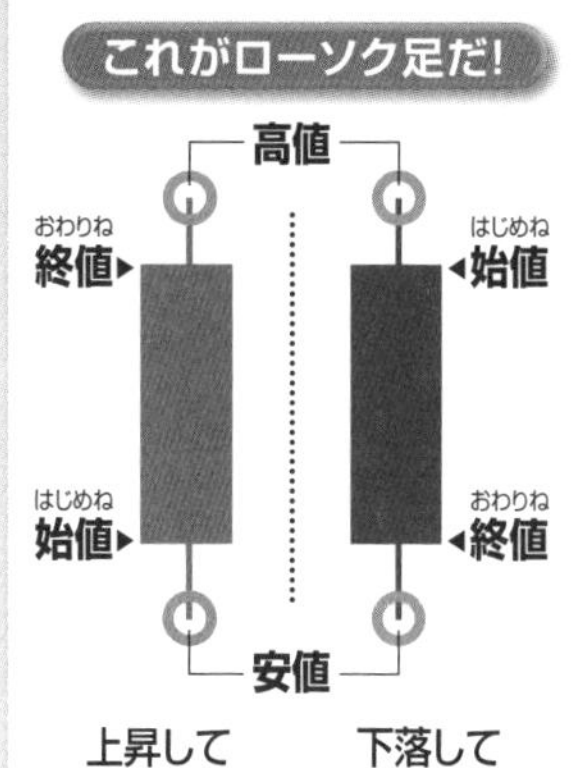

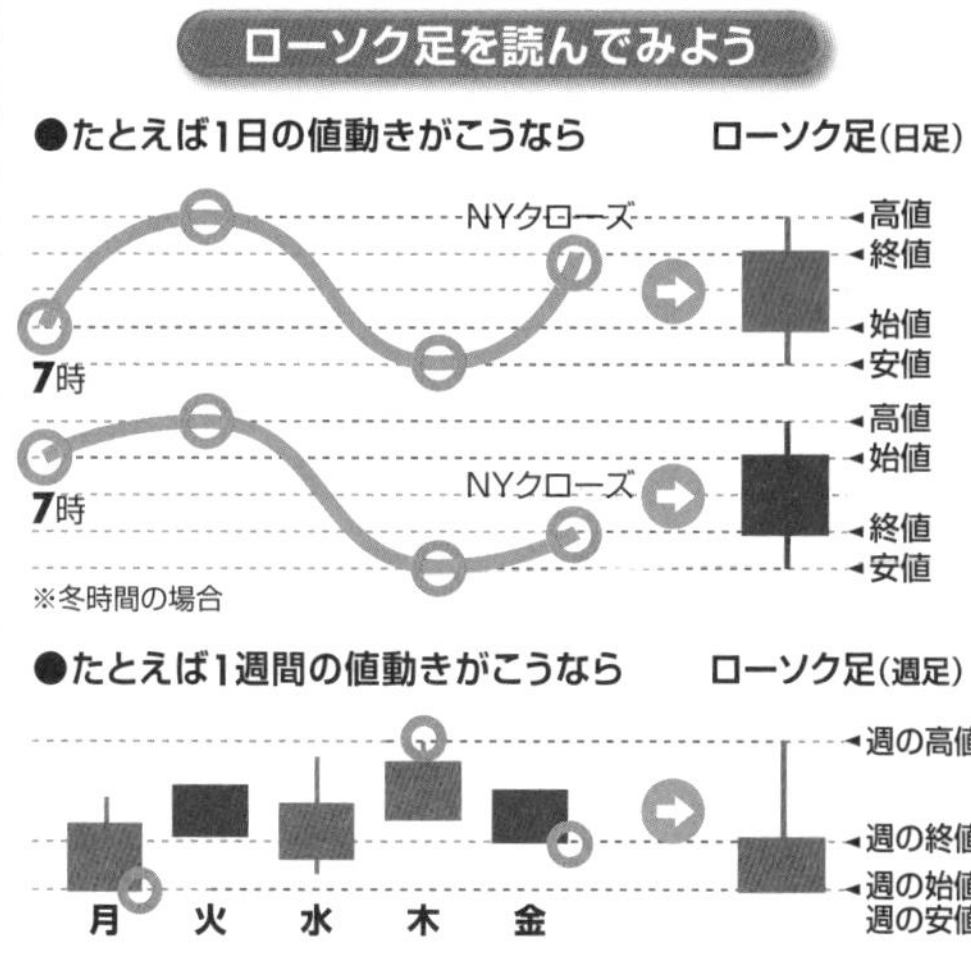

で過去5本のローソク足を見比べて、いちばん高いところにあるヒゲを見ればいい。過去の高値・安値は相場の転換点になりやすいので、ヒゲの先っちょのレートはよく見ておく必要がある。

ローソク足には相場を読み解くカギとなる情報がたくさん詰め込まれている。これを活用しない手はない。

第1章 用語解説 an explanation

［四本値］※1

よんほんね◉相場を見るときの中心となる高値・安値・始値・終値の4つの価格のこと。四本値をもとにして描かれるのがローソク足。FXでは売値が使われることが多い。

［日足］※2

ひあし◉1本のローソクが示す期間を「足」という。日足なら1本のローソク足が1日の四本値を示し、5分足なら5分間の四本値を示す。

第1章
FXトレードの基本をさくっとマスター

1週間、1日、1時間…チャートは時間軸を変えて見るクセをつけよう！

どの足を使うかはトレードスタイル次第

「木を見て森を見ず」という言葉はチャートにも当てはまる。為替市場では1本1本の木を見るか、あるいは森を俯瞰するかで、大きく景色は変わってくる。

ここでいう木や森とは、チャートをどんな時間軸で見るかだ。前述のとおり、チャートは「日足」や「1時間足」「5分足」など、時間軸を変えて表示させることができる。どのチャートを使うかは、**トレードスタイル**※1によって変わってくる。

たとえば、新規の取引から決済までを30分、1時間で終えてしまうような**短期トレード**※2を専門にする人は、5分足や15分足といった短い足のチャートを使うし、日中は仕事があって夜だけチャートを見て、1取引は数日から数週間という人なら日足や4時間足を見る人が多い。

どんなスタイルでも長い足は要チェック！

このようにどんな足のチャートを使うかはトレードスタイルによっても変わるが、大切なのは木ばかりを見ずに森も見るということ。ときには、同じ通貨ペアのチャートでも木を見るか、森を見るかで、まったく違った景色が見えることがあるのだ。

米ドル／円の5分足チャートでは強い下降トレンドだったからといって、米ドルが売られているのかといえば、そうとは限らない。同じときに日足チャートを見てみると、逆に上昇トレンドだったなんていうのはザラにある話。

このときは、「大きく見ると上昇トレンドだが、5分足では一時的に下げていただけ」ということになる。

もし、このとき日足を見ずに5分足だけで判断して、米ドル／円は売りが良さそうとエントリーしていたら、大きなトレンドに逆らったトレードになってしまう。ちゃんと全体図を見ていれば、5分足で売りと判断しても、「全体は上昇トレンドだから、すぐにリカクしよう」と判断したり、「全体が上昇トレンドなんだから、やっぱり売りはやめて下げきったところで買いエントリーかな」などと判断したりすることができるのだ。

チャートを見るときは、週足や日足といった長い足で大きなトレンドを確認して、だんだんと4時間足、1時間足と足を短くしていく。つまりは森の見取り図を頭に入れた上で、1本1本の木々を見ていくのだ。

●チャートの操作方法は？

〈ラインチャート〉

〈平均足〉

〈ローソク〉

通貨ペアはここで選択

BIDとASKが選べる

月足からTickまで13種類の足が選べる

チャートの形は3つある

USD/JPY　BID　ASK　1時間　表示

そっかー

チャートは同時に4枚まで表示可能。その他、表示できる足の本数も増やしたり減らしたりすることができる

※FX PLUSの場合

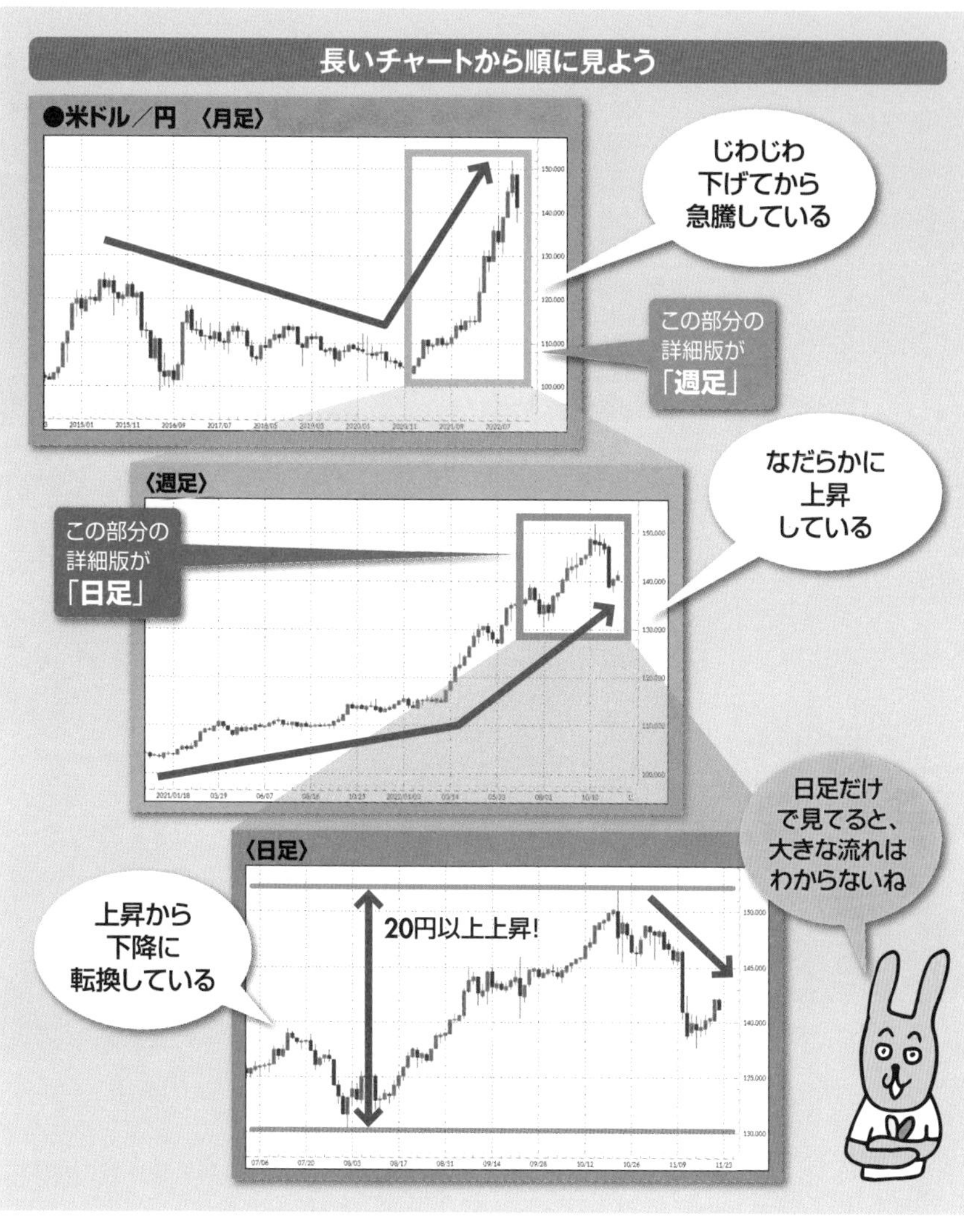

長いチャートから順に見よう
●米ドル/円 〈月足〉
じわじわ下げてから急騰している
この部分の詳細版が「週足」
〈週足〉
この部分の詳細版が「日足」
なだらかに上昇している
日足だけで見てると、大きな流れはわからないね
〈日足〉
上昇から下降に転換している
20円以上上昇!

第1章 用語解説 an explanation

※1
[トレードスタイル]

とれーどすたいる◉主にトレードの期間によって分かれる。数分単位の超短期をスキャルピングという。数時間くらいになるとデイトレード、数日から数週間になるとスウィングトレード。スキャルのつもりで買ったけど、思ったようにいかないからスウィングで、なんていうのは初心者のやりがちな失敗パターン。

※2
[短期トレード]

たんきとれーど◉主に1日以内から数日で決済するような取引。保有期間が短いほど値幅も限定されるので、初心者の入り口としては短期トレードがおすすめ。

線を引いたら方向性が見えてくるトレンドラインの引き方

プロも引いてるチャート分析の第一歩

ローソク足の見方がわかったら、チャートを少し加工してみよう。

先ほどログインした画面のチャートをよく見ると、右側と上にいろいろなアイコンが並んでいる。これを使えば、〝本格的な〟**テクニカル分析**※1が可能になるのだ。でも、初心者にとっては、本格的ってくせ者。だって、何から始めたらいいかサッパリわからないから……。

最初の一歩としておすすめは、チャートにラインを引くこと。実は、プロの**為替ディーラー**※2でも、チャート上に引いたラインだけで取引する人も多いのだ。

チャート分析で基本となるラインは「トレンドライン」と呼ばれるもの。その名のとおり、市場のトレンド（方向性）を示すラインだ。漫然と見ていただけでは気づかなかったトレンドが、線を引くと見えてくるから不思議だ。さっそく引いてみよう。

ローソク足のはみ出し禁止！

トレンドラインの引き方はカンタン。チャートをぱっと見て、上がっているなと思ったら、際立った安値と安値（ヒゲとヒゲ）を結ぶ。下がっているなと思ったら際立った高値と高値（ヒゲとヒゲ）を結ぶだけ。これだけでトレンドラインが引ける。

ただし、トレンドラインを引くときは、ラインからローソク足がはみ出さないことが大原則となる。はみ出さないように気をつけながら、過去の重要な高値や安値を通るように引いてみよう。

パソコン上で線を引くこともできるが、最初のうちはチャートをプリントして定規を使って自分の手で引いたほうがいい。いろいろな線を引いてみることだ。

トレンドラインから離れたときがチャンス

トレンドラインを見るときに大切なのは、現在の価格とトレンドラインの位置関係だ。

上昇トレンドのトレンドラインなら、おおむね、そのラインに沿って上昇していく（左図①）ことが多い。だから、トレンドラインを割らない限り、そのままついていけばいい。

トレンドラインを割って下げていったらトレンドの変わり目（②）かもしれないし、トレンドラインから大きく離れて上昇したときは、上げすぎだからしばらくしたらトレンドラインまで戻ってくる（下がる）かも（③）といったふうに考える。

トレンドラインだけでこれだけのことがわかってしまうのだ。

最初は自分が引いたトレンドラインで正解なのか、自信がもてないかもしれない。でも、トレンドラインは人によって引き方もさまざまだし、確固たる正解もない。何回も引きなおして、しっくりくるところを見つけるようにしよう。

ただ、トレンドラインは多くの人が注目しているからこそ効果がある。ということは他の人と同じように引けてこそ意味があるので、最初のうちは確認のため、ブログやレポートなどでプロが引いたトレンドラインも参考にしてみよう。

トレンドラインを引いてみよう

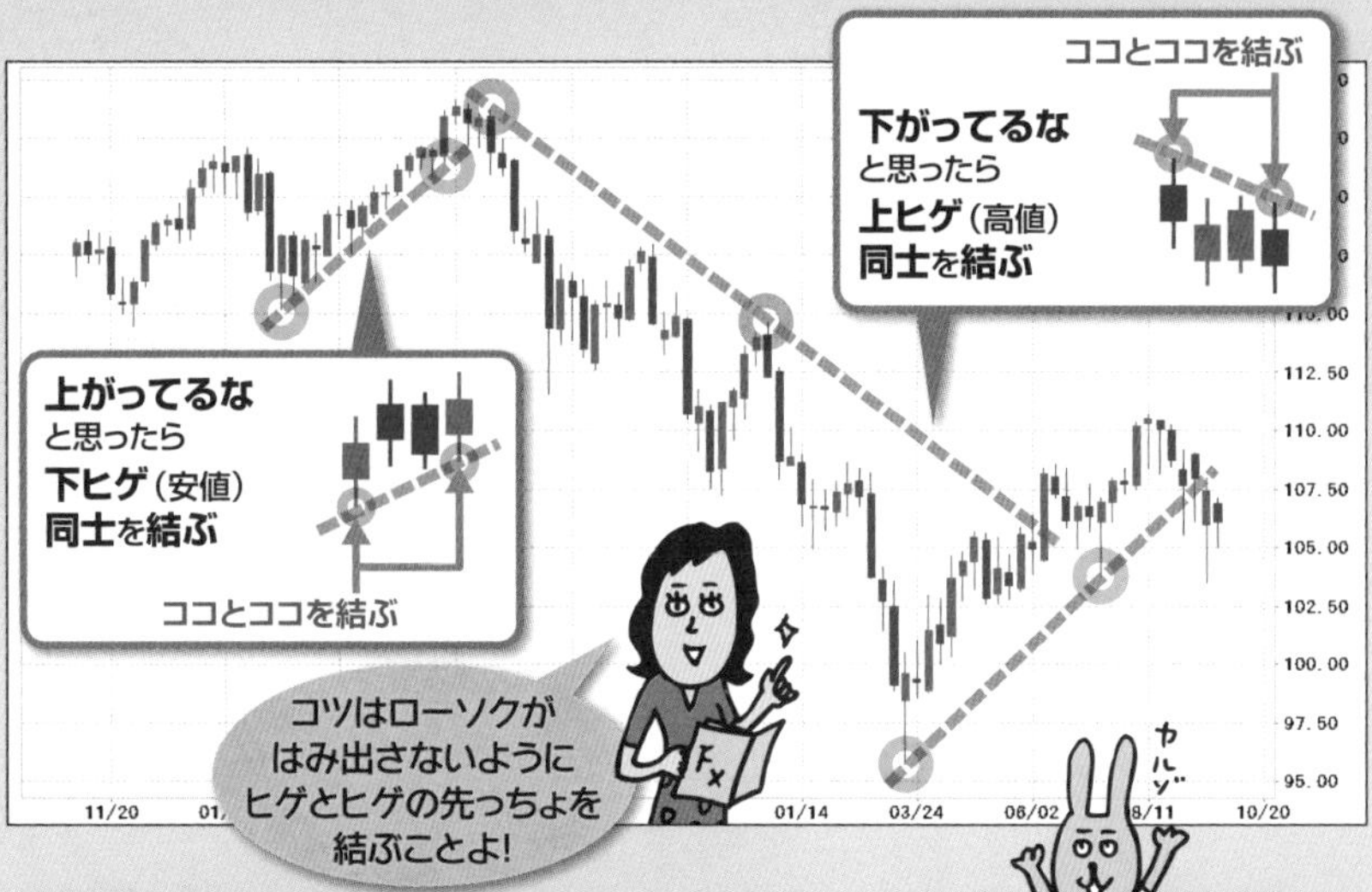

上がってるな
と思ったら
下ヒゲ（安値）
同士を結ぶ

ココとココを結ぶ

下がってるな
と思ったら
上ヒゲ（高値）
同士を結ぶ

ココとココを結ぶ

コツはローソクがはみ出さないようにヒゲとヒゲの先っちょを結ぶことよ！

カルゾ

110.00 / 112.50 / 110.00 / 107.50 / 105.00 / 102.50 / 100.00 / 97.50 / 95.00

11/20　01/　01/14　03/24　06/02　8/11　10/20

トレンドラインの特徴を覚えよう

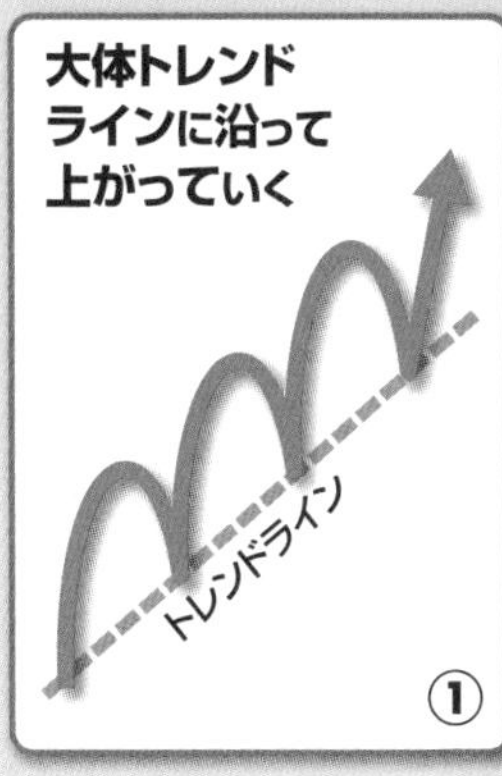

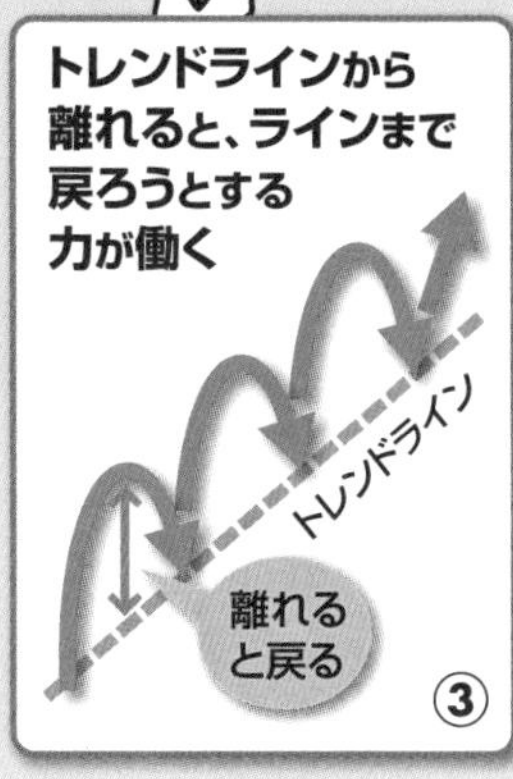

① 大体トレンドラインに沿って上がっていく

トレンドライン

② トレンドラインを割ったら下げに転じる可能性大！

トレンドライン

③ トレンドラインから離れると、ラインまで戻ろうとする力が働く

トレンドライン

離れると戻る

※1 **［テクニカル分析］**

てくにかるぶんせき◉景気や経済指標などは無視して、チャート上に示される値動きのみで将来の相場を予想する分析手法の総称。移動平均線などのトレンド系、RSIなどのオシレータ系に大別される（詳しくは130ページ）。値動きよりも経済の動向から相場を予想するのがファンダメンタルズ分析。

※2 **［為替ディーラー］**

かわせでぃーらー◉銀行や証券会社、ファンドなどで働くFXのプロ。会社やファンドのお金でトレードして、為替相場の上がり下がりから収益を上げることを目的とするディーラーもいれば、顧客の注文を右から左へ流すだけのカバーディーラーもいる。

抵抗するか支持するか水平線を引いてみよう サポート&レジスタンスライン

はね返されやすいラインが見えてくる

トレンドラインと並ぶ重要なラインが、サポートラインとレジスタンスライン。トレンドラインは斜めの線だったが、この2本のラインはチャートに対して水平に引く線だ。

サポート&レジスタンスラインの引き方はトレンドラインよりも、さらにカンタン。チャートを見て、際立った高値や安値を通るように水平線を引くだけでいい。

高値に引いた水平線がレジスタンスライン、上がっていったレートがそのラインに達すると抵抗を受けてはね返されやすいために、「抵抗線」とも呼ばれる。

安値に引いたラインがサポートラインで、こちらは下がってきたレートが支持されて、切り返しやすいために「支持線」とも呼ばれる。

市場の注目度も高く相場の転換点になりやすい

サポート&レジスタンスラインはともに相場の転換点となりやすいため、エントリーやリカク（利益確定）、損切りするための目安として使われる。

とくに過去に何度もはね返されて、ローソクのヒゲの先が2つも3つも当たっているようなサポート&レジスタンスラインは要チェック。それだけ市場の注目度も高まっているので、そのサポート&レジスタンスラインを超えたときは、値動きが一気に強まる傾向にある。

堅いレジスタンスラインを破ったら、そのままの勢いで上昇しやすいし、堅いサポートラインを割ったときも同様に大きく下げやすい。そのため、そこが格好の**エントリーポイント**[※1]となる（①）。

ポジションをどこで決済するべきか

また、今持っているポジションをどうするか、という決済の判断材料にもなる。

持っている買いのポジションに利益がのっていて、ちょっと上を見ると堅そうな抵抗線がある。こんなときは、「この先なかなかレジスタンスラインは超えられそうもない」と判断して、抵抗線の少し手前でリカクしてもよいかなとも考えられる（②）。

また、含み損を抱えている買いポジションをどこで損切りしようかと迷ったときは、「このサポートラインを割ったら、さらに大きく下げてしまいそうだから、サポートラインのちょっと下に損切りの注文を入れておこう」（③）とするのも一案。

とても便利で使いやすいサポート&レジスタンスラインだが、ポイントとなるのは、どの高値・安値に線を引くか、ということ。

まずは過去の重要な**節目**[※2]に引いてみよう。過去1年間の高値・安値やトレンドの起点となった高値・安値だ。最初は月足や週足チャートなど長い期間の中で引いてみて、徐々に過去1カ月のポイント、1週間のポイント、昨日の高値・安値と期間を狭めて引いていくのがいい。

また、プロはどんな高値・安値に着目してラインを引いているのかを参考にしながら、マネしてみるのも上達のコツ。最初は誰だってマネから始めるのだ。

サポートラインとレジスタンスラインを引いてみよう

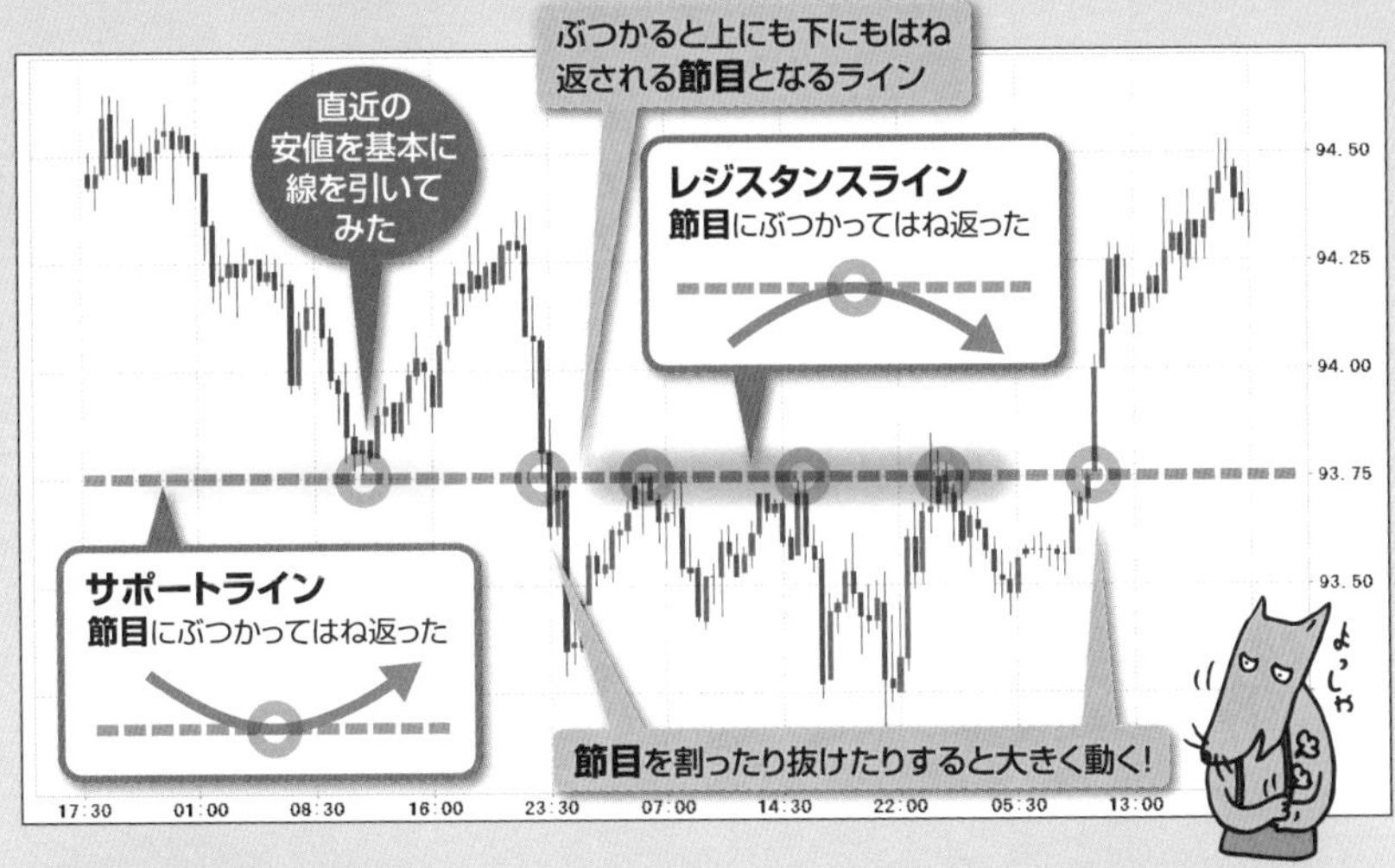

特性を生かした3つのテクニック

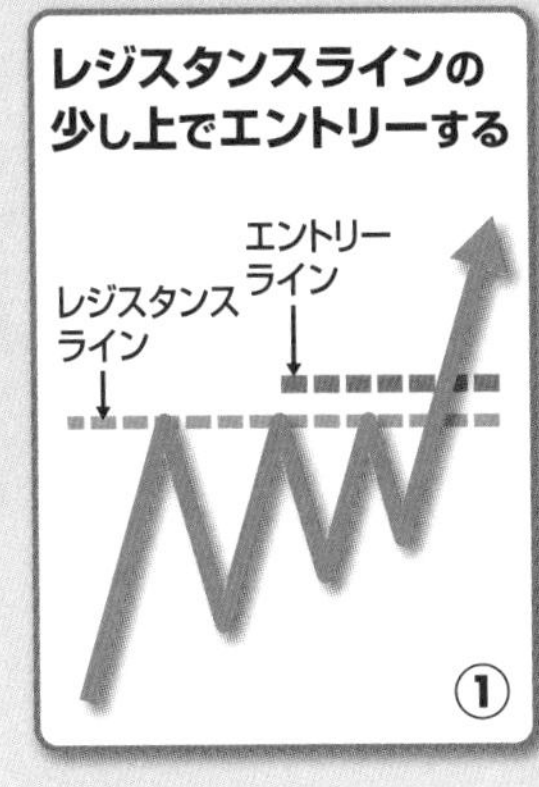

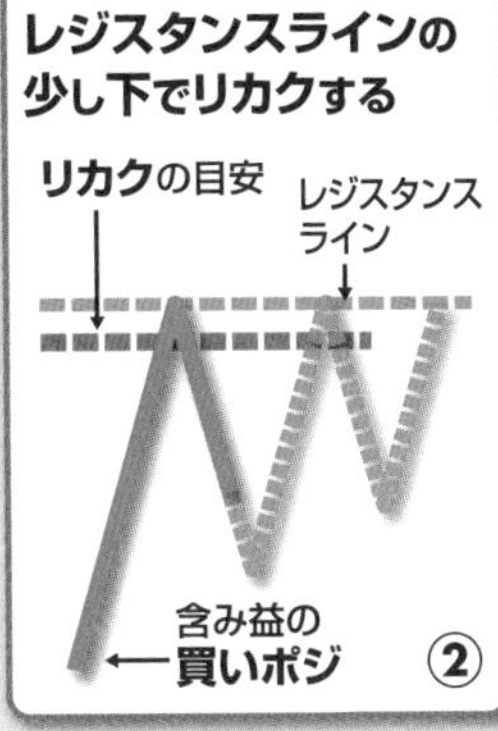

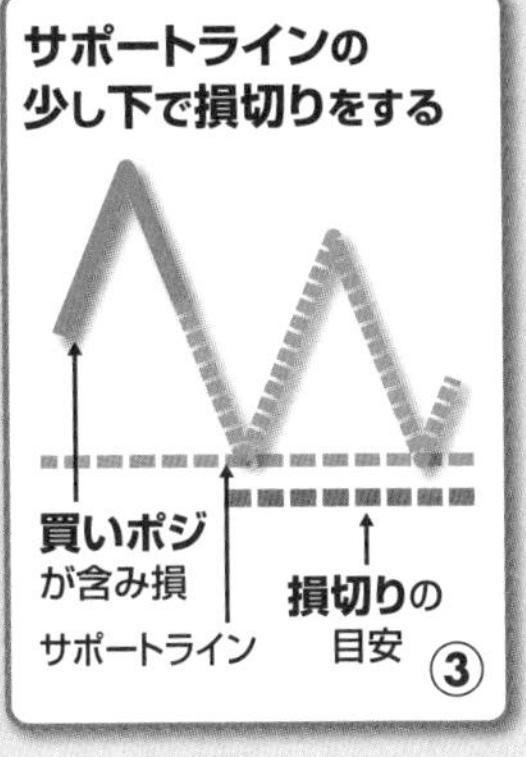

第1章 用語解説 an explanation

［エントリーポイント］[※1]

えんとりーぽいんと◉新規のポジションを建てるポイント。チャート上の節目となる高値・安値やトレンドラインなどは多くの人がエントリーポイントの目安とするし、損切りのポイントともなる。そのため、そこをブレイクすると、新規の買いと売りポジションの損切り買い、あるいは新規の売りと買いポジションの損切り売りが集中して値動きが一方向に加速しやすい。

［節目］[※2]

ふしめ◉相場の転換点となる為替レートのこと。多くの投資家が注目しているポイント。そこで、反転したり、そこを抜けると大きなトレンドが生まれたりする。

第1章 FXトレードの基本をさくっとマスター

レンジかトレンドか 相場では交互に発生する

素直なトレードか ヒネクレ者か

FXのトレードには、2つの流派がある。〝トレンド順バリ派[※1]〟と〝トレンド逆バリ派[※2]〟だ。順バリとは、市場のトレンドの方向に合わせてトレードすること。為替が上昇してきたと思ったら「買い」で入る素直なパターンで、長期トレードに向いている。トレンドフォローともいう。

逆バリは反対に市場のトレンドに反したトレードだ。トレンドの流れの裏をかくような方法なのでカウンタートレードともいう。反発する直前に逆バリをすると大きな利益になるが、そのまま反転しないとリスクが大きくなってしまう。FXの場合、特にビギナーはトレンドフォロー型のほうが好ましいといわれている。

レンジ7割 トレンド3割

為替相場の基本的な動き方の特徴を説明しておこう。

前のページでは、トレンドラインの引き方を解説したが、「これは上昇トレンドでも、下降トレンドでもないように見えるんだけど……？」という場面も多々ある。一定の値幅のなかで上下に行ったり来たりする相場のことだ。このように方向感のない相場は〝保ち合い〟とか〝レンジ〟と呼ばれる。

レンジ相場では、トレンドラインを引くことはできないが、サポート&レジスタンスラインを引いてみると、はっきりしてくる。

ただし、相場がいつまでも一定の値幅のなかにいるわけではない。レンジ相場はいつか必ず終わる。レンジを上に抜けるか、下に抜けるか、それはわからないけれど、いつか必ずレンジ相場が終わって、そこで発生するのがトレンドだ。

レンジ相場の一定の値幅を上に抜けて、上昇トレンドが発生したとしよう。もちろん、上昇トレンドだからといって、一方的に上がるばかりではなく、一時的に下げる局面（＝調整局面）もある。でも、「大きく見れば上がっている」という状態がトレンド。上がったり下がったりを繰り返しながらも、安値がだんだんと切り上がっていく。だから、為替相場はおおまかに分類すれば、「レンジ」か「トレンド」のどちらかしかない。

一般的に為替市場では、「レンジ7割、トレンド3割」ともいわれるように、レンジであることのほうが多い。為替レートが大きく上がったり下がったりするのには、エネルギーが必要だからだ。レンジ相場の間にエネルギーをためて、満タンまでエネルギーがチャージされたらトレンドが発生して、エネルギーが尽きたらレンジに戻って、またチャージして次のトレンドに備える――。そんなイメージだ。

トレンドかレンジか、見るチャートの足の長さによっても景色は変わるので、よく見極めよう。

上昇か、横ばいか、下落か

レンジ相場

一定の幅の中で上下に行ったり来たりする

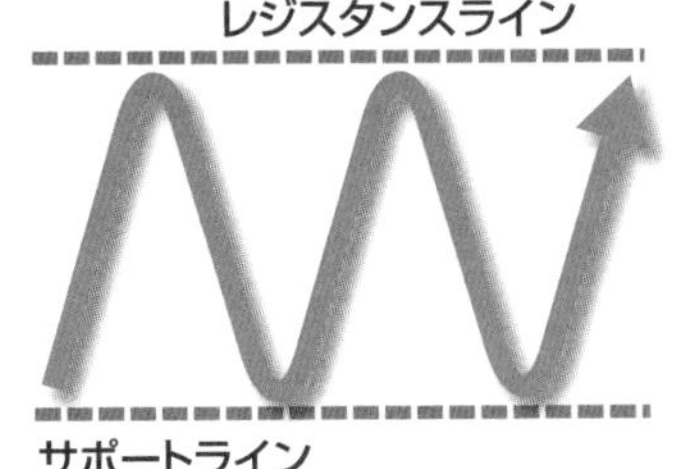

トレンド相場

上がっているか下がっているか、方向性が見える

トレンドライン

つなげてみるとこんな感じ

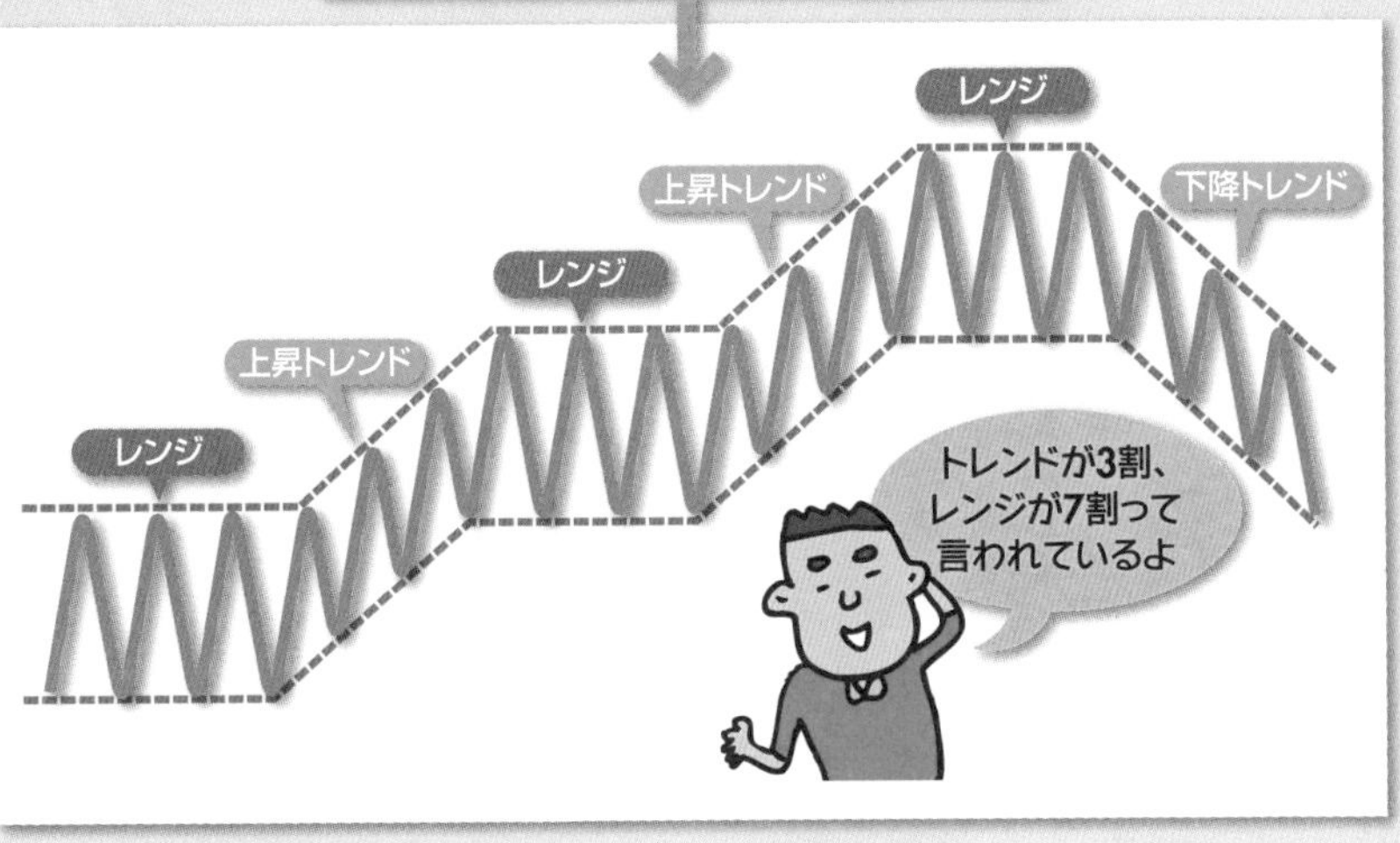

第1章 用語解説 an explanation

［順バリ］※1
じゅんばり◉トレンド方向に従ってトレードすること。上昇トレンドなら買い、下降トレンドなら売りに徹するのがトレンド順バリ。トレンド方向でのエントリーであれば、トレンドが続く限り大きく損しにくいため、初心者にはトレンド順バリがよいとされる。

［逆バリ］※2
ぎゃくばり◉トレンド方向に反した売買。上昇トレンドなら売り、下降トレンドなら買いに徹するのがトレンド逆バリ。上昇トレンド中に上がりすぎて一時的に下げる場面を狙ったり、下がりすぎて反発する場面を狙ったりする。

トレンド相場とレンジ相場、それぞれの攻略法とは？

レンジの下で買い上で売る

前ページで、為替相場には「トレンド相場」と「レンジ相場」の2つしかないと解説した。であれば、その相場ごとに攻略法も変わるのだろうか。

まず、単純な攻略法が考えられるのは、レンジ相場のほうだ。チャートを見て、たとえば米ドル／円が100円から105円の間で行ったり来たりを繰り返していたら、どうすれば儲けられるだろうか。

答えはカンタン！　100円に近づいたときに買って、105円に近づいたところで決済。そして、105円近辺で売って100円近辺で買い戻す。これを繰り返せばよいのだ。至ってカンタン。

ただし、これが通用するのは「レンジ相場が永遠に続く」と仮定してのこと。レンジ相場には必ず終わりがあるし、いつかはトレンドが出現する。レンジを壊してトレンドを作っていくので、これを「レンジブレイク」[※1]という。105円を超えて上がってしまったり、100円を割って下げてしまったりすると、先ほどのやり方では負けてしまうので作戦を変える必要がある。

また、レンジ相場の場合は、損切りポイントを考えるのもカンタンだ。100円から105円のレンジ幅であれば、買いの場合は100円よりちょっと下が損切りを置くポイントになるし、売りなら105円よりちょっと上が損切りポイントとなる。

損切りポイントがエントリーポイントに

一方で、トレンドにのって大きく勝ちたい人は、この損切りポイントが格好のエントリーポイントになる。レンジ相場の高値と安値を超えたときは、トレンド発生の予兆と考えられるのだから。こうしたレンジ相場から放たれていく動きを利用した戦略を〝ブレイクアウト〟[※2]と呼んだりもするので、覚えておこう。

まずはチャートを見て、相場の状態がレンジなのか、トレンドなのかを確認して、レンジの上下の端に近づいたら待ちかまえてみよう。レンジを抜けずに、再びレンジの中でうろうろするようなら、先ほどのような戦略で狙ってみる。ただし、レンジでは上下の端まできっちりとろうとせず、腹八分目で満足するくらいのほうが、うまくいきそう。

また、レンジを抜けていくなら、抜けた方向へついていくのが面白い。ただし、ブレイクアウト狙いのときに、いったん抜けたレンジの中へ再び収束してしまうようなら損切り。

相場にはトレンドとレンジしかない。ここで紹介した2つの戦略は基本中の基本だけど、これだけで稼いでいる人もいるので、お試しを。

さて、ここまでで、ひととおりのトレードの基本を解説してきた。

FX口座を開設→FXの専門用語のカクニン→一番カンタンなファスト注文をチェック→損切り・リカクの重要性を認識→OCO注文を理解→チャートの基本的な見方を勉強→そして、チャートを使った売買タイミングも覚えた。最低限のトレード手法はクリアしたとして、仮免ゲットといっていいだろう。いよいよ2章からは、さらに実践的な「路上実習」へと移る。張り切っていこう！

相場によって攻め方は変わる!

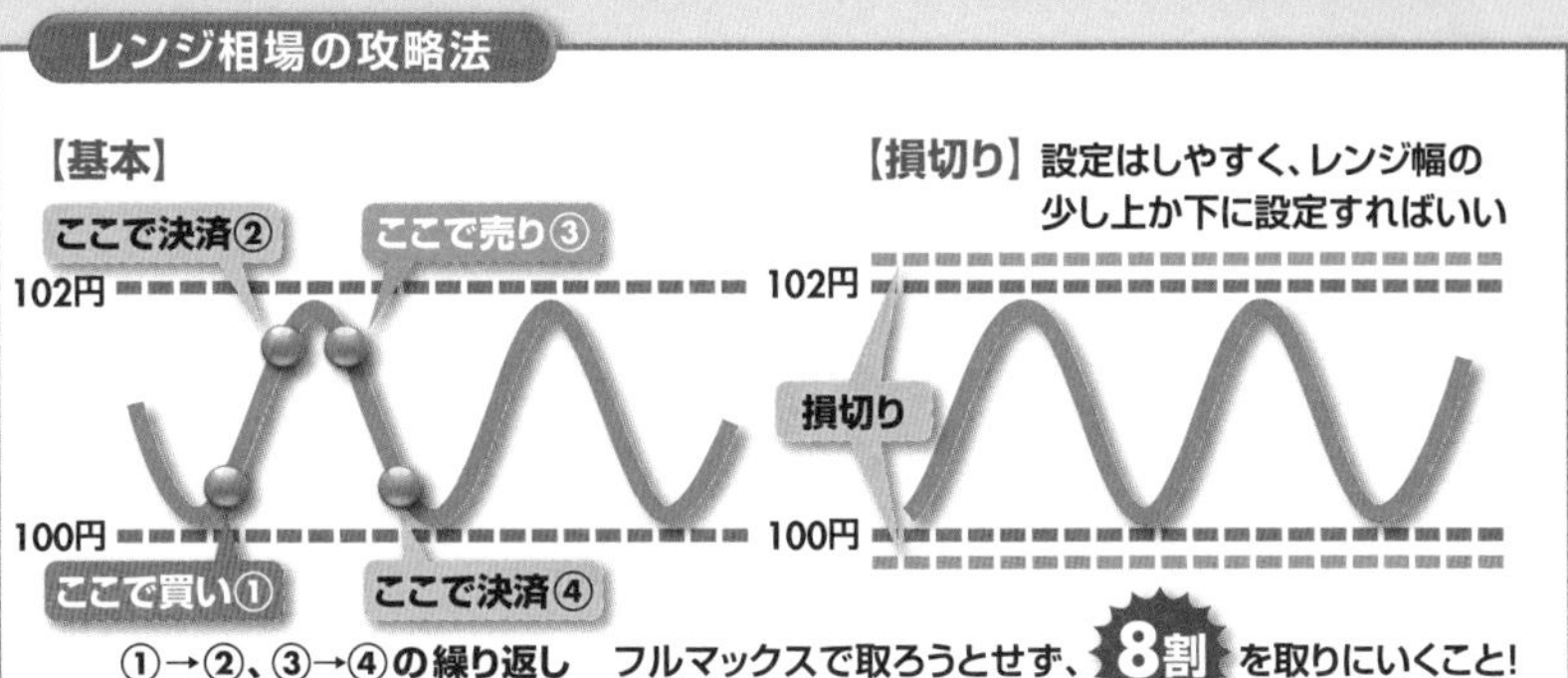

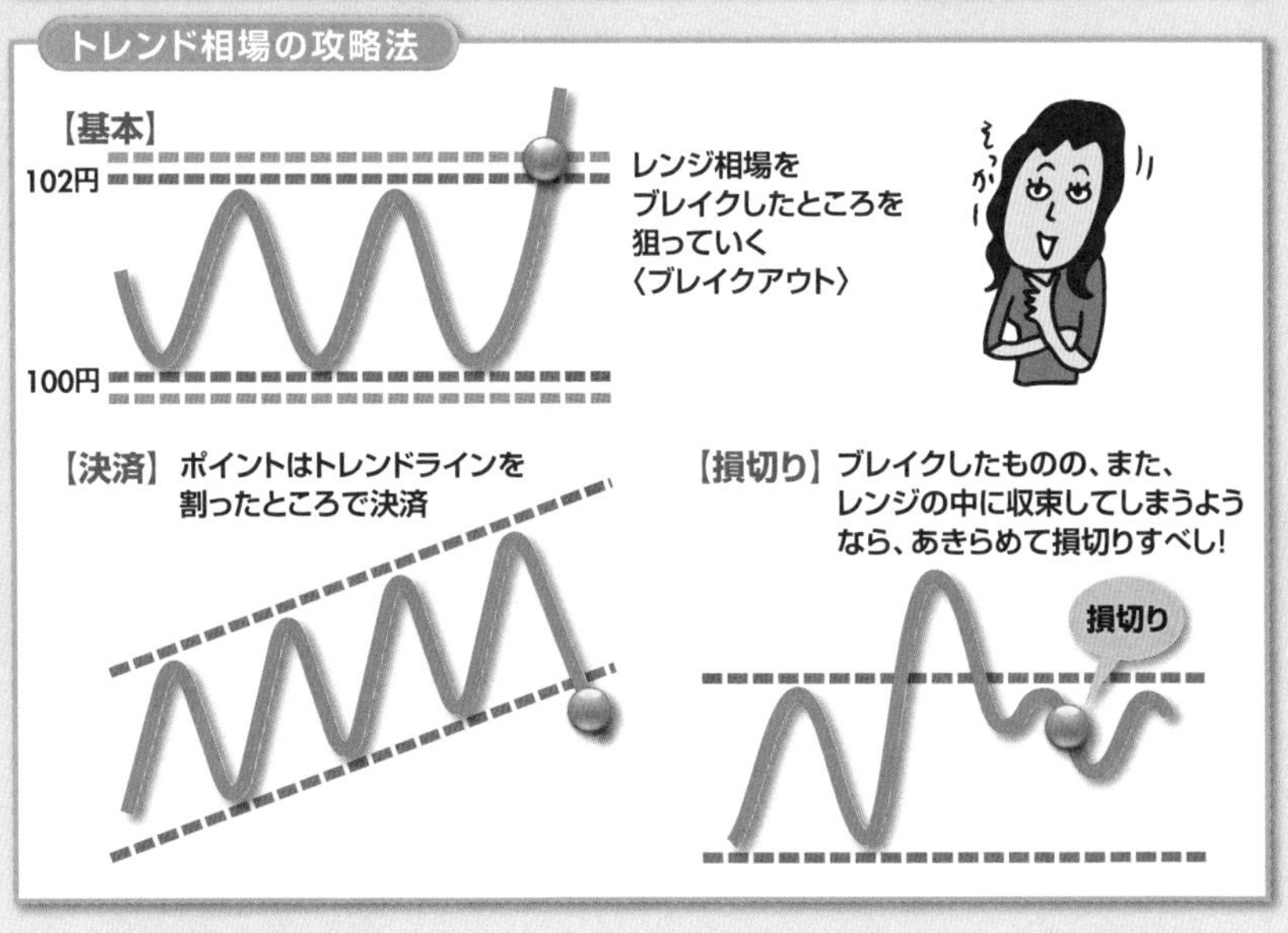

第1章 用語解説 an explanation

※1 ［レンジブレイク］

れんじぶれいく◉小さな値幅で上がり下がりを繰り返して、結局横ばいに進むのがレンジ相場。レンジ相場はいつか必ず上か下に抜けていくので、そこを狙うのがレンジブレイク戦略。比較的低リスクで大きなリターンを狙えるFXの基本戦略のひとつだ。レンジはもみ合いとも呼ばれる。

※2 ［ブレイクアウト］

ぶれいくあうと◉レンジ相場の高値・安値のどちらかを抜けていくこと。新たなトレンドの発生となる。だが、高値を抜けてブレイクアウトかと思わせながら、再度もとのレンジに戻ってしまうこともあるので、単純にレンジの高値・安値を抜けたからブレイクアウトと決めつけてしまうのは早計。

先パイトレーダーの体験&アドバイス!

損切りができなくて大失敗したことがあります

カリスマ個人投資家 **バカラ村**さん

（トレード手法は142ページへGO!）

Column #01

初心者が必ずぶつかる2つの壁の乗り越え方

「FXを始めると必ずぶつかる2つの壁があります。損切りと、トレンド相場からレンジ相場へ切り替わったときの対応です。とくに2022年にFXを始めた人だと、米ドル／円はずっと上がるものだと思ってしまうかもしれません。でも21年までの米ドル／円はレンジ相場がほとんどでした。レンジ相場に切り替わっているのにトレンドフォローで取引していると、損切りの繰り返しになってしまいます」

　トレンドからレンジへ、相場の切替わりはどう判断するのだろう。

「チャートから判断するのであれば、もみ合いをブレイクしたかどうか。もみ合いレンジの高値を上に抜けたらトレンドの発生です。またボリンジャーバンドの±2σ（シグマ）の幅が狭くなっていたらレンジ相場です。限界まで狭くなってきたらブレイクを警戒し、もみ合いを抜けた方向へついていきます」

　でもFXで100%はないし、損切りは絶対に必要となる。

「僕も最初は損切りできずに大失敗したことがあります。その経験があるから、今は損切りに躊躇はありません。むしろ、過去の記憶がフラッシュバックするから含み損が大嫌いですし、早いタイミングで切ってしまいたくなります。僕のように失敗をして損切りを身につける人が多いと思いますが、それでも損切りできない人はFXに向いていないかもしれませんね」

　最初のころの痛い失敗も勉強のうち。

「私がFXを始めたころ、今のようにFXの情報は多くありませんでした。為替ではなくコモディティ（商品）市場を対象にしたテクニカル分析などの本を読んで勉強し、過去のチャートで検証し、実際にトレードして検証し、また本を読んで勉強する――その繰り返しでした。ただ、為替市場は最終的にテクニカルでもファンダメンタルズでもなく市場心理で動きます。リーマンショックやコロナショックではファンダの適正価格もチャートポイントも抜けていきました。市場参加者が恐怖心に突き動かされたからです」

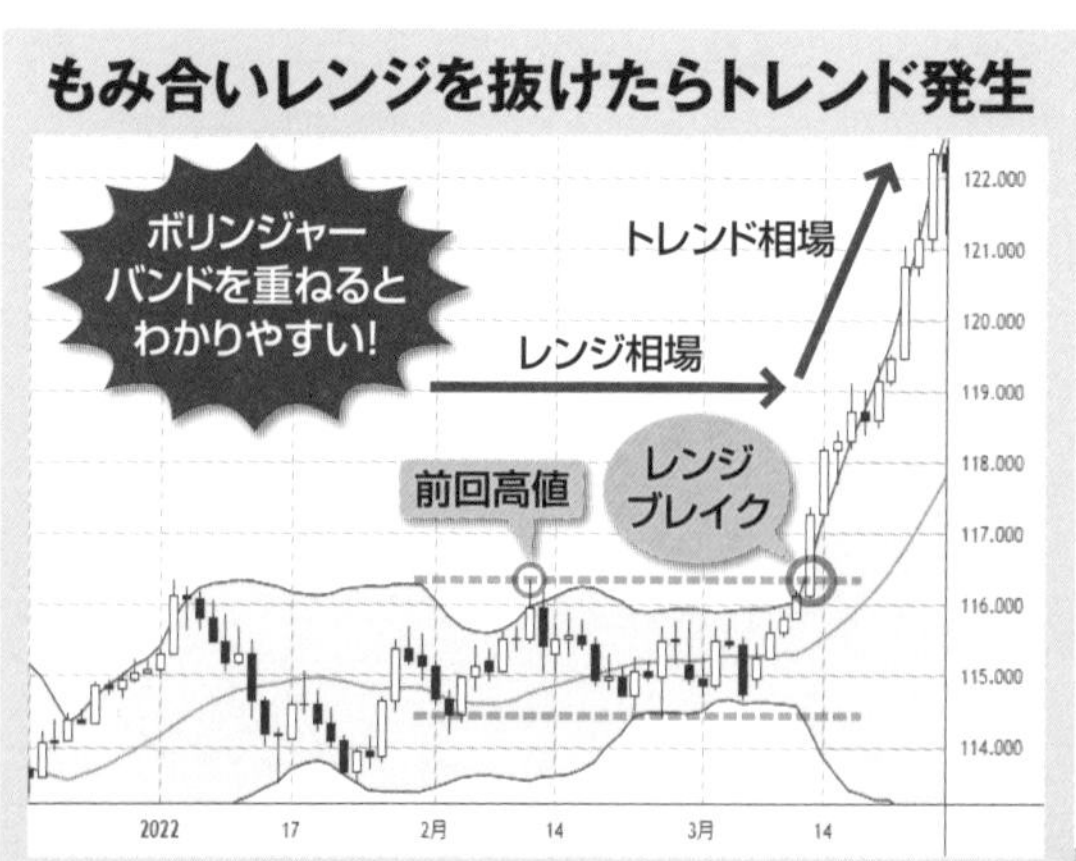

もみ合いレンジを抜けたらトレンド発生

ボリンジャーバンドを重ねるとわかりやすい!
トレンド相場
レンジ相場
前回高値
レンジブレイク
122.000
121.000
120.000
119.000
118.000
117.000
116.000
115.000
114.000
2022
17
2月
14
3月
14

チャート提供：TradingView

第2章

1000通貨だからできるトレードテクニック

［この章で覚えること］

1. 致命傷にならない1000通貨で始めよ
2. 機動的に動けるテクニックを身につけよ
3. 取引数量の調整が肝心と心得よ

1000通貨トレードでコツコツ積み上げ大きな果実を目指そう！

少額メリットを生かして戦略的にトレード開始！

1000通貨取引でひと通りの操作方法を覚えたら、いよいよ〝路上教習〟に出かけよう。とはいえ、まだ仮免くらいの実力なのだから、いきなり1万通貨、10万通貨と取引数量を増やすと資産が大きく増減する。事故ったときにはFXを続けられなくなるほどの致命傷になる可能性もある。致命傷から身を守ってくれるシートベルトとなるのが〝1000通貨トレード〟だ。

「え、また1000通貨!?」と思うかもしれない。でも、今までの1000通貨取引はFXを覚えるためのもの。ここからは小さな単位で取引できるメリットを生かした戦略的な1000通貨トレードだ。

ざっとおさらいしておくと、FXの注文では「米ドル／円を1000通貨買い」などのように通貨ペアと数量を自分で入力する。その際、株取引で単元株があるように、FXでも**最低取引単位**[※1]が決められている。

FX会社によって異なるので、最低取引単位を1万通貨ではなく1000通貨に設定している初心者にやさしいFX会社を選ぼう。

1万通貨トレードだと、米ドル／円なら、1万ドルが1回の取引の最低単位となるので、およそ100万円（1ドル＝100円で計算）からのスタートになってしまう。仮免程度のトレーダーにとっては、ハードルが高い。それが1000通貨トレードなら、約10万円から始められるので、精神的なプレッシャーからはかなり解放される。

たとえば100円で買った米ドル／円が期待とは裏腹に99円まで下がってしまっても、1000通貨なら損失は1000円ですむ。

コツコツ積み上げて大きな利益を目指そう

でも、1000通貨だと損もしないけど、儲けも少ないしなぁ、と思ったあなた、1000通貨を馬鹿にしちゃいけない。最初のうちは絶対額がなかなか増えなくて、イライラするかもしれないが、じわじわ戦略なら、たった2年半足らずで10万円を100万円にすることだって可能なのだ。

元手10万円で1週間に50銭幅の利益を獲得してコツコツ増やして、資金が2万5000円増えるたびにトレード数量も増やして――とやっていくと、122週間ほどで資金は10倍になるのだ。毎週50銭幅の利益ってことは、1週間が5日だとすると1日10銭。最初は4000通貨で始めるから1日の利益はたった400円にしかならないが、1000通貨トレードならこまめに取引数量を調節できるので、資金が増えるたびにトレード数量を増やしていく複利戦略がとりやすい。

そのメリットを最大限に活かして、「じわじわ増やして、ちょっと増えたらもう1000通貨追加！」とやっていくと、最初はじわじわだった資金の伸びがだんだんと角度を鋭くしていくのだ。これが1万通貨だと、そうそう上手くはいかない。トレード数量の調節が細かくできないので、トレード数量が多すぎて一回の損失が大きくなりすぎたり、もうちょいトレード数量を増やしたいのに増やせず、じわじわのままでストレスが溜まったり……。

1000通貨トレードで大きな果実を実らせよう！

元手10万円で100万円を目指すぞ! 計画

（条件その1）：毎週50pipsを目標にコンスタントに達成

（条件その2）：4000通貨トレードから始めて、資金が2万5000円増えるごとにトレード数量を1000通貨足していく

週目	資金（円）	利益（円）	獲得pips	トレード数量
0	100,000	2,000	50	4000
1	102,000	2,000	50	4000
2	104,000	2,000	50	4000
3	106,000	2,000	50	4000
4	108,000	2,000	50	4000
5	110,000	2,000	50	4000
6	112,000	2,000	50	4000
7	114,000	2,000	50	4000
8	116,000	2,000	50	4000
9	118,000	2,000	50	4000
10	120,000	2,000	50	4000
11	122,000	2,000	50	4000
12	124,000	2,000	50	4000
13	126,000	2,500	50	5000
14	128,500	2,500	50	5000
15	131,000	2,500	50	5000
16	133,500	2,500	50	5000
17	136,000	2,500	50	5000
18	138,500	2,500	50	5000
19	141,000	2,500	50	5000
20	143,500	2,500	50	5000
40	207,000	4,000	50	8000
60	301,000	6,000	50	12000
80	442,500	8,500	50	17000
100	652,000	13,000	50	26000
120	963,000	19,000	50	38000
121	982,000	19,500	50	39000
122	1,001,500	20,000	50	40000

2年ちょっとで100万円を達成!!

イエス!

※pip（ピップ）は通貨の共通単位として使われる。米ドル／円の場合、1pip=0.01円（1銭）を指す。

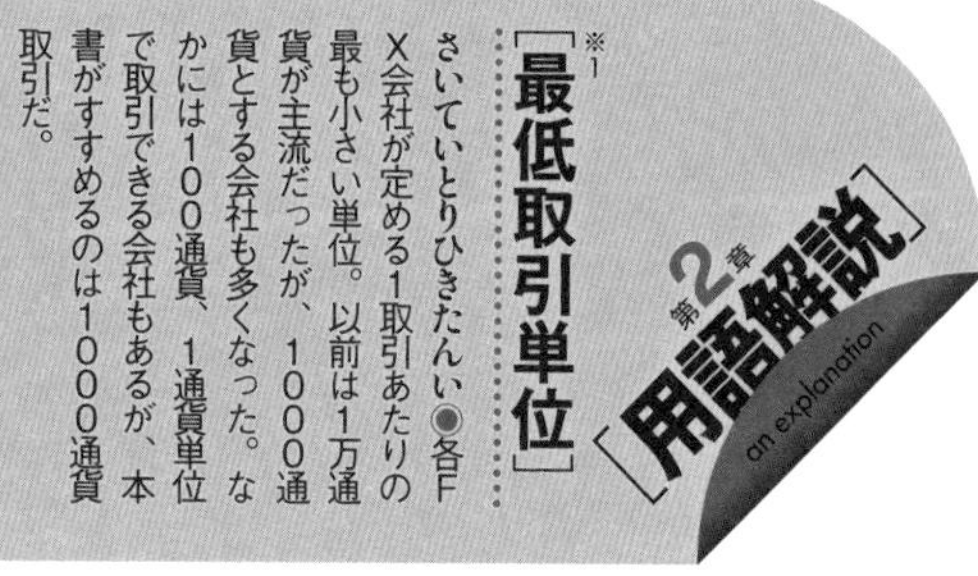

第2章 用語解説 an explanation

※1 ［最低取引単位］

さいていとりひきたんい◉各FX会社が定める1取引あたりの最も小さい単位。以前は1万通貨が主流だったが、1000通貨とする会社も多くなった。なかには100通貨、1通貨単位で取引できる会社もあるが、本書がすすめるのは1000通貨取引だ。

決済タイミングに迷ったら―― 半分リカク・半分継続

機動的に動けるのも1000通貨だからこそ

1000通貨トレードの魅力は、「デモより真剣味があって、1万通貨より安全にトレードできること」。

でも、それだけじゃない。1000通貨単位ならではの魅力がたくさんあるのだ。

たとえばリカク（利益確定）。100円で買った米ドル／円のポジションが、いい感じで上昇して100円50銭（目標価格の半分）まできた。でも、このまま上げ続けるかどうかはわからない。ここが天井[※1]で、このあとは下げるかも……。でも、1円幅くらいの利益は欲しいし……。あ～、もうどうしたらいいのかわからないっ！なんて、チャートを前にして逡巡するのはよくある話。

こうしたケースで使えるのが「半分リカク・半分継続」戦略だ。持っているポジションのうち、半分は迷ったときに利益を確定しておき、残り半分はさらなる上昇を期待して残しておく。

こうすると、迷ったところを頂点に買値まで下げてしまっても、そこで損切りすれば収支トントンだし、うまく上がってくれれば、残した半分は大きな利益が期待できる。優柔不断な人に便利な戦略なのだ。

でも、この戦略には問題がひとつある。最低取引単位が1万通貨単位のFX会社を使っていて、「トレードはいつも1万通貨単位ですよー」という人は、「半分リカク」ができないのだ。全部リカクするか、全部継続して様子見するしかない。

ところが、1000通貨単位で取引できるFX会社を使っていたら、1万通貨トレードをしていても「半分リカク」が可能だ。5000通貨ずつ決済することができる。

2単位以上のポジションがあればこの戦略は有効なので、潤沢な資金がある人であればその限りではないが、1000通貨単位のほうが機動的に動けることは間違いない。

複数回に分けて利益を伸ばす戦略もあり

もちろん、戦略は「半分」に限らない。応用編として、複数回に分けてリカクのポイントを少しずつずらしていくこともできる。

3分の1をまずリカクして、少し上昇したところで残り3分の1をまたリカクして、最後の3分の1は損切りにかかることも覚悟して、めいっぱい利益を伸ばしてみる、なんてことも。この段階では、すでに3分の2はリカク済みなので、最後の3分の1は損切りにかかっても、さほど打撃はないはず。精神的にも落ち着いて利益が増えるのを待つことができる。

ただし、自分が設定した目標に対し、あまりにも早くリカクしてしまうのもせっかちすぎる。2回に分けるなら目標の半分くらい、3回なら3分の1くらいなど、目安はもっておくようにしよう。

FXでは、できるだけ利益を伸ばすことが勝つためのポイントとなる。でも、それがわかっていても、目先の利益を確保したくて、早めのリカクになってしまう……。そんな人は1000通貨トレードを活用して、まずは2000～4000通貨のポジションを持とう。そして、「半分リカク」でやってみるべし。

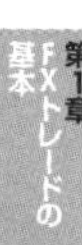

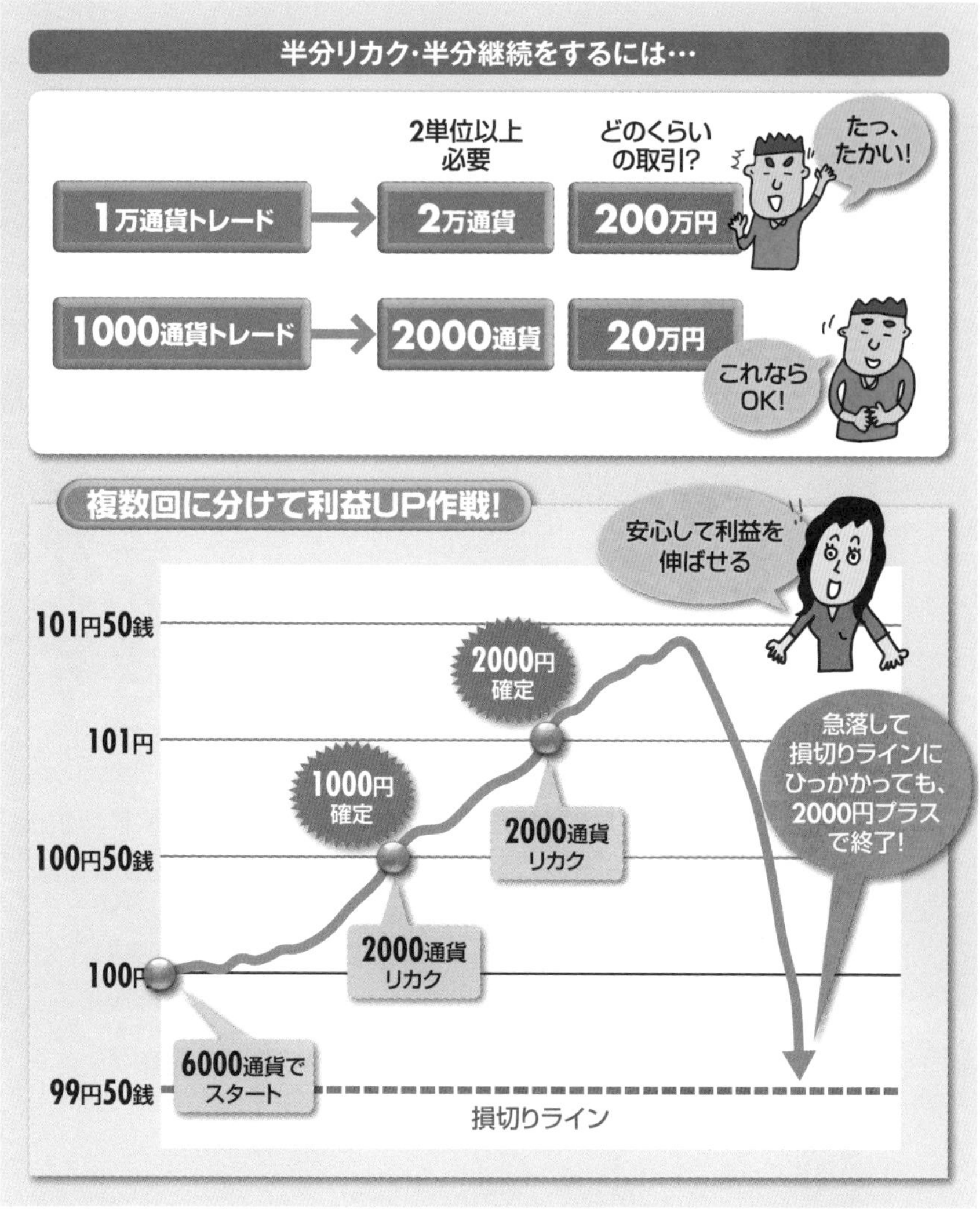

半分リカク・半分継続をするには…
2単位以上必要
どのくらいの取引?
たっ、たかい！
1万通貨トレード
2万通貨
200万円
1000通貨トレード
2000通貨
20万円
これならOK!
複数回に分けて利益UP作戦！
安心して利益を伸ばせる
101円50銭
101円
100円50銭
100円
99円50銭
2000円確定
1000円確定
2000通貨リカク
2000通貨リカク
6000通貨でスタート
急落して損切りラインにひっかかっても、2000円プラスで終了！
損切りライン

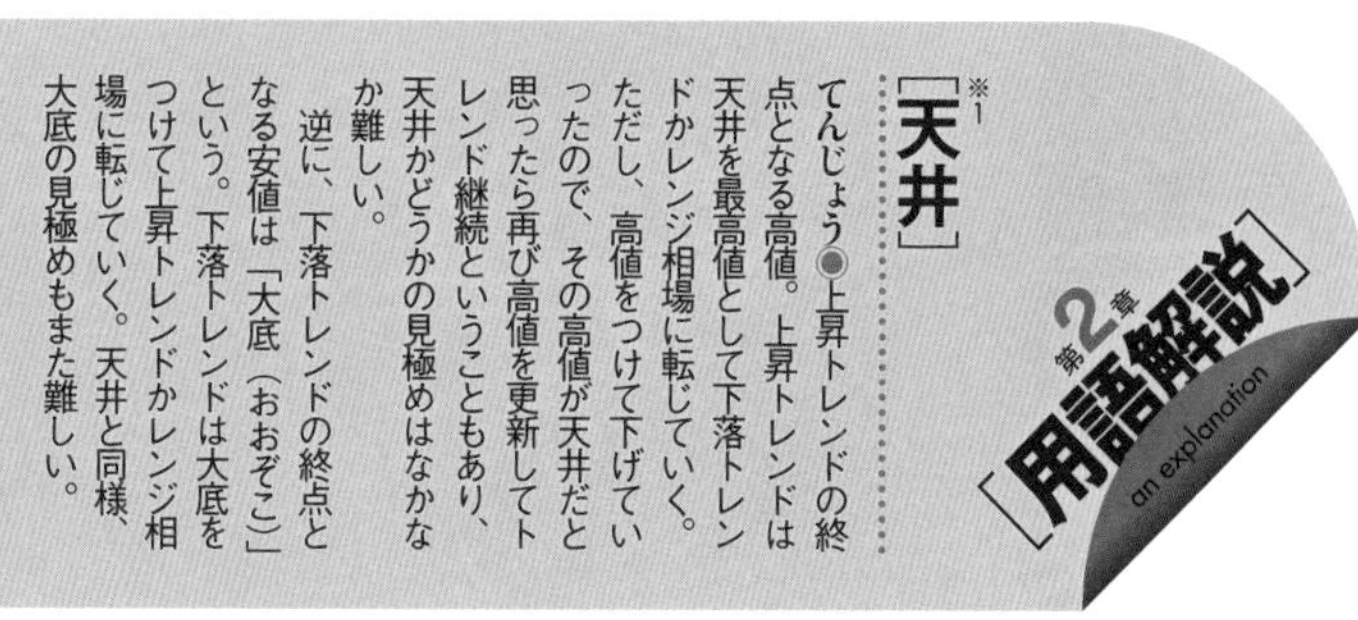

第2章 用語解説 an explanation

［天井］※1

てんじょう◉上昇トレンドの終点となる高値。上昇トレンドは天井を最高値として下落トレンドかレンジ相場に転じていく。ただし、高値をつけて下げていったので、その高値が天井だと思ったら再び高値を更新してトレンド継続ということもあり、天井かどうかの見極めはなかなか難しい。

　逆に、下落トレンドの終点となる安値は「大底（おおぞこ）」という。下落トレンドは大底をつけて上昇トレンドかレンジ相場に転じていく。天井と同様、大底の見極めもまた難しい。

第2章 1000通貨だからできるトレードテクニック

相場のことは相場に聞け！上がるかな？と思ったときに打診買い

迷ったときは打診買い・打診売りで相場に感触を聞いてみよう。

プロの手法をマネしてみよう

1000通貨トレードだと、意外や意外、大金を動かすプロのディーラーがやっている手口をマネすることも簡単になる。

プロのディーラーがよく使うのが「打診買い」。出勤して朝イチなどに市場の様子をうかがうために、ひとまずポジションをとってみるのだ。とったポジションがうまくいきそうならそのまま持てばいいし、ダメそうならすぐに損切りする。

「今日の相場はどんな感じかな？」と、相場のことは相場に聞いてみるのだ。

この戦略、個人投資家にも使えそうだ。たとえば価格が重要な節目の近辺にあって、節目を抜けても、節目にはね返されても大きく動きそう、どっちに行くかはわからないけど——。なんてときに、ひとまず打診買いと打診売りの両方を入れて待ち伏せてみる。でも、そのとき元手資金が10万円なのに、1万通貨で打診買いを入れていたら、打診買いどころじゃなく、「本気買い」になってしまう。そこで便利なのが、やっぱり1000通貨となる。

10万円程度の少額投資家であっても、1000通貨で取引していれば、打診買いができる。仮に50銭の損切りでも損失は500円。懐が大きく痛むことはない。ひとまず1000通貨で打診買いを入れておいて、相場が本当に思った方向へ動いたのを確認してから、さらにもう2000通貨、3000通貨と買い増していく、といったやり方だ。もし、相場が逆に行くようなら、さっさとあきらめて一時撤退。再びチャンスを待てばいい。

トレンドを確認してから乗っていく

とくにレンジ相場[※1]からのブレイクアウト狙い（44ページ参照）のような戦略のときに役に立つ。

レンジを抜けた！と思ってエントリーしても、すぐにレンジの中に戻ってしまって損切りを余儀なくされることもある。ちょっとレンジを抜けたなと思ったら、1000通貨でとりあえず打診買いや打診売りをしてみる。レンジを抜けて本当にトレンドが発生したことが確認できたら、もう少し数量を増やしていく。

相場に思い込みは禁物。絶対の自信があることもあるかもしれないが、慎重に対峙するに越したことはない。一発勝負はできるだけ避けよう。

「相場のことは相場に聞け」

相場のことは相場に聞こう!! 打診買い

相場さ〜ん、
今日の調子はいかが?

こんなときに便利

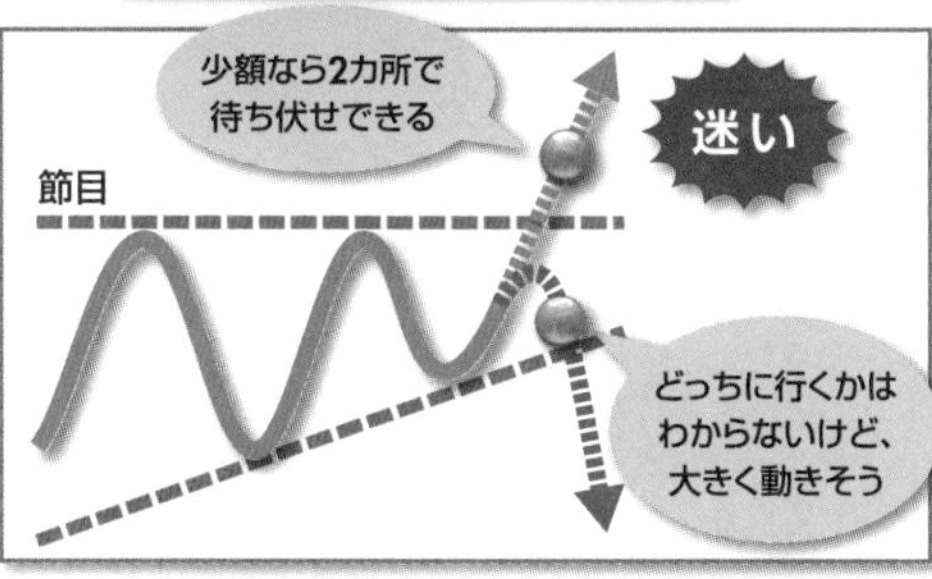

重要な節目を抜けるのか、はね返されるのか

過去の重要な節目、これを抜けたら大きく上げそうだけど、はね返されたら、逆に大きく下げそうな場合。どっちに行っても大きく動きそうだから、両方エントリーしておきたいときに、少額だったら気軽に2カ所で待ち伏せできる

レンジ相場からのブレイクアウト狙い

そろそろレンジ相場を抜けそうだけど、まだちょっと勢いが弱いかも。レンジを抜けたところで打診買い。その後すぐレンジに戻るようなら損切り、予想どおり上昇していけば、買い増し作戦へ!

一度エントリーしておくと、その後の
買い増し、売り増しはラクになるんだよね

第2章 用語解説 an explanation

※1［レンジ相場］

れんじそうば◉高値と安値が小さな値幅で推移して、トレンド感がなく横ばいに進む相場のこと。

狙いどおりに動いたらピラミッディング

利益を増やすためのテクニック

前ページで紹介した「打診買い」と似ているけれど、ちょっと違うテクニックが「ピラミッディング」という手法。利益をできるだけ増やすためのテクニックだ。

100円で4000通貨を買った米ドル。狙いどおりにチャートはグングン上昇して、100円50銭になった。でも、まだまだ上がりそうな雰囲気。こんなときは、決済せずにポジションをキープしたまま、さらに追加で買い増しの注文を入れるのが「ピラミッディング」だ。

ただし、このとき気をつけなければいけないのが注文数量の設定。闇雲にたくさん注文を入れたら、**リスク**[※1]が広がるだけだ。もうすでに4000ドルの買いポジションを持っているんだから、さらに4000ドルの買いを入れるのは、ちょっと怖い。最初に買った時点から価格が上昇しているのも不安要素だ。であれば、最初に買ったポジションの半分の2000ドルだけ買ってみよう。

さらにレートは上がって101円になった。ここでもまだ上がりそうな感じだけどどうしようか――。そこでやっぱりピラミッディングしてみよう。ただし、注文数量は先ほどのさらに半分の1000通貨。

こうやって数量を調節しながらポジションを建てていくと、うまく相場が上がっていったときの利益は、保有数量が増えた分だけふくらんでいく。また、数量を減らして購入していくので平均購入単価の大幅な上昇も避けられるのだ。

半分ずつ買い増していく 4・2・1の法則

左ページの図にあるように最初に4000ドルを買ったときの平均購入単価は100円。次に100円50銭で2000通貨を買い増すと、ちょっと上がって100円17銭。さらに1000ドルを買い増した101円の時点では、もう少し上がって100円29銭となる。

平均購入単価は、そのレートよりも下がると含み損が出るという**損益分岐レート**[※2]でもあるが、101円の時点で損益分岐レートが100円29銭ということは、今のレベル（101円）から71銭下がっても収支トントンになるだけ。こうなると、だいぶ安心感がある。

これがもし4000ドルずつの買い増しだと、ポジション量も増えるが、平均購入単価は100円50銭に上がってしまう。

今回は「4・2・1」と買い増していったが比率は自由。注文数量を減らしながら積み上げていくというところが、この戦略のポイントだ。この「ピラミッディング」をうまくトレードに取り入れてみよう。

損切りラインを徐々に切り上げよう

このケースでもうひとつ重要なポイントがある。それは損切りだ。

買い増している分、ポジション量は増えているので、急激なトレンド転換が起こると、今まで積み上げてきた利益が一気に飛んでしまう。100円50銭で買い増した時に、損切りラインを100円にするなど、損切りラインを徐々に上げて、利益を確保するようにしよう。

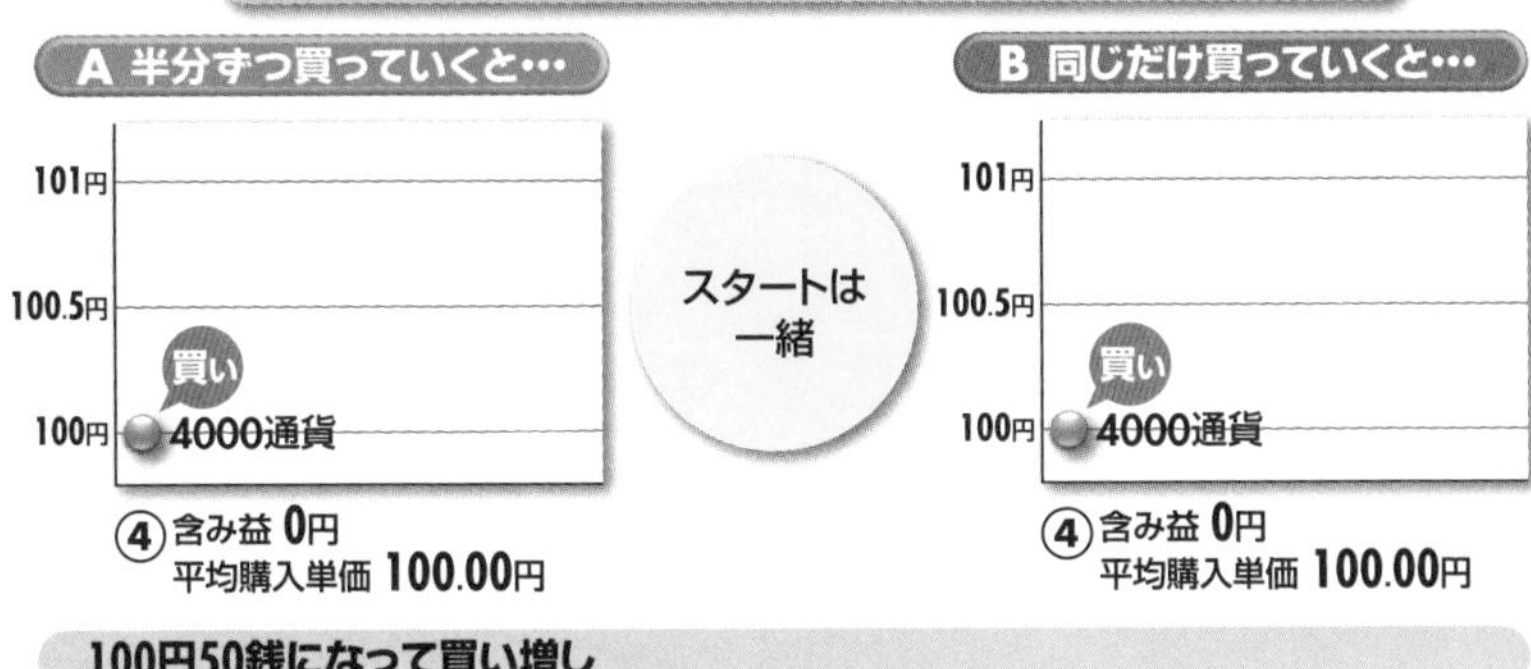

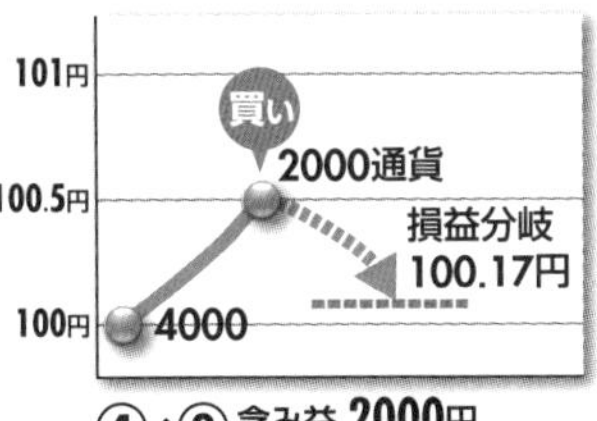

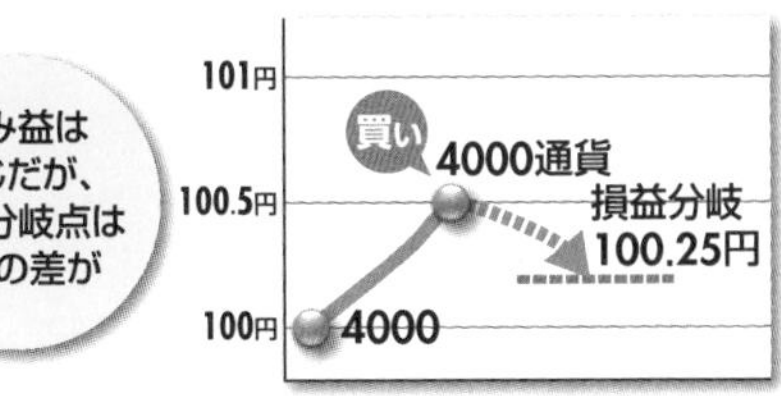

101円になって買い増し

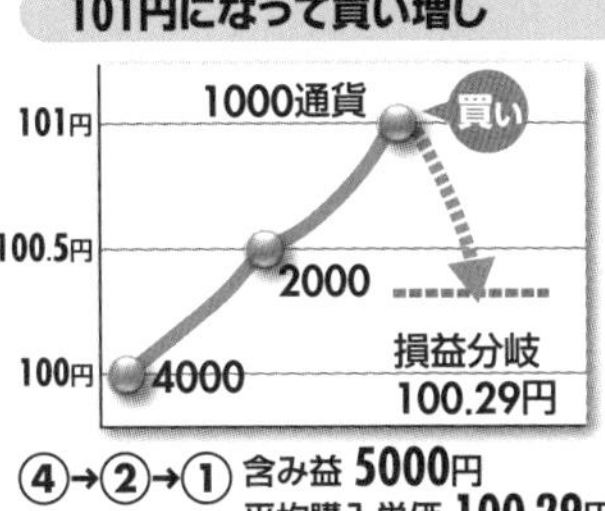

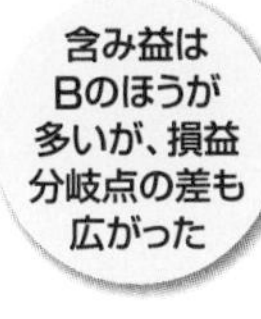

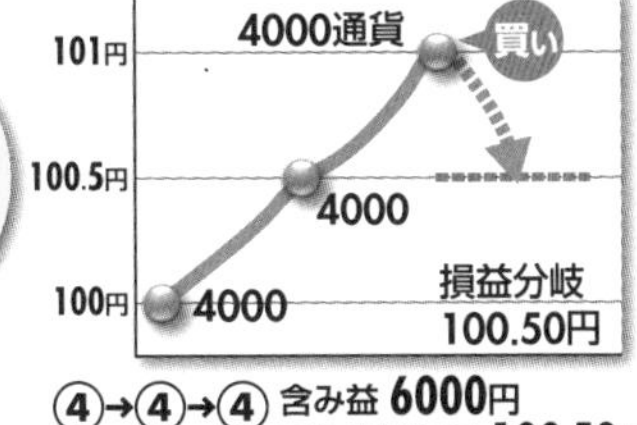

④→④→④ 含み益 6000円
平均購入単価 100.50円

※1
［リスク］

りすく◉FXのリスクは狭義だと、そのトレードで損する可能性のある金額。この場合の反対語はリターン、リワード。広義でのFXのリスクは預けたお金が返ってこないかもしれない業者リスクや、使用するFX会社のシステムがダウンしたり、自分のパソコンが壊れてしまうシステムリスク、投資対象とする国で大きな波乱の起こるカントリーリスクなど、さまざま。

※2
［損益分岐レート］

そんえきぶんきれーと◉いま持っているポジションの含み損益がゼロになるレート。FXではスプレッドがあるため、エントリー時点では含み損となる。含み損を抱えたときに、損益分岐レートを現在のレートに近づける方法としてナンピン（56ページ）があるが、損益分岐レートは近づいても損失は拡大する。

初心者はマネしちゃダメ ナンピンでポジションを増やす方法

ナンピンマジックって何だ？

ピラミッディングとは逆に、「思ったとおりに上がらないよ〜」というときに、ポジションを増やしていくことを「ナンピン」[※1]という。

3000ドルを100円で買ったのに99円50銭まで下がっちゃった。でも、どう見ても相場は上がりそうだと思うとき、「じゃあ、あと1000通貨だけ買い増ししてみようか」というのがナンピン買い下がり。含み損を抱えているのに、わざわざ買い増しするのにはワケがある。

4000ドルを100円で買ったのに99円50銭まで下がってしまったら、収支をトントンに戻すには相場が50銭上がってくれないといけない。でも、ここで99円50銭で最初のポジションの半分2000ドルを買い増せば、平均購入単価は99円83銭に下がる。最初に買ったのと同量、4000ドルを買い増すと、平均購入単価はさらに下がって99円75銭。収支トントンになる損益分岐レートが近づいてくるのだ。これこそナンピンマジック！

1万通貨単位でナンピンを繰り返すとあっという間に投資額が多くなってしまうが、1000通貨単位なら10回ナンピンしても1万通貨。1000通貨だから使いやすいテクニックといってもいい。

ナンピンは使い方次第では傷口を広げることに

ただしこのナンピン、使い方次第では大きなリスクになるので要注意。ナンピンとは不思議な語感だが、漢字で書くと「難平」。「難しい局面を平らかにする」というのが語源となっている。「難」という漢字が入っているように、初心者には使いこなすのが難しいものでもあるのだ。

もともとが含み損を抱えた難局にある。本来ならば、さらに買い増しを検討するのではなく、「損切り徹底」の原則に従って損切りを断行すべきなのだ。一度ポジションをスクウェア[※2]にして、改めてチャートを見直して、それでも上がりそうなら新規の買いを入れるのが正道だ。

最初に100円で買ったときの「上がりそう」という判断が誤っているとチャートが証明したのだから、その判断に固執するのは危険。素直に過ちを認める勇気も必要なのだ。それなりに資金力も必要になってくるので、上級者向けの手法だと覚えておこう。

相場の格言に「下手なナンピン、素寒貧（すかんぴん）」というのがある。素寒貧とは、貧乏で何も持たないこと、まったく金がないことを言う。ナンピンはうまく使えば力強い味方になってくれるが、ナンピンしてもさらに相場が逆にいってしまうのは、よくある話。下手なナンピンは傷口を広げるだけなのだ。ナンピンするときは、細心の注意を払って、よくよく考えてからにしないと、素寒貧になってしまう。気をつけて！

平均購入単価を下げるナンピンマジック

買い下がって損益分岐点を下げる方法だけど、中・上級者向けね

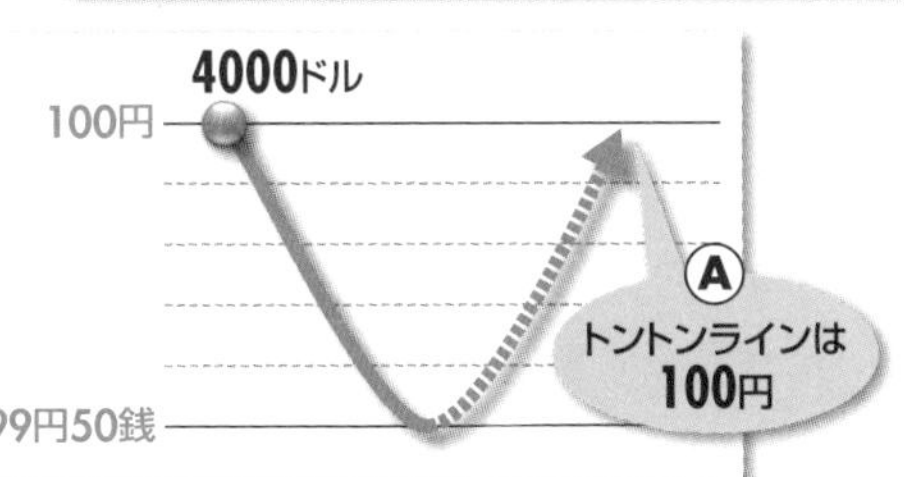

100円で
4000ドル「買い」Ⓐ
だけど、**99**円**50**銭まで
下がってしまった。
トントンに戻すには、
50銭の上昇が必要

だけど……

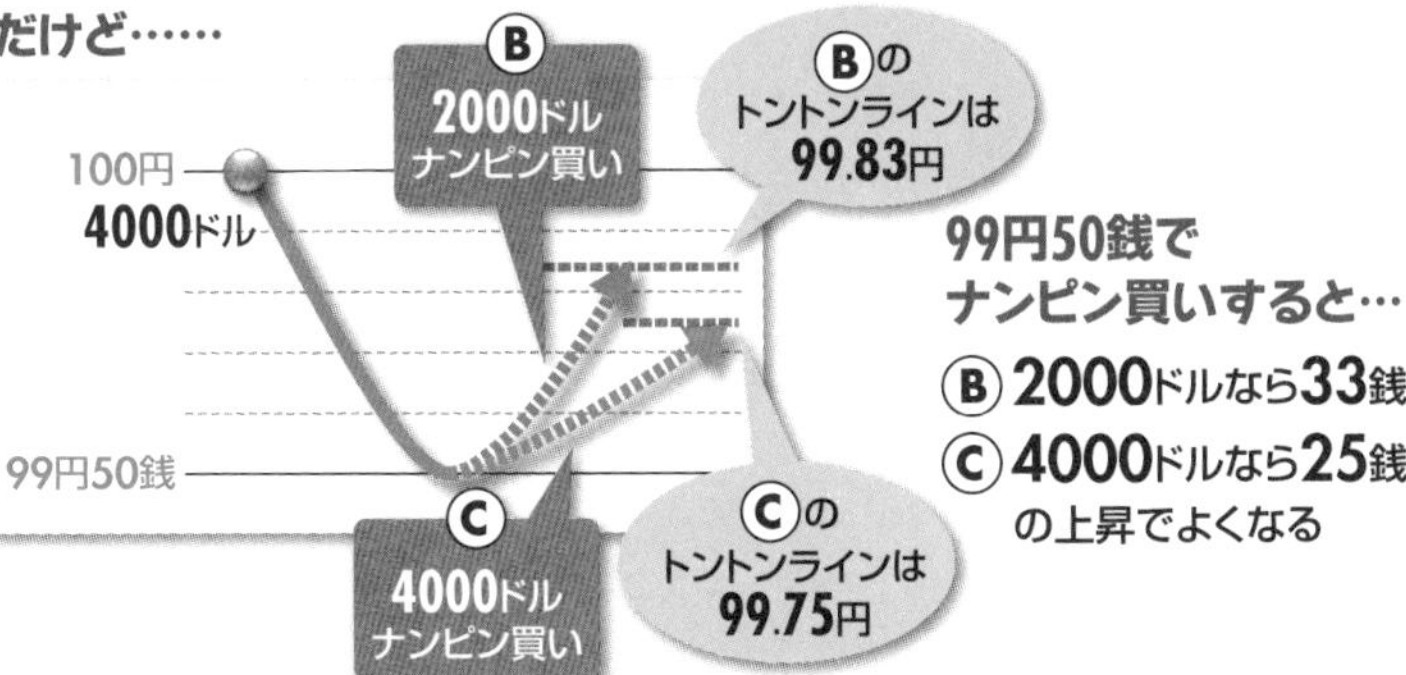

99円50銭で
ナンピン買いすると…
Ⓑ **2000**ドルなら**33**銭
Ⓒ **4000**ドルなら**25**銭
の上昇でよくなる

でももし、さらに50銭下落してしまうと、含み損が増加！

Ⓐ………… **2000**円 ⟶ **4000**円
Ⓑ………… **2000**円 ⟶ **5000**円
Ⓒ………… **2000**円 ⟶ **6000**円

第2章 用語解説
an explanation

※1
［ナンピン］
なんぴん◉含み損を抱えているのに、同じ方向のポジションを増やすこと。1万ドルを100円で買ったのに98円まで下がってしまった。このときさらに1万ドルを買うと、平均購入単価は100円から99円へと下がるため損益分岐レートが現在のレートに近づく。ただし、含み損の金額自体は増えるので、リスクが高まるだけという説も濃厚。初心者はうかつにナンピンすべきではない。

※2
［スクウェア］
すくうぇあ◉プロの為替ディーラーがよく使う言葉で「ポジションをスクウェアにする」などと言う。ようはポジションをすべて決済して手持ちポジションをゼロにすること。相場の先行き不透明感が強いときなどは、いったんスクウェアにして、様子を見ることも多い。

慣れてきたら通貨ペアによって取引数量を変化させてみよう

50銭動いたら何%の変化率になる?

1000通貨トレードといっても、もちろんいつも1000通貨で取引する必要はない。時と場合に応じて増やすのはカンタンだ。

FXで扱っている通貨ペアは多種多様。対円の通貨ペアで見ても米ドルがあり、ユーロや豪ドル、カナダドルなどもあれば、珍しいところでは**メキシコペソ**[※1]や**香港ドル**[※2]といった通貨もある。

これらの通貨ペアを2022年11月末日のレートで比べてみると、米ドル/円が138円台なのにメキシコペソ/円は7円台と、価格には130円以上の開きがある（左ページ参照）。

この状況でたとえば「50銭レートが動きました」といったとき、米ドルだったらせいぜい0・3%くらいの値動きなので「ふーん」と聞き流せるが、メキシコペソだったら7%以上の値動きになってしまい、ちょっと聞き流せるレベルではない。

このように、通貨ペアによって価格の水準が異なるため、値動きの幅も変わってくる。水準の低いメキシコペソだと、1日1円動くことは珍しいけど、米ドルだったらよくある話、ということだ。

1000円の利益をメキシコペソで得るには…

トレードで1000円の利益を得ようとしたとき、どのくらいの値動きがあればいいのだろうか。

「米ドル/円なら1000通貨で1円の値幅を狙おう」と、最低取引単位で考えるのがカンタンだ。だが、価格水準の低いペア、たとえばメキシコペソ/円を1000通貨取引して1円の動きを取ろうとしたら、気の長～い話になってしまう。左の表にあるように変動率は高くても、1日の値動きは10銭程度しかないから、1円動くには数週間かかってしまう。しかもその間の安値と高値が拾えたとしての話だ。

そのときは、「1000通貨じゃなくて、もう少し取引数量を増やしておこうか」と考えることもできる。2000通貨に増やせば、50銭の値幅で済むし、4000通貨にすれば25銭でいい。たとえ、4000通貨取引しても、動かしている金額は4万~5万円程度、米ドル/円の1000通貨よりずっと少ない。

通貨ペアの特性によって、取引数量をこまめに変えることを容易に実現してくれるのが、1000通貨トレードなのだ。

一方、英ポンド/円は水準が高く、1日の変動幅も大きいため、バリバリトレードしたい個人投資家に人気の通貨ペア。しかし、逆に値動きが大きすぎて1万通貨で取引していると心臓に悪い、というケースもある。損切りラインを少し遠くに設定して、1000通貨、2000通貨ほどで取引して、様子を見るのもいいだろう。

逆にシンガポールドル/円などは、比較的値動きが安定している。普段よりも取引数量を増やしてトレードしてみてもいい。

1000通貨単位で取引数量を変更できることのメリットは大きい。せっかくのメリット、存分に使いこなしていこう。

ただし、2022年は為替が大きく動いた年だった。年によって値幅は変わることはお忘れなく。

1000円の利益を得るためには…

通貨ペア	11月の価格と変動率			値幅の目安		
	価格（11月末日）	1000通貨なら	変動率は	1日	1週間	1カ月
米ドル／円	138.08	1円動けばいい	7.62%	2円8銭	3円17銭	7円32銭
ユーロ／円	143.66		3.03%	1円53銭	3円38銭	6円61銭
英ポンド／円	166.49		4.60%	1円90銭	4円63銭	10円22銭
豪ドル／円	93.71		3.60%	1円3銭	2円49銭	5円43銭
ニュージーランドドル／円	86.4		2.77%	51銭	1円82銭	4円40銭
スイスフラン／円	146.04		3.04%	1円66銭	2円97銭	6円7銭
シンガポールドル／円	101.27		4.80%	49銭	1円58銭	3円96銭
南アフリカランド／円	8.16		3.09%	5銭	21銭	47銭
メキシコペソ／円	7.1631		6.16%	10銭	19銭	41銭
香港ドル／円	17.75		7.08%	12銭	32銭	87銭
ユーロ／米ドル	1.0405	0.01ドル動けばいい＊	7.76%	0.013ドル	0.0228ドル	0.050ドル
英ポンド／米ドル	1.2057		8.77%	0.018ドル	0.030ドル	0.068ドル
豪ドル／米ドル	0.6786		8.29%	0.011ドル	0.019ドル	0.041ドル

※1日は2022年11月の平均、1週間は22年1〜11月の平均、1カ月は22年1〜11月の平均
＊1ドル＝100円で計算。130円ならドルストレートは約0.008ドル。

新興国通貨は取引数量を増やしたほうがよさそう！

英ポンド／円は逆に減らしたほうが安心ね

［メキシコペソ］※1

めきしこぺそ◉FXで人気の新興国通貨。高金利なのでペソ／円の買いでもらえるスワップは多いが、為替変動も大きいため、スワップ狙いでのペソ買いには売買タイミングの見極めに細心の注意が必要。

［香港ドル］※2

ほんこんどる◉香港は特殊な為替管理制度を敷いており、ドルペッグ制といって香港ドルの為替レートは米ドルにほぼ連動する。そのため、一部のトレーダーは特殊な売買手法を使って香港ドルの差益、スワップを狙うことも。

指標発表時に上下で待ち伏せ大きな利益を狙う

毎月第1金曜日のビッグイベント!

FXに関わる人が注目する一大イベントがある。それが毎月第1金曜日の夜に発表されるアメリカの雇用統計※1。雇用統計では、アメリカの失業率や非農業部門雇用者数が発表される。これがなぜ注目されるのか。それは、この数字によって、為替レートが大きく動くことがあるからだ。

発表時間は冬時間※2のときは22時半、1時間時計が早まる夏時間※2だと21時半。発表前には市場から人がいなくなってしまったように、相場の波がほとんどなくなり、発表と同時に大きな波が襲ってくる、そんなイメージだ。

ただし、大きな波は毎回くるわけではなく、大きく動くのは事前の予想と実際の結果が乖離する〝サプライズ〟があったとき。そうすると、米ドル/円では数分の間に1円近くレートが動くこともある。

雇用統計で相場がどう動くのかは、米国経済の分析を職業とするプロでも難しいが、個人投資家は予想しなくても相場の動いた方向へついていく方法がある。とはいえ、そうカンタンに攻略できるものではない。指標発表※3時は一方的に上がる(下がる)だけでなく、大きく下げてからそれ以上に大きく上がったりと、乱高下しがちだからだ。損切りポイントを大きめにしておかないと、すぐに引っかかってしまう。

買いと売りの両方でスタンバイ

そこで、メリットを発揮するのが1000通貨トレード。1000通貨なら1円の損切りにかかっても1000円なので気楽に新規注文が入れられる。発表直前に売りと買いの逆指値(68ページ参照)、つまり上と下の両側で待ち伏せするわけだ。大きく動いたときだけついていきたいので、注文は発表直前のレートよりもちょっと離して置いておこう。エントリーに加え、損切りと利益確定注文が同時に入れられるIFDOCO注文(70ページ参照)を使うと便利!

あとは指標の発表を待つだけだ。指標発表後とくに大きく動かなければ、新規注文は執行されないので、注文を取り消しておこう。どちらかに大きく動けば、売りか買い、どちらかの注文が約定するはず。こちらももう片方の注文は取り消しておくこと。あとは利益確定か損切りにかかるのを見守っていればいい。指標結果の発表とその後の相場の推移をウォッチしていよう。

1000通貨トレードなら、予想が外れたとしても痛手は少ないし、うまく相場の波に乗れれば、少額とはいえ大きな利幅がとれることもある。1000通貨だからできる、夢のあるトレードなのだ。

重要指標発表でこんなに動く!

【米ドル／円・5分足】

2022年11月4日21時30分
米国雇用統計発表!

ひゃ〜、すごく動くんだね

急落!

発表直前まで小動き

結果は?

【失業率】
予想 3.6% → 結果 3.7%

【非農業部門雇用者数】
予想 −19.3万人 → 結果 −26.1万人

プラスの結果だが…

いい結果が出て上昇したが、先月より伸びが鈍化して大きく下げた

作戦

発表5分前のチャートをチェックして、上下で待ち伏せる

IFDOCO注文で狙いを定めよう!

リカク（30pip）③
損切り（10pip）
エントリーポイント
動きについていきたいから逆指値を使う
③ リカク

通貨によってリカクや損切り幅は変えよう!

① 発表前20〜30分のレンジをチェック
② レンジから5pip（銭）くらい離れたところにエントリーポイントを置く（逆指値注文）
③ リカクと損切りの注文も同時に出しておこう

第2章 用語解説 an explanation

※1［雇用統計］
こようとうけい◉毎月第1金曜日に発表される失業率など米国全土の雇用状況を示す経済指標。注目されるのは「非農業部門雇用者数（NFP）」で、この数字が事前の予想と食い違うと為替レートは大きく動くことがあり、トレードのチャンスとなる。

※2［冬時間・夏時間］
ふゆじかん・なつじかん◉アメリカやイギリスなどで採用されるサマータイム。夏の間は1時間ほど時計が早められる。

※3［指標発表］
しひょうはっぴょう◉GDPや消費者物価指数などアメリカで主要な経済指標は、事前の予想数値と発表数値のズレが大きいと相場が大きく動くことが多い。短期トレーダーは指標発表の時間を確認することが必須。

損切りありきで考える取引数量の決め方

何よりも重要な取引数量

「じつはいちばん大事なのは、どんなテクニカル分析を使うかとかより、**取引数量**[※1]の調整なんだよね」

これは多くの上級FXトレーダーが口を揃えて言うこと。もちろん、テクニカル分析やトレード手法の基礎があっての話だが、取引数量をどう決めるかはとても大事な話だ。

投資資金が10万円しかないのに、毎回2万通貨でトレードしていたら、ちょっと負けが込んだだけで、すぐに資金が尽きてしまう。かといって、10万円の元手でいつまでも1000通貨でトレードしていたら、10連勝しても1万円程度しか増えない。取引数量をどう決めるか、ひよこトレーダーにとっても、ないがしろにはできないポイントなのだ。

ただし、「いくら儲けたい」という視点で数量を考えてはダメ。数量を決める最も基本的な考え方は、「最初に損切りありき」だ。FXで儲けるコツは、いかに損を小さく抑えるかということだからだ。損が大きくなるとそれを挽回するために、リスキーなトレードをせざるを得なくなる。それでは、なかなか勝ち目はない。

損してもいいと思える金額を把握する

では3つのステップで、適正な取引数量を計算してみよう。

ステップ①として「このトレードで自分が損してもいいと思える金額」を決めておく。資金10万円の場合、1トレードで1万円の損を出していたら、一気に元手資金の10%も減らしてしまうことになり、リスクが大きすぎる。だったら、「1トレードあたり5000円くらいかな」などと、自分なりの目安を決めておこう。

ステップ②はエントリーしようと思ったときに、同時に損切りポイントも決めておくこと。チャートで値動きを確認しながら、「100円でエントリーして、98円50銭になったら損切りしよう（=損切りまでの幅は1円50銭）」などと、トレードプランを立てておくのだ。

損切りポイントから計算する

ここまできたら、あとは電卓を叩くだけ（ステップ③）。

損切りまでの幅が1円50銭で、自分が損してもいいと思える金額（**損失許容額**[※2]）は5000円。だったら、取引数量は5000円を1・5円で割ると計算できる。3333・33……ドルとなるので、端数を切り捨てて3000ドルでトレードすると、損失は5000円の範囲内でおさまる。これが基本的な考え方だ。

この計算で使う数字は損失許容額と、損切りまでの幅の2つだけなので、すぐにマスターできるだろう。

損失許容額が7500円で、損切り幅が80銭なら7500÷0・8で9375。端数を切り捨てて9000ドルといった感じだ。数字を入れ替えながら、しっくりくるところを探してみるのもいい。

1万通貨単位のトレードだと、資金が小さい人はこの計算で出る取引数量が大きすぎて、トレードできなくなってしまうが、1000通貨ならばばっちりいけるはず！

最初に損切りありきで考える!

ステップ①

このトレードで自分が損してもいいと思える額を決めておく

たとえば…

資金10万円で 1万円の損 ………▶ 元手の10%減に!

5000円の損 ………▶ 5%減に!

ステップ②

損切りポイントを決める

たとえば…

100円でエントリーして 98円50銭で損切りしよう

………▶ 損切りまでの幅は **1円50銭**

ステップ③

計算する

損失許容額 5000円 ÷ 損切りまでの値幅 1円50銭 ＝ 取引数量 3333.33…ドル ≒ 3000ドル

第2章 用語解説 an explanation

※1 ［取引数量］

とりひきすうりょう◉高倍率なレバレッジが効かせられるFXでは、取引数量の調整もエントリーポイントの見極めと同じくらい大切。つい成功することばかり考えて取引数量を増やしがちだが、FXで長く生き残るためには「ちょっと少ないかも」というくらいが適量。

※2 ［損失許容額］

そんしつきょようがく◉1トレードあたりの「最悪なくなってもいい」と割り切れる金額。20%、30%と大きく損すると元の資金を回復するのが、どんどん大変になる。1トレードあたりの損失許容額は最大でも口座残高の5%くらいにとどめておくと、長く生き残りやすくなる。

トレードごとに取引数量に変化をつけてみる

負けたら倍がけしていくと…

トレードで重要なポイントである取引数量の決め方。損失許容額から計算する方法は前ページで紹介したが、トレードごとに機械的に変化をつける考え方もある。

カジノの世界で有名な考え方に**マーチンゲール法**[※1]というのがある。最初に1単位ベットして、負けたら2単位、さらに負けたら次は4単位と倍がけしていく方法だ。この方法の長所は「最後には利益が出る」ということ。倍がけしていくのだから、最後に勝ったときはそれまでの負けを取り戻して利益を出せるのだ。

これって一見最強に見えるが、でも本当にマーチンゲール法が万能なら、ラスベガスのギャンブル場はすべて商売を畳んでいるはず。マーチンゲール法の欠点は、連敗が続いたとき、資金が続かなくなることだ。負けるごとに掛け金は2倍になっていくので、5連敗の時点で16単位、7連敗で64単位、10連敗したときは512単位にも膨れあがる。

FXに当てはめて考えてみると、1000通貨を1単位にしても5連敗目で1万6000通貨、7連敗では6万4000通貨、10連敗時点では51万2000通貨とべらぼうな取引数量になってしまう。とてもじゃないが資金がもたないのだ。

自分の調子に合わせてこまめに数量を調整する

とはいえ、マーチンゲール法的な考え方が使えないわけじゃない。

FXは損切りをきちんとすればギャンブルと違って元手ゼロにはならない。そのため、ひたすら倍がけしていくのではなく、「3連敗したら1000通貨追加、3連勝なら1000通貨減らす、4連勝、4連敗以上では増減しない」などのルールを作り、必要以上に数量が増えない工夫をするといい。ある程度、**機械的にトレード**[※2]する際に有効な方法だろう。

または、自分の調子に合わせて数量を調整する作戦。最初に2000通貨などと、基本となる取引数量を固定しておく。先の例とは逆に負けたら半分の1000通貨に減らして、勝ったら倍の4000通貨に増やすなど、自分の調子の波に合わせてこまめにトレード数量を決めていくのだ。ただし、上限は決めて、ちゃんと守ること。

その他、資金が増えていくに従って基本となるトレード数量を増やしていく考え方もある。最初は資金の5%でトレードするとして、10万円なら5000円を最大損失許容額とする。その後、5%の2倍、1万円を稼いだら、今度は11万円を元手と考え、その5%、5500円を最大損失許容額にしていく、といった考え方だ。

1000通貨で取引していれば、取引数量をこうして柔軟に変化させるのも楽ちんなので、いろいろと試してみよう。ただし、一度決めたら、ある程度の期間は、そのルールどおりに実践することが重要だ。その時の気分に左右されると、せっかくのルール作りの意味がなくなってしまう。その結果、思わぬ方向に行ってしまうこともありうる。

くれぐれも、取引数量を増やしすぎて過大なリスクを負わないよう、気をつけよう！

1000通貨だとこまめな調整がカンタン！

使い方 その①

自分の調子の波に合わせて、取引数量を決める

基本の数量
2000通貨

今日は調子がいいなぁ → **4000通貨に増量**

今日はイマイチだなぁ → **1000通貨に減量**

使い方 その②

儲かってきたら、基本の数量を増やしていく（損失許容額は元手の5%）

元手	損失許容額	損切り幅	取引数量
10万円	5000円	1円	5000
損失許容額の2倍の1万円を儲けたら元手にプラス			
11万円	5500円	1円	5500
損失許容額の2倍の1万1000円を儲けたら元手にプラス			
12万1000円	6050円	1円	6050
損失許容額の2倍の1万2100円を儲けたら元手にプラス			
13万3100円	6655円	1円	6655

ここで6000通貨にアップ！

第2章 用語解説 an explanation

※1［マーチンゲール法］
まーちんげーるほう◉ギャンブルの世界で古典とされる賭け方。負けたら前に賭けた金額の2倍賭けるというやり方で資金が無限であれば最終的には儲かるはず、とされる。FXでそのまま当てはめると、とんでもないことになる。

※2［機械的にトレード］
きかいてきにとれーど◉「FXの敵は自分の感情」と多くの人が口を揃える。あらかじめ取引数量やエントリー、決済のルールを決めておき、それに従って機械的にトレードするのが理想だ。そうはいっても、人間は感情に邪魔されがち。自分のルールをプログラム化し、機械任せにして、感情の入り込む余地をなくしてしまうのを「システムトレード」という。

先パイトレーダーの体験&アドバイス!

エントリー前に必ず手書き もう10年以上続けています

FXでポルシェに乗る男 Y. Iさん

(トレード手法は144ページへGO!)

Column #02

本気でやると決めたら徹底的にルールに従う

スウィングトレードで2億円以上を稼いだY・Iさん。その武器となっているのがオリジナルの「エントリー表」だ。

「エントリーする前に必ず手書きで記入するシートです。入るレートや損切り、取引数量などのほか、自分がエントリーする根拠や移動平均線の形、かい離、方向性を記入しています。テレビかなにかで投資家さんがやっているのを見て、自分もやってみようと、10年以上ずっとつづけています」

几帳面な文字で綴られたエントリー表は通貨ペアごとにファイルに保管しているという。

「正直、エントリーごとに書くのは面倒なんスよね。相場が動いているときには3つ、4つと同時にエントリーしたくなることもある。でもエントリー表を書かないといけないので可能性の高そうな通貨ペアからエントリーすることになり、勝率を高め、無駄なトレードを予防できます。FXを始めたころは『なんとなく』でエントリーすることが多かったので」

根拠なくエントリーしたり、負けた直後に「取り返してやる……!」と熱くなって余分なトレードを始めたり、そんなポジポジ病対策にエントリー表は効果がありそうだ。

「あとはルールですね。エントリー表でもなんでもやると決めたら徹底的にルールに従う。ルールがないと失敗から学ぶこともできない。最低でも資金管理のルールは作っておくべきですよね。FXは10連勝しても次の1敗で全額飛ばせる世界。そうならないよう『1トレードの最大損失』などのルールを決めてそれを守ること。私だったら1トレードでの損切りは最大3%程度でずっとやってきました。2022年は相場がよく動いたのでリスクを高めましたが、それでも最大10%程度です」

エントリーと損切りの幅が決まれば、損切りにかかったときの損失が資金の3%になる取引数量が計算できる。

「あとはルールを守れるかどうか。本気でFXをやるぞ!と思ったならルールを守れるはず。ルール=法律だと思って守ってください」

第3章

知れば知るほど便利なFXのしくみ

[この章で覚えること]

1. 便利な注文方法をマスターする
2. レバレッジの本質を知る
3. 通貨ペアやスワップ金利の特徴を覚えよう

第3章 知れば知るほど便利なFXのしくみ

FXの3つの基本的な注文方法をマスターしよう

注文方法を覚えて脱・若葉マーク！

第1章でファスト注文＋OCO注文がトレードの基本！と説明した。でも、FXにはまだまだ便利な注文方法がある。おさらいをしながら、使い方や注文の出し方を紹介しよう。まずは基本的な3つの注文方法から！

今の値段で売り買いする
ファスト注文

FXで最も基本となるのが、画面に表示されたレートをクリックして注文するファスト（ストリーミングともいう）注文。今買いたい！　すぐに売りたい！ときに使う。株取引でも使う成行（なりゆき）注文に似ているが、厳密にいうと株の成行とは違う。株はいくらでもいいから買いたい（売りたい）、価格は市場にお任せという注文なので、出した瞬間にどんなに株価が動いても約定する。でも、FXでは注文が成立しないケースがあるのだ。

FXの場合、画面に表示されたレートをクリックして、その注文が**FX会社のサーバ**[※1]に届いた時点で約定する。だから、市場が過熱してくると、レートが動いてしまって注文が成立しないことが起こりうる。そのため、FX会社では成行とはいわずに、ファスト注文と呼んでいるのだ。

今より有利な値段を指定する
指値（さしね）注文

指値注文は、今のレートよりも安く買ったり、高く売りたいときに使う注文方法だ。「より安く買い、より高く売る」という、普段の生活と同じスタンスの注文。

注文を出すときは「この値段で買いたい」「この値段で売りたい」とズバリ価格を指定する。その値段にならないと約定しないので、注文を出すときは、いつまで注文を出し続けるのか、期間を設定することになる。FXPLUSの場合、当日（**NYクローズ**[※2]まで）、週末、無期限、日時指定の4つが選べる。ファスト注文が時間を優先しているとすれば、指値は値段を優先しているといえる。

損切りで大活躍する
逆指値（ぎゃくさしね）注文

指値とは逆に考えるのが逆指値。「より高く買い、より安く売りたい」ときに使う。わざわざ高く買って、安く売るなんておかしいと思うかもしれないが、FXトレードには欠かせない注文方法なのだ。

逆指値の使い方の基本中の基本は「損切り」。損切りでは、「〇円より下がったらあきらめて決済しよう」と考える。そのときに使うのが逆指値なのだ。逆指値を入れておかないと、いたずらに損を膨らませてしまうことにもなりかねない。

また、逆指値をエントリーに使う人も多い。為替レートが99円のとき、「100円が強いレジスタンスライン（抵抗線）になっているから、100円を超えたら強く上がるはずだ」と予想したら、逆指値の買い注文を100円のちょっと上に置いておく、という使い方だ。

つまりは、上昇中の通貨を追いかけて買ったり、下がった通貨を損切りしたりするのに使う。値動きの勢いが出ている通貨に飛び乗ったり降りたりするのに使うツールだと考えよう。

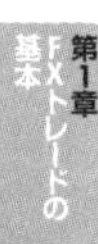

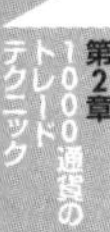

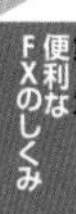

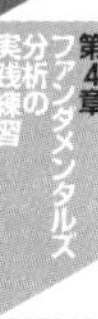

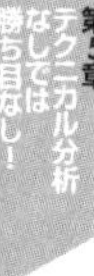

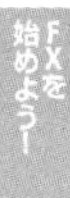

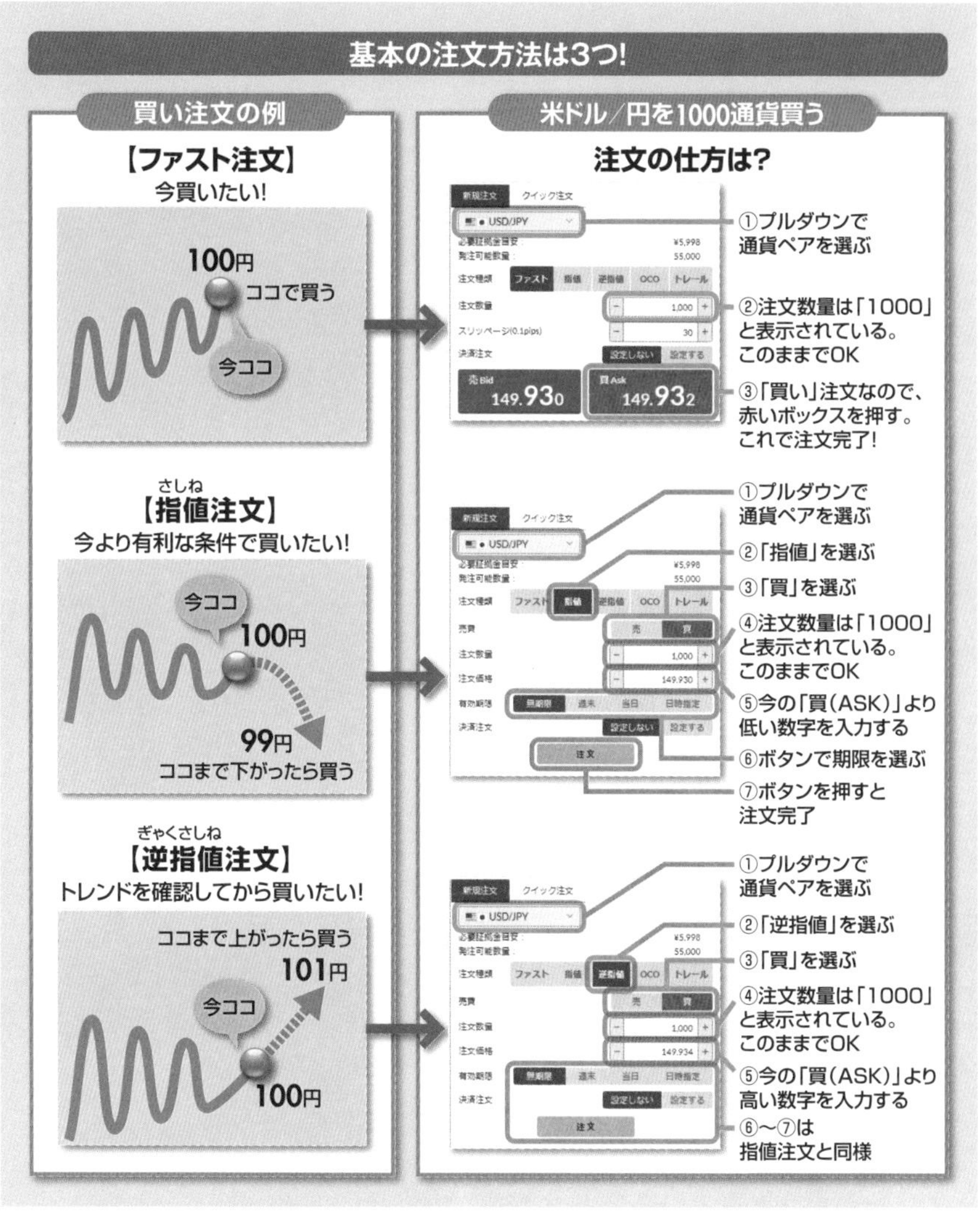

基本の注文方法は3つ!
買い注文の例
米ドル/円を1000通貨買う
【ファスト注文】
今買いたい!
100円
ココで買う
今ココ
注文の仕方は?
①プルダウンで通貨ペアを選ぶ
②注文数量は「1000」と表示されている。このままでOK
③「買い」注文なので、赤いボックスを押す。これで注文完了!
【指値(さしね)注文】
今より有利な条件で買いたい!
今ココ
100円
99円
ココまで下がったら買う
①プルダウンで通貨ペアを選ぶ
②「指値」を選ぶ
③「買」を選ぶ
④注文数量は「1000」と表示されている。このままでOK
⑤今の「買(ASK)」より低い数字を入力する
⑥ボタンで期限を選ぶ
⑦ボタンを押すと注文完了
【逆指値(ぎゃくさしね)注文】
トレンドを確認してから買いたい!
ココまで上がったら買う
101円
今ココ
100円
①プルダウンで通貨ペアを選ぶ
②「逆指値」を選ぶ
③「買」を選ぶ
④注文数量は「1000」と表示されている。このままでOK
⑤今の「買(ASK)」より高い数字を入力する
⑥〜⑦は指値注文と同様

第3章 用語解説 an explanation

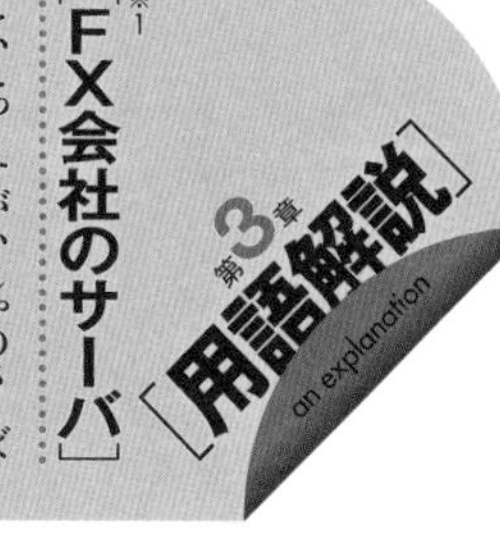

※1 [FX会社のサーバ]

えふえっくすがいしゃのさーば ● 経済指標の発表などがない日中なら、どこのFX会社でも取引は滞りなくできる。しかし、指標の発表などで大きく値動きがある場合などには、アクセスが集中しサーバが対応できなくなる可能性も。安心してトレードするためにはサーバの安定性もポイントになる。

※2 [NYクローズ]

にゅーよーくくろーず ● NY市場が1日の取引を終了する時間。便宜上、外国為替取引において1日の終了とされる。日本時間では午前7時。ただし、米国の夏時間では午前6時となる。

組合せ注文を使いこなせば自動売買もできちゃう

先を読んで注文を出す!

FXには2つ、または3つの注文を同時に出せる便利な特殊注文が用意されている。

FX取引は「注文（エントリー）→保有→決済（イグジット）」、この流れで完結するが、特殊注文を活用すれば、1回の注文でエントリーから決済まで完了させることができるのだ。

損切りとリカクを同時に出せる
OCO（オーシーオー）注文

第1章で、初心者に必須として紹介したOCO注文。指値や逆指値を組み合わせた注文方法だ。持っているポジションに対して、損切りとリカク（利益確定）注文を同時に出しておける。どちらかの注文が実行されれば、もう片方は自動的にキャンセルされる。

OCO注文は新規の注文にも応用が可能。「今より安くなったら指値の買いで入って、高くなっちゃったら売りの逆指値でエントリー」といった感じ。応用範囲が広いのだ！

最初の注文から決済まで
IFD（イフダン）注文

新規のエントリーと決済の2つの注文を組み合わせられるのが、IFD注文。IFDは「If done」の略。「もしⒶの取引が成立したら、すぐにⒷの取引を発注する」という連続した注文方法だ。

たとえば米ドル／円のレートが101円だとして、100円で買いの指値注文を出しておき、それが成立したら（Ⓐ）、103円で指値売り（Ⓑ）、というリカクの注文が一度に出せる。

もし上昇トレンドが強くて利益が伸びそうだ、と予想するのであれば、リカク注文は出さずに、もしものときのために98円で売りという損切り注文にも使ってもいい。

究極の自動売買
IFDOCO（イフダンオーシーオー）注文

さらに、IFDとOCOを組み合わせたIFDOCO注文もある。IFDOCOは新規のエントリー注文が約定すると、リカクと損切りのOCO注文が自動的に発注される究極の自動売買注文といっていい。エントリーの注文には指値も逆指値も使えるので、トレードスタイルを問わずとても便利な注文方法なのだ。とくに仕事や家事で日中はチャートにはりついていられない人にとっては、必須の注文機能だ。

リスクを抑えながら利益を伸ばす
トレール注文

レートの上昇幅や下落幅に合わせて、逆指値のレート水準を自動で修正してくれる便利な注文方法だ。

たとえば100円で買ったポジションに対し、50銭下がったら逆指値で売る設定にする。すると、レートがどんどん上がっていくと、逆指値のレートも50銭幅でついて上がっていくのだ。100円が101円になったら、逆指値注文は100円50銭となる。

ただし、レートが下がってきた時に一緒に下がってしまうと意味がないので、一度上がったトレール注文は変わらない。常に高値から50銭下がったら決済となるので、損切りラインを切り上げながら、利益を伸ばすことができるのだ。

特殊注文を覚えてレベルアップ!

【IFD(イフダン)注文】

Ⓐならば Ⓑの連続注文

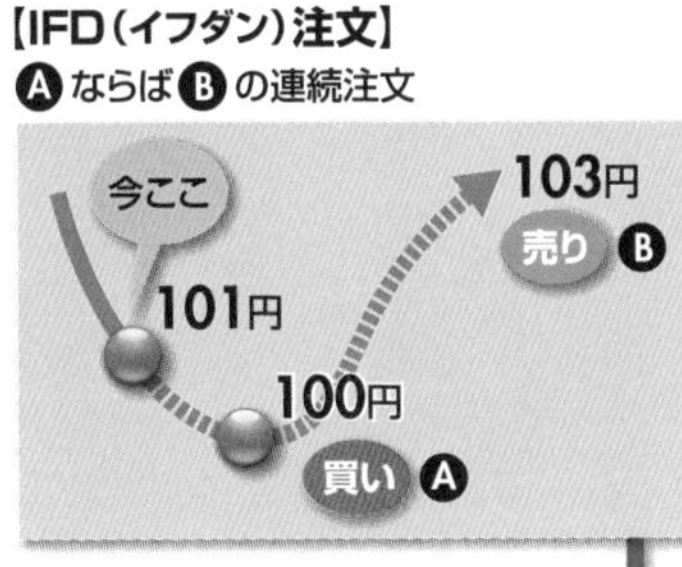

今為替レートは101円だが、もし100円に下がったら買いⒶ、買えたら103円で売りⒷの注文が順に執行される。このとき、Ⓐに対する損切り注文はセットされていない。

【OCO(オーシーオー)注文】

Ⓑか Ⓒのどっちか注文

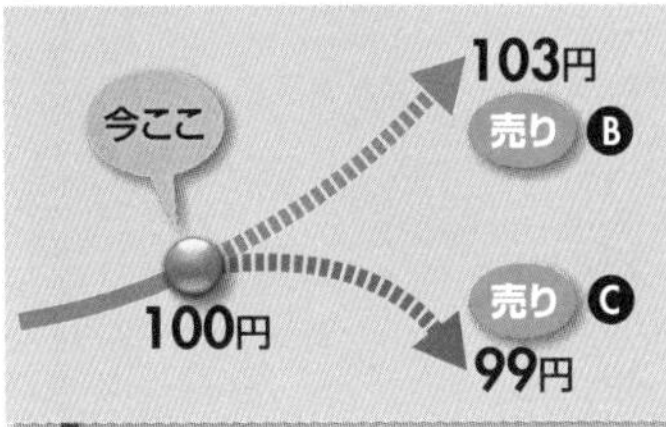

100円で買いポジションを建てた。この後、うまく上昇したら103円でリカク売りⒷ、逆に下がってしまったら99円で損切りの売りⒸの注文が同時に出せる。

合体! 究極の自動売買注文

【IFDOCO(イフダンオーシーオー)注文】

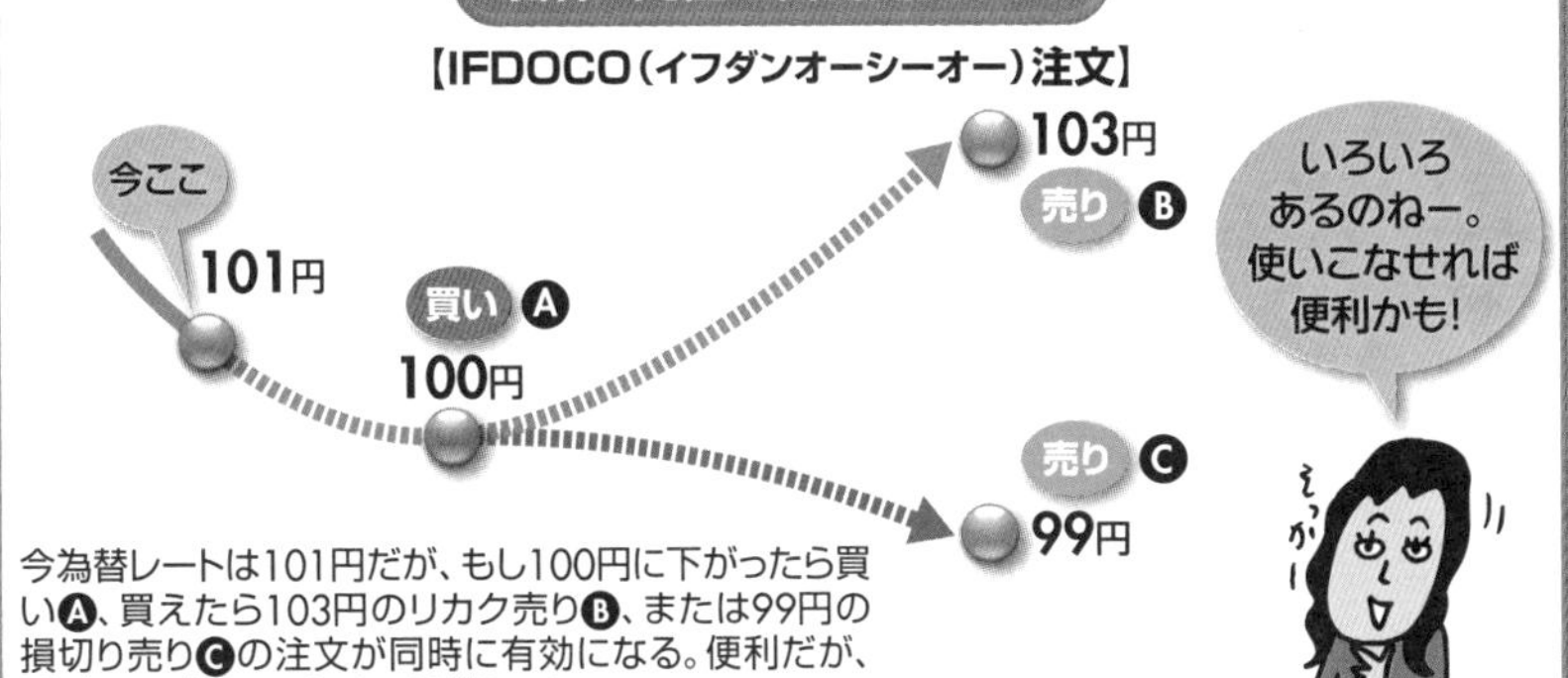

今為替レートは101円だが、もし100円に下がったら買いⒶ、買えたら103円のリカク売りⒷ、または99円の損切り売りⒸの注文が同時に有効になる。便利だが、ビギナーが使いこなすのは難しい!

こんな注文も!

リスクを抑えながら利益を伸ばす!【トレール注文】

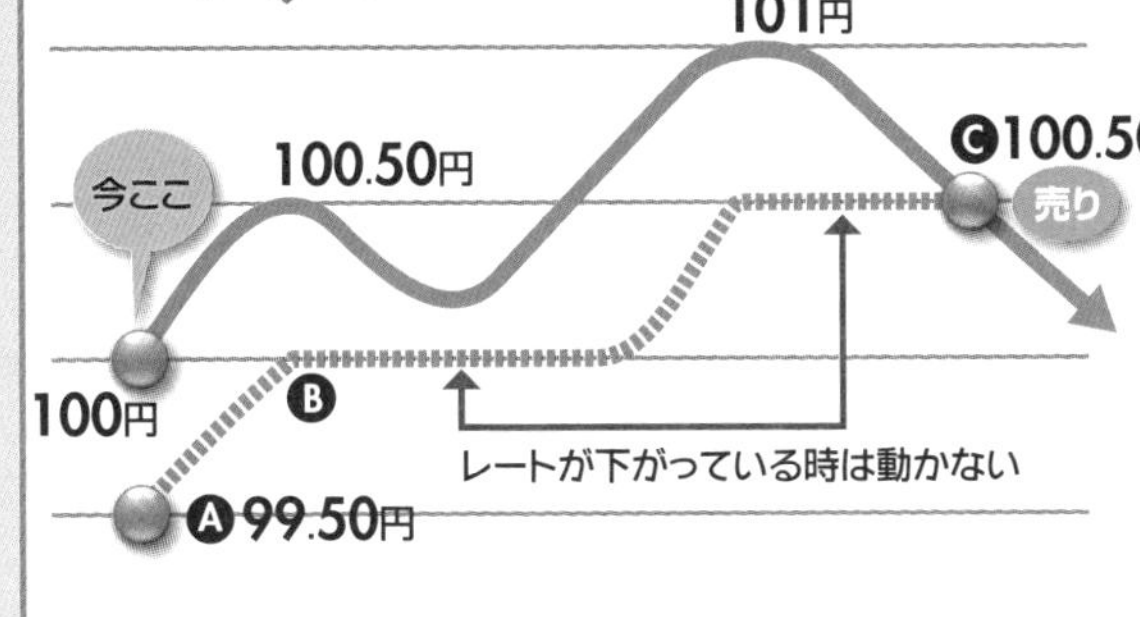

100円の買いポジションに対し、50銭下の99.50円Ⓐでトレール注文を出す。100.50円までは50銭幅でついていったが下げ始めたので、逆指値は100円Ⓑのまま動かず。101円まで上昇し(高値)、そこから50銭以上下がってしまったので、100.50円で売りⒸ。50銭の利益。

レバレッジって本当のところどういうものなの？

レバレッジを味方にする それこそFXの醍醐味

FXの大きな特徴であり魅力であるレバレッジ。レバレッジとは英語で「テコ」を意味する。テコを使えば、小さな力で大きなモノを動かすことができる。

FXはこのテコの原理を利用したもので、「少ない金額で大きな取引をする」ための仕組みだ。株の信用取引でも、レバレッジをかけて自己資金以上の取引ができるが、せいぜい自己資金の3倍程度が限界。ところが、FXでは最大25倍のレバレッジがかけられるのだ。

でも、このレバレッジ、高ければいいというものではない。高くなればなるほどリスクが高まって、少し動いただけで利益も損失も大きくなってしまうからだ。とはいえ、レバレッジを味方につけることこそFXの醍醐味でもある。上手く使いこなすためには、その仕組みをよく理解しておこう。

なぜ自己資金以上の取引ができるの？

10万円しかなくても、100万円相当の米ドルだって買えてしまうFX。これはレバレッジのおかげなのだが、なぜお金が足りないのに、買えてしまうのだろうか。

それはFXが「差金決済[※1]」といって決済前提の取引だから。100万円分の米ドルを買っても、別にパンを買ったんじゃないから食べて消えてしまうわけじゃない。100万円分の米ドルはいつか売る（＝決済する）はず。ということは、売り手であるFX会社から見たら、決済するときにあなたの買った100万円分の米ドルの価値が90万円以下にならなければ、とりっぱぐれることはない。だって、証拠金として10万円を預かっているのだから。

逆に考えると、FX会社は預かった10万円以上の損失を出されると困ってしまうのだ。もし、10万円で1億、2億の取引をされたら、10万円なんてあっという間に吹き飛んでしまう。そこでレバレッジには上限が設けられている。「必要最低証拠金[※2]」がそれにあたる。

元手資金からレバレッジを考えてみる

左ページの例で見てみよう。手元に10万円あり、レバレッジ10倍で投資するとする。資金10万円×レバレッジ10倍で100万円分の取引が可能になる。1ドル100円ならば、1万ドルが買えるわけだ。同じ元手資金で、1000ドルの取引をするなら、レバレッジは1倍となる。

本書では1000通貨トレードを推奨しているが、ポジションが増えていけば自然にレバレッジも高くなっていくので、ピラミッディングなどをする場合は、そのことを頭に入れておこう。

ただし「自分はレバ10倍で取引しよう」なんて意識する必要はない。レートが変わればレバレッジも変わってしまうし、レバレッジの数字だけ見て、自分の適正レバレッジがわかるはずもないからだ。

資金管理のページ（62ページ）で解説したように、損切りポイントと損失許容額を決めると自然とトレード数量が計算できて、レバレッジも決まってくる。レバレッジに振り回されず、損切りを徹底してトレード数量を増やしすぎないよう、気をつけるべし。

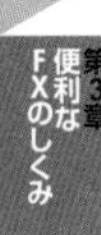

レバレッジってどういうこと？

証拠金とは？ → 取引するために預ける担保

レバレッジとは？ → 証拠金の何倍の金額の取引ができるか

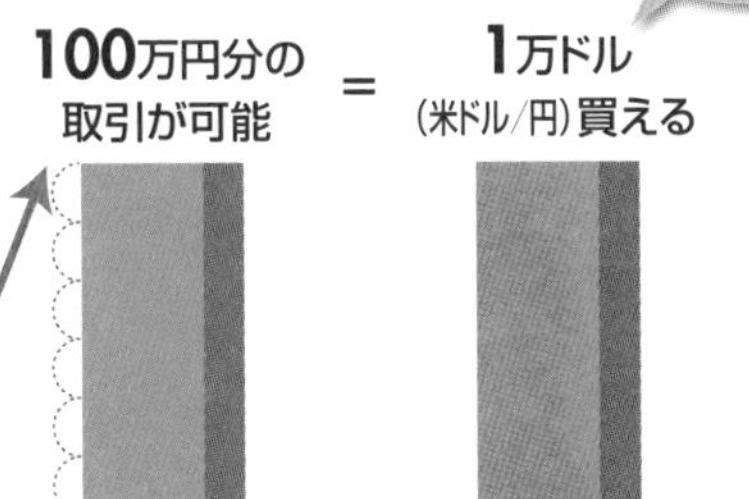

だから証拠金**10**万円で**1000**通貨トレードをすると、レバレッジは**1**倍ってことになる

1000通貨…**1**倍
2000通貨…**2**倍
3000通貨…**3**倍
⋮

※1
「差金決済」

さきんけっさい◉売った代金の全額、あるいは買った代金の全額を支払うのではなく、買って売って、売って買っての1トレードが終わったときの差額だけをやりとりする取引。

※2
「必要最低証拠金」

ひつようさいていしょうこきん◉ひとつのポジションを建てるのに最低限必要な証拠金の額。FX会社によって異なり、また表記の仕方も「1万円」と金額で決められることもあれば、「4%」と割合で書かれることもある。

寝ている間に含み損が拡大！ そんなときに助けてくれる「自動ロスカット」って？

自動的に損失を限定してくれる仕組み

損切り注文が自分の操作ミスで入っていなかったり、うっかり損切りを忘れることもある。そんなときに相場が急変！　思ったのと逆に一気に動いてしまったら？

想像したくもないケースだが、でも証拠金取引だから含み損がパンパンに膨らんで気づいたら借金まみれ、あげく身ぐるみ剥がされて……、なんてことにはならない。なぜなら、FX会社には「**自動ロスカット**」[※1]という仕組みが備わっているから。自動でロスカットって「そんな勝手な！」と思うのは間違い。

証拠金取引で自己資金の何倍もの取引ができちゃうFX。損切りせずに含み損が大きくなるのに任せていたら、強いトレンドが出たときにとんでもないことになる。でも、個人投資家がそんなことで大損してしまうことをFX会社も望んでいない。そこで、預けた証拠金の範囲内に損失がおさまるよう、含み損がある一定のレベルに達すると自動的に持っているポジションがロスカット（損切り）される仕組みをもっているのだ。

ロスカット率が100%を割ると……

FX PLUSを例にとってみると、初期設定では**ロスカット率**[※2]（証拠金維持率ともいう）が100%を割り込むと自動ロスカットが発動される（50～100%の間で設定可能）。ちょっと難しそうだが、大事な用語なのでよく理解しておこう。

ロスカット率は、預けた証拠金に含み損益を加味した「実効証拠金」を現在持っているポジションを建てるのに必要な「建玉必要証拠金」で割って求められる……。これだけじゃ何のことやら。具体的な数字で考えてみよう。

10万円を口座に入れて（預けた証拠金）、米ドル／円を1万通貨持っているとする（現在持っているポジション）。でも、4万円の含み損になってしまった……。このとき実効証拠金は10万円から含み損の4万円を引いて6万円。FX PLUSの建玉必要証拠金は1万通貨で約4万円（建玉必要証拠金は口座の種類やレートによっても変わるので注意！）。

ってことは、ロスカット率は6万円を4万円で割って150%となる。100%まではまだ余裕があるけど、危険水域に近づいていることは間違いない。さらに含み損が増えて実効証拠金が4万円以下になってしまうと、ロスカット率は100%を切ってしまうので、ロスカットということになる。自動ロスカットされるのは残念だが、投資家が借金を背負わないで済むようにしてくれるありがたい仕組みなのだ。

また、多くのFX会社では、自動ロスカットされるまえに「**アラート**」[※3]といって「そろそろ自動ロスカットしちゃうよ」という警告が発せられる。登録したメールアドレスに送ってくれるので、外出先でも確認できる。FX PLUSのこのケースでは、150%になると「プレアラート」、130%で「アラート」と2段階で知らせてくれる。

この段階まできたら、自ら潔く損切りすることを検討したほうがいい。ズブズブとポジションを持ち続けても、たいがい上手くはいかないのだから。

ロスカット率とは?

●基本の計算式は?

（実効証拠金：預けた証拠金＋含み損益）÷ 建玉必要証拠金 ＝ ロスカット率

●たとえばこうなる!

ケース 預けたお金は10万円。米ドル／円を1万通貨買い。
その際の建玉必要証拠金は4万円

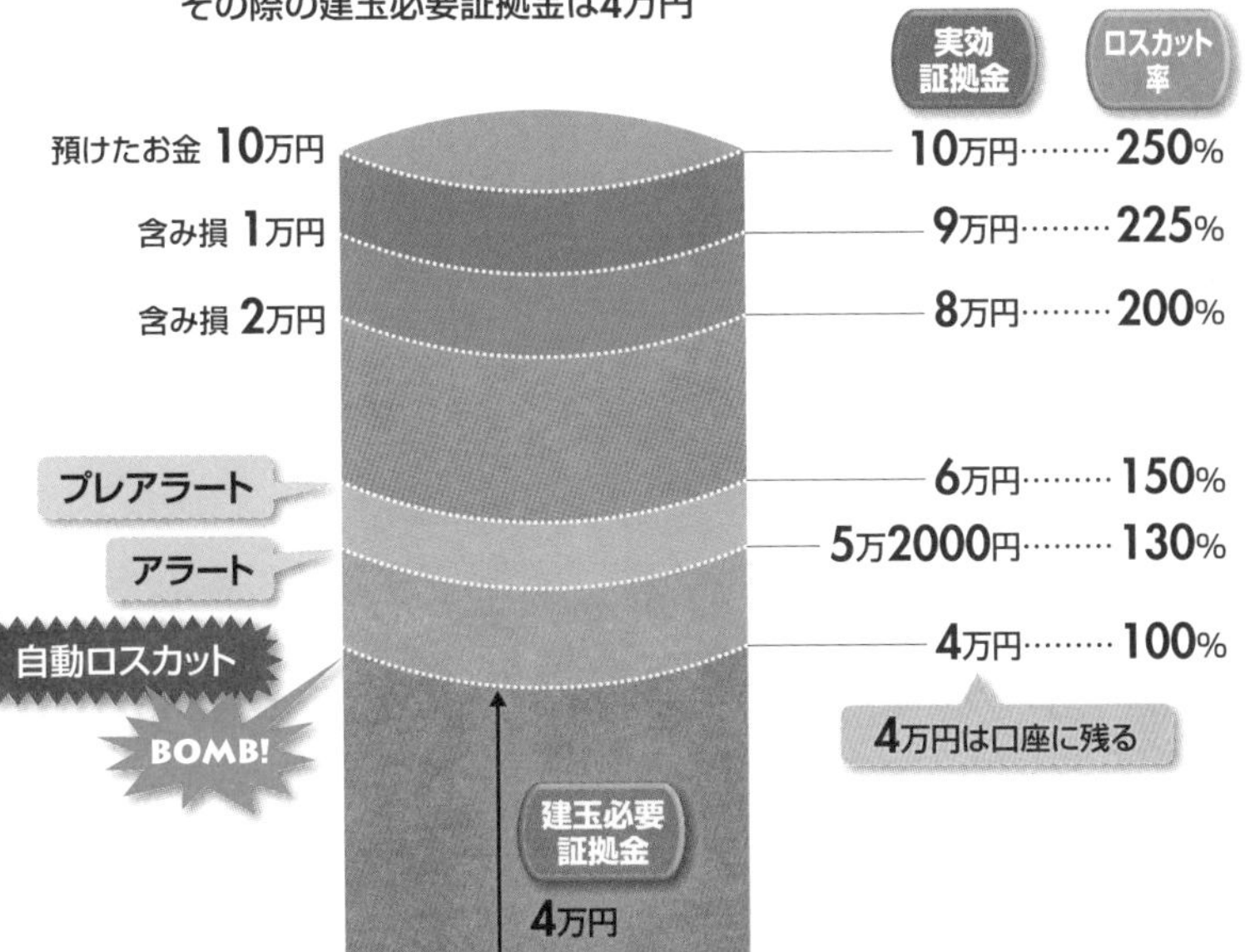

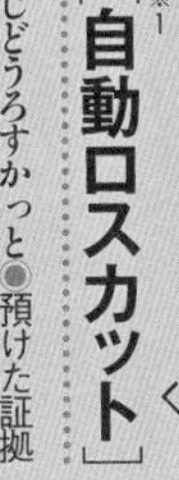

［自動ロスカット］※1
じどうろすかっと◉預けた証拠金以上の損失が発生することを防ぐためにFX会社が行う強制的な損切り。マージンカットや強制ロスカットとも呼ばれる。相場の急変時には、損失がロスカット率を超え、元本を割り込む可能性もあるので注意。

［ロスカット率］※2
ろすかっとりつ◉保有するポジションの含み損益を反映した証拠金額に対する、建玉の必要最低証拠金の割合。この数字が高いほど資金に余裕アリ。

［アラート］※3
あらーと◉自動ロスカットが発動する前にはたいていアラート、つまり「そろそろ強制ロスカットしますよ」という警告が発せられる。アラートが出たら、すぱっと自ら損切りの検討を。

第3章 知れば知るほど便利なFXのしくみ

為替市場の動く時間・動かない時間

24時間眠らない為替市場

株を取引するのは株式市場。日本なら東京証券取引所（東証）、米国ならニューヨーク証券取引所がある。じゃあ為替は？というと、具体的な**取引所**[※1]があるわけではない。銀行と銀行が**ブローカー**[※2]などを介してやりとりするので、東証のような取引所がなくても取引が成立するのだ。こうした取引の集積が為替市場となる。

だから、為替市場には株式市場にあるような「何時から何時まで」といった決まった取引時間がない。太陽が昇るにしたがって、オーストラリアが動き出し、次いで日本、その次はシンガポールで、欧州でと、24時間常にどこかで誰かが為替の取引を行っている。

ただし、日本のＦＸ会社は概ね月曜の朝7時から取引が始まり、土曜日の朝6時55分（米国サマータイム採用時は5時55分）まで。毎日ＮＹ市場がクローズした後15分程度取引できない時間帯がある。そのため大体朝の7時くらいから翌日のＮＹ市場がクローズする時間までをＤＡＹ（1日）とすることが多い。

活発になるのは夜から深夜時間

為替市場のメインプレイヤーは欧州や米国。ヨーロッパやアメリカが昼間の時間は当然、オーストラリアだけが取引している時間帯よりも取引のボリュームが増える。値動きも大きくなりがちだ。為替市場にはこのように時間帯ごとの特徴がある。

いちばん早いのはニュージーランドだ。日本時間の7時頃からウェリントン市場が開き始める。すぐにお隣のオーストラリアのシドニー市場でも取引が始まり、やがて9時頃には東京の金融マンが動き出す。ただし、東京やシンガポールなどアジア勢が主に取引している時間帯は、まだまだ市場参加者が少ない。

本格的に為替市場が動くのは日本の夕方頃。つまり欧州市場がオープンしてからだ。さらに夜10時くらいになると、**ウォールストリート**[※3]の大口投資家が参戦。いよいよ為替市場が本格的に動き出す。欧州勢が取引していて、しかも米国勢も取引する深夜にかけては為替市場が最も活発になる。

東京時間の夕方までは方向感も不明確で値動きも小幅、夕方以降に欧州勢が参戦してトレンドが徐々にできはじめて、夜からは経済指標の発表などもあり値動きが大きくなっていく――。そんなイメージだろうか。

時間帯ごとの特徴を生かしてトレード！

だから、ＦＸでは時間帯ごとに戦略を変える人もいる。東京時間は一切無視という人もいるし、逆にレンジ相場になりやすい東京時間で小さな利幅の取引を繰り返すという人もいる。まずはチャートをじっくり眺めて、時間帯ごとの値動きのクセを自分の目で確かめてみよう。

24時間動く為替市場。いつでも取引できて便利ではあるが、思わぬ副作用もある。なかには、チャートが動いているからといって、寝食も忘れてＦＸに没頭してしまう人もいるのだ。心身ともに健康じゃないと正常な判断はできない。トレードは時間を決めてほどほどに！

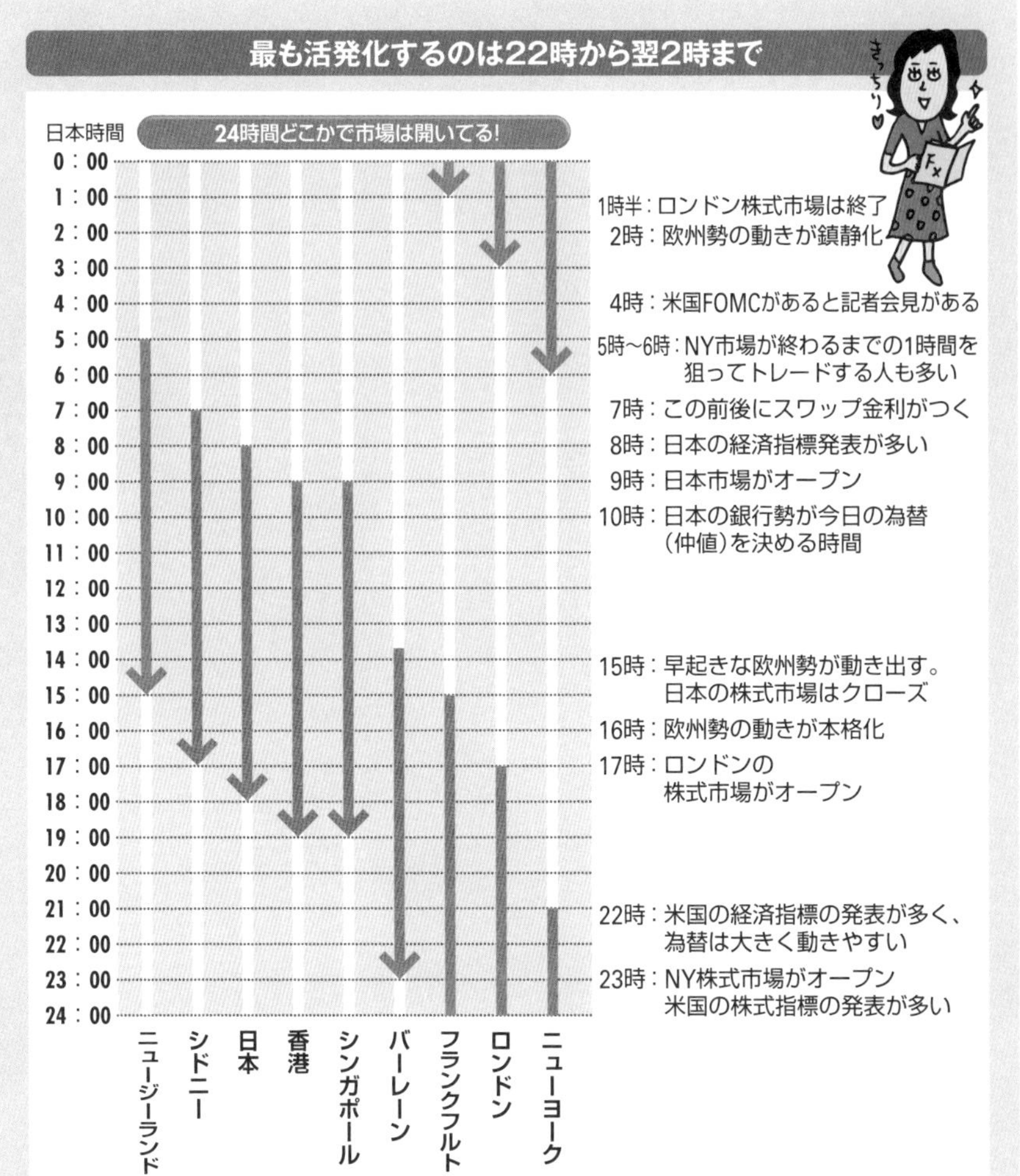
最も活発化するのは22時から翌2時まで
きっちり
日本時間
24時間どこかで市場は開いてる!
0：00
1：00
2：00
3：00
4：00
5：00
6：00
7：00
8：00
9：00
10：00
11：00
12：00
13：00
14：00
15：00
16：00
17：00
18：00
19：00
20：00
21：00
22：00
23：00
24：00
ニュージーランド
シドニー
日本
香港
シンガポール
バーレーン
フランクフルト
ロンドン
ニューヨーク
1時半：ロンドン株式市場は終了
2時：欧州勢の動きが鎮静化
4時：米国FOMCがあると記者会見がある
5時〜6時：NY市場が終わるまでの1時間を狙ってトレードする人も多い
7時：この前後にスワップ金利がつく
8時：日本の経済指標発表が多い
9時：日本市場がオープン
10時：日本の銀行勢が今日の為替（仲値）を決める時間
15時：早起きな欧州勢が動き出す。日本の株式市場はクローズ
16時：欧州勢の動きが本格化
17時：ロンドンの株式市場がオープン
22時：米国の経済指標の発表が多く、為替は大きく動きやすい
23時：NY株式市場がオープン 米国の株式指標の発表が多い
＊冬時間対応バージョン。夏時間の場合は、海外の動きが1時間早まる

第3章 用語解説 an explanation

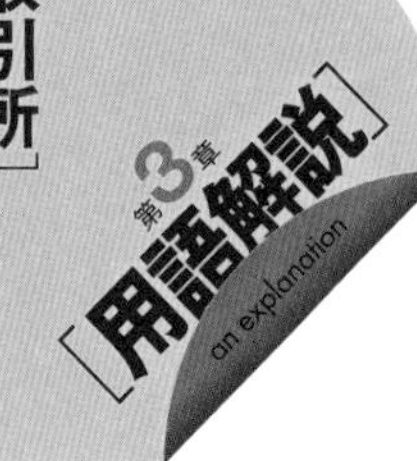

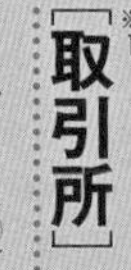

※1
［取引所］
とりひきじょ◉東京証券取引所やニューヨーク証券取引所などが代表格。株式やオプション、商品先物など各種金融商品の売買を仲介する場所。日本で為替を扱う取引所としては東京金融取引所がある。海外ではシカゴマーカンタイル取引所に上場する通貨先物が投機筋のポジション指標として注目されている。

※2
［ブローカー］
ぶろーかー◉証券会社や金融機関の為替注文を仲介する業者。最近では電子取引の普及により、存在感を薄めつつある。

※3
［ウォールストリート］
うぉーるすとりーと◉NYのマンハッタン南部にある通りの名前。金融機関やヘッジファンドなどが軒を連ねる世界の金融市場の中心。

世界中の国の通貨に投資できる！

最も取引量が多いのは ユーロ／米ドル

世界には22年5月時点で１９６の国があり、基本的にはそれぞれの国が通貨を発行している。ＦＸでそのすべてが取引できるわけではないが、いろいろな通貨ペアがあるのもＦＸの魅力のひとつだ。為替レートは通貨と通貨の交換レートだから、通貨の組合せの数だけ通貨ペアが存在する。楽しみであると同時に、最初はどの通貨ペアを取引すべきか、迷ってしまうかも。

とはいえ、日本人に最も馴染みがあるのは米ドル／円のペアだろう。日本の為替市場での取扱高も多く、中心的な存在の通貨ペアだ。情報量も何かと多いので、ビギナーはここからスタートする人が多い。

でも、世界にはもっと取引量の多い通貨ペアもある。それがユーロ／米ドルだ。

世界の基軸通貨（貿易や決済で使われる通貨）である米ドルと、それに次ぐ主力通貨であるユーロ。この2つの組み合わせが為替市場の主役であることは間違いない。そのため、ユーロ／米ドルの値動きは、他の通貨ペアに影響を及ぼすことも多い。

ユーロ／米ドルでユーロ高になると（＝米ドル安になると）、米ドル／円でも円高傾向が進みがちになるといった具合だ。だから、取引する、しないは別にしても、ユーロ／米ドルの値動きは見ておいたほうがいい。

クロス円と ドルストレート

日本のＦＸ会社が扱う通貨ペアのなかでは、円が絡んでいるものが多い。米ドル／円以外で円の絡む通貨ペア、ユーロ／円や豪ドル／円、英ポンド／円などは総称して「**クロス円**※1」と呼ばれる。通貨ペアは順に（左から）読むので、クロス円の場合は、1ユーロ１３０円とか1豪ドル70円とか、円で換算されるので計算もしやすい。

クロス円とセットで覚えておいたほうがいい言葉が「**ドルストレート**※2」。こちらは米ドルの絡んだ通貨ペアの総称だ。米ドル／円にユーロ／米ドル、それに英ポンド／米ドルなどが代表格。英ポンド／円の値動きは、英ポンドのドルストレートである英ポンド／米ドルにも影響されるのでご注意を。

メジャー通貨VS マイナー通貨

その他、通貨そのものをアメリカの大リーグのように、メジャーとマイナーで分類することもある。

米ドル、ユーロ、円、英ポンド、スイスフランなど先進国の通貨はメジャーとされ、南アフリカランドやトルコリラ、メキシコペソなど新興国の通貨はマイナー通貨といわれる。マイナー通貨は比較的金利が高い場合が多く、スワップを狙いたくなる通貨だが、取引量は少ないので、一般にリスクが高いとされる。

また、豪ドル、ＮＺドル、カナダドルなどは資源国通貨と呼ばれ、資源価格に影響を受けやすい特徴を持つ。

最初は馴染みのある通貨ペアから取引を始めてみて、チャートの見方やテクニカル分析の使い方に慣れてきたら、チャートの形がわかりやすい通貨ペアや、テクニカル分析に素直に反応する通貨ペアへと手を広げていくのがいいだろう。

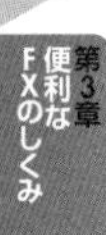

第7章 FXを始めよう！

通貨ペア&通貨はこんなふうに分けられる！

通貨ペアの呼び方

円が絡むペアのことよ

クロス円

- ユーロ／円
- 英ポンド／円
- スイスフラン／円
- カナダドル／円
- 豪ドル／円
- ニュージーランドドル／円
- シンガポールドル／円
- 南アフリカランド／円
- 香港ドル／円
- など

ドルストレート

- 米ドル／円
- ユーロ／米ドル
- 英ポンド／米ドル
- 豪ドル／米ドル
- など

米ドルが絡むペアのことだ

通貨の分類

メジャー通貨

- 米ドル
- ユーロ
- 円
- 英ポンド
- スイスフラン
- など

先進国の通貨ね

マイナー通貨

- 南アフリカランド
- 香港ドル
- トルコリラ
- メキシコペソ
- など

新興国の通貨だよ

資源国通貨

- 豪ドル
- ニュージーランドドル
- カナダドル
- など

資源価格に影響を受けるんだ

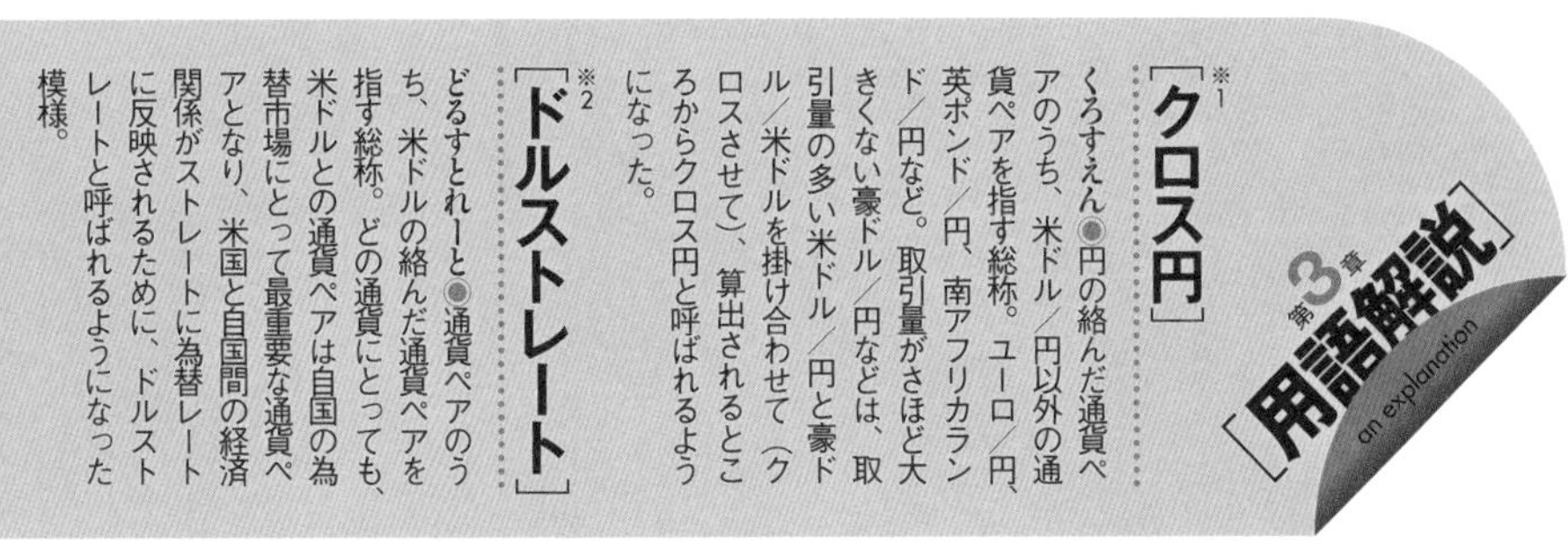

第3章 用語解説 an explanation

［クロス円］※1

くろすえん◉円の絡んだ通貨ペアのうち、米ドル／円以外の通貨ペアを指す総称。ユーロ／円、英ポンド／円、南アフリカランド／円など。取引量がさほど大きくない豪ドル／円などは、取引量の多い米ドル／円と豪ドル／米ドルを掛け合わせて（クロスさせて）、算出されるところからクロス円と呼ばれるようになった。

［ドルストレート］※2

どるすとれーと◉通貨ペアのうち、米ドルの絡んだ通貨ペアを指す総称。どの通貨にとっても、米ドルとの通貨ペアは自国の為替市場にとって最重要な通貨ペアとなり、米国と自国間の経済関係がストレートに為替レートに反映されるために、ドルストレートと呼ばれるようになった模様。

毎日もらえる お小遣い感覚の スワップポイント

スワップは2通貨の金利差だ

FXを語るときに欠かせない存在がスワップポイント。外貨預金でいう"金利"にあたるものだ。

スワップポイントの計算方法はちょっと独特だ。米ドル／円の買いであれば、「円を売って米ドルを買う取引」になる。そうすると、米ドルの金利から円の金利を差し引いて日割りした金額が、スワップポイントとなる。もし米ドルの金利が2％で、日本が0・5％だったら、差し引き1・5％。これがスワップポイントの目安となる利率だ。

スワップポイントは毎日つく。1・5％を365日で日割りした利率に持っているポジション量をかけると、ざっくりとスワップポイントの金額となる。ただし金額は毎日変わるので、日々、FX会社のホームページなどにアップされる。それを参考にしよう。

マイナススワップってどういうこと？

さて、実際にスワップポイントの金額を確認してみると「マイナス23円」などと書いてある場合もある。これは、そのポジションを持っているとスワップポイントを支払わないといけないということ。スワップポイントにはもらえる場合と、支払う場合があるのだ。

スワップポイントは**金利の差**[※1]だから、先ほどの米ドル／円の例で売りのポジションをとったとき、スワップポイントは0・5％から2％を引くのでマイナス1・5％になってしまう。これがスワップポイントを支払うケース。

めったにないことだが、2008年秋のリーマンショックのときは市場がパニックになり、スワップポイントもガタガタになってしまった。買いでも売りでもマイナススワップになったり、びっくりするくらい高額なスワップがついたりした。

長期投資の場合は要注意！

スワップポイントは1日あたりの金額では微々たるものだけど、1カ月2カ月とポジションを持つ期間が長くなると、意外とバカにならない金額になる。スワップポイントを支払うポジションを長く持つときは注意が必要だし、逆にもらえる方向に長くポジションを持つと、スワップポイントと為替差益でWの利益を狙えることもある。

確かに、06～07年頃は外貨の金利が高く、日本は超低金利だったので、スワップポイントは軒並み高かった。それを狙った**キャリートレード**[※2]という手法が大流行。円安も進んでいたので、"外貨を買って持っていれば儲かる"といういい時代だったのだ。その後、市場は大転換。円高トレンドに変わったので、単なるスワップ狙いのトレードではうまくいかなくなってしまった。

インフレが大問題になっている22年9月時点では、各国が金利を上げる中、日本だけが据え置きで金利差が拡大。再び円安トレンドが拡大している。

特にマイナー通貨や資源国通貨はスワップポイントがたくさんもらえるので目がくらみがちだが、安易にポジションをとるのはとても危険なことだ。

スワップポイントがいくら貯まっても、**為替差損**[※3]がふくらんで、差し引き大赤字なんて話はよくあること。スワップポイントはあくまでも、おまけと考えよう。

高金利通貨を買うとスワップがもらえる!

スワップは2通貨の金利差

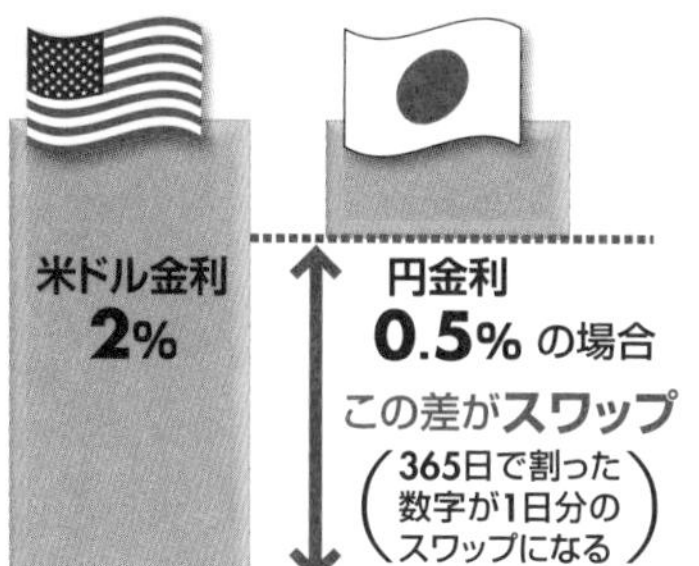

米ドル/円を買うと
2% − 0.5% =1.5%のスワップがもらえる

米ドル/円を売ると
0.5% − 2% = −1.5%のスワップを支払う

スワップは毎日変化する

通貨ペア	2022年4月18日		2022年7月14日		2022年10月14日	
	売	買	売	買	売	買
米ドル/円	-41円	1円	-50円	10円	-115円	75円
ユーロ/円	0円	-30円	0円	-30円	-42円	12円
英ポンド/円	-30円	0円	-56円	26円	-91円	61円
豪ドル/円	-30円	0円	-35円	5円	-61円	30円
NZドル/円	-30円	0円	-42円	12円	-71円	41円
カナダドル/円	-21円	-9円	-42円	12円	-73円	43円
スイスフラン/円	2円	-32円	-11円	-19円	-30円	0円
トルコリラ/円	-32円	22円	-32円	22円	-45円	35円
南アランド/円	-11円	8円	-13円	10円	-15円	12円
メキシコペソ/円	-13円	10円	-18円	15円	-21円	18円
ユーロ/米ドル	0.14ドル	−0.54ドル	0.41ドル	−0.81ドル	0.5ドル	−0.9ドル
英ポンド/米ドル	−0.26ドル	−0.14ドル	−0.06ドル	−0.34ドル	0.01ドル	−0.41ドル
豪ドル/米ドル	−0.06ドル	−0.34ドル	−0.11ドル	−0.29ドル	−0.08ドル	−0.32ドル

※1万通貨あたり FX PLUSの場合

※1 **[金利の差]**
きんりのさ◉スワップポイントの源泉となるもの。日本はバブル崩壊以後、低金利が続いており、外貨を買うことでスワップポイントがもらえることが多い。

※2 **[キャリートレード]**
きゃりーとれーど◉金利の低い通貨を売って高金利通貨を買うことで金利差を得るトレード手法のひとつ。サブプライムローン問題の表面化以前は円を売って豪ドルや米ドルなど当時高金利だった通貨を買う「円キャリートレード」が活発だった。

※3 **[為替差損]**
かわせさそん◉とくに新興国通貨では高金利の裏返しとしてインフレが発生していることが多く、通貨価値は下落しやすい。スワップ目当てで買ってしまうと思わぬ為替差損を被ることも。

スマホでいつでもどこでもトレードOK

スマホの機能向上で超便利！

電車のなかで為替レートをチェックしている姿をよく見かける。仕事中にもこっそり席を立ってトイレでスマホをいじる〝FXトイレーダー〟が増えているとか!? それもこれもスマホの機能向上ゆえのこと。

アプリはもちろんのこと、ブラウザでもスマホ用画面が作られていてチャートはとても見やすくつくられているし、注文機能も豊富で、パソコンと遜色がないほど。為替レートの確認や保有ポジションの損益状況、新規の注文や注文の変更・削除などの基本的な機能のほか、ニュースやレポートなども配信している。要チェックだ！

会社によってはあらかじめメールアドレスなどを設定しておくことで、市場の最新ニュースをスマホにメール配信[※1]してもらうことなどもできる。経済指標[※2]の予想・速報や、チャートの売買ポイントなども教えてくれるので、チャンスを逃さずにすむ。

それに「急な打ち合わせで帰宅が遅くなったけど、経済指標の結果が心配……」といったときも、わざわざアプリを立ち上げることなく速報ニュースが受信できれば安心だ。思わぬ結果であっても注文を取り消したり、注文レートを変更したりと、素早く対応できる。便利な時代になったもんである。

打診買いにも活用しちゃおう

また為替市場はいつ動き出すかわからない。強いトレンドが出てきたときに、ちゃんとチャートを確認してトレードしないと不安も残るが、スマホ＋1000通貨トレードができれば、打診買い・打診売り（52ページ参照）にももってこいだ。注文を出しておいて、ゆっくりパソコンが確認できる環境に戻ってから、本腰を入れたポジションをとればいい。

ただし、スマホは便利ではあるが、過剰に依存するのはちょっと怖い。機能の充実が著しいとはいえ、つながりにくい場合もある。あくまでもトレードの基本はパソコンと考えよう。スマホだけで見ていると全体像が見えにくいし、ちょっとレートが動いただけなのに、大きな動きのように見えがちだ。

また、手軽な分、あまり分析に時間がかけられないし、〝手抜き〟トレードになりやすい面もある。余裕をもってパソコンでチャートを分析してから注文を入れるようにしよう。スマホとパソコンの2刀流がオススメだ。

リスク回避の手段として使える？

自分はパソコンでトレードするから、スマホのアプリはいらない、と思う人もいるかもしれない。でも、ここはぜひ作っておいたほうがいい。停電やパソコンの不具合などが生じる可能性があるからだ。ポジションをとった瞬間に、停電、損切りを入れられぬまま復旧を待たなければならない、なんてこともありえないわけじゃない。パソコン自体が壊れてしまうこともあるわけで、この場合は環境を回復するまでにかなりの時間がかかってしまう。

このようなトラブルは、FX会社の電話サポートでクリアする手もあるが、スマホならスピーディに対処できる。日々のトレードに使わないまでも、使える環境はキープしておきたい。

スマホはこんな時に役に立つ

第3章 用語解説 an explanation

※1
［メール配信］

めーるはいしん◉「140円を割ったら大きく下げるかな」「130円と135円のレンジ相場だから、どちらかに抜けたらエントリーを考えよう」などというとき、ずっとチャートを見ているのは正直かったるい。でも、140円や130円、135円に到達するとメールが着信するよう設定できるFX会社もあるので、この機能を活用しよう。

※2
［売買ポイント］

ばいばいぽいんと◉エントリーやリカクを考える為替レート。サポートラインやレジスタンスライン、トレンドラインを抜けたところや過去の高値・安値などは多くの人が売買ポイントの目安と考える。

FX会社選びのツボ 〝信用力の高さ〟と〝1000通貨〟で選ぼう

資本金の大きさは信用力の裏付け!

FXを始めるとき、最初に迷ってしまうのが「どのFX会社で口座を開くか」。100社以上あるFX会社のなかから、自分に合った会社を選ぶのは結構な手間がかかる。

そこで自分なりにいくつかのチェックポイントを設けて、取引する会社を絞り込んでいこう。

まずは1000通貨から取引できること。このメリットはさんざん述べてきたので割愛! 会社選びの際に気をつけたいのは手数料。少額で投資するのに、手数料がかかると利益が出ても薄～くなってしまう。ここは無料を選びたい。

次に重視したいのは〝会社としての信用力〟。だって、自分の大切な資金を預けるのだから、会社がすぐに潰れたり、傾いてしまうようじゃ安心してお金を託せない。信用力を何で測るかといえば、大きいのは資本金の規模だ。資本金が大きいというのは、それだけの資金を用意する体力の裏付けでもある。FX会社のなかには資本が少額な会社も多いので、確認しておこう。

それに上場の有無も信用力のあらわれのひとつ。上場するには厳しい審査を突破しなければならない。まして東証グロース市場といった**新興市場**[※1]ならともかく、東証プライム市場への上場はぽっと出の会社ではまずムリ。資本金の大きさと上場の有無を最初の基準にすれば、かなり選択肢は絞られるはずだ。

安心できるということでは、取引システムの盤石さもポイントのひとつ。「取引したいのに、FX会社のサーバがダウンしていてログインできない」なんていうのは、絶対に避けたい。リカクや損切りのタイミングを逃してしまう。

目先のスプレッドより約定しやすさを重視

最近では、FX会社の〝スペック競争〟が激しい。取引手数料無料はもちろんのこと、売値と買値の差であるスプレッドを他社より0・1銭でも縮めようと、各社しのぎを削っているのだ。そりゃ、たしかにスプレッドは狭いほうが有利なのは事実。でも超短期の取引、**スキャルピング**[※2]などをトレードスタイルにするのでない限り、0・1銭のコスト差まで気にする必要はない。

よほどスプレッドが広いのでなければ、横一線と考えてもいいだろう。米ドル/円だったら1銭くらいのスプレッドなら充分に許容範囲だ。それよりは注文したとき、思ったとおりのレートで約定すること、システムの使いやすさといったことのほうが大切だ。

あとは注文したとき、実際にその注文が約定するかどうかという「**約定率**[※3]」にも気をつけておこう。スプレッドがいくら狭くても、実際にそのレートで約定できなければ意味がない。「約定できないなんてこと、あるの?」と思うかもしれないが、そうしたことは決して珍しくないのだ。約定率は発表していない会社も多いが、「もしかしたら自信がないから書いていないのかも」と疑ってかかるくらいでいい。逆に、自ら約定率の高さを謳っている会社なら信頼できそう。

これらのポイントから絞り込んでいけば、安心してFXに専念できる環境が得られるはずだ。

FX会社選びのチェックシート

①1000通貨取引ができるか
□ YES
□ NO

②1000通貨取引の手数料は無料か？
□ YES
□ NO

③資本金の規模は？
（　　　　　　）万円

④取引システムは安定しているかどうか
□ YES
□ NO
その会社が過去にシステムダウンしていないか、また、
システム増強のニュースリリースがでているかどうかなどをチェックしよう

⑤米ドル／円のスプレッドは？
（　　　）銭
安いに越したことはないが、1銭くらいなら許容範囲

⑥システムの使いやすさは？
□ いい
□ まぁまぁ
□ ダメ
FX会社のサイトで、使いやすいかどうかをカクニンしよう

⑦約定率は？
□ よさそう
□ だめそう
発表していない会社も多いなか、自ら約定率のよさを
アピールしている会社はポイント高い！

第3章 用語解説 an explanation

※1 **［新興市場］**
しんこうしじょう◉ベンチャー企業が多く上場する株式市場。上手くいけば成長性は高いが将来性は未知数の会社が多い。日本では東証グロース市場など。上場企業であるということは高い信用力の証しでもある。

※2 **［スキャルピング］**
すきゃるぴんぐ◉エントリーから決済まで数秒から数分で終える超短期売買。FX会社から見ると、取引の多い上客だが、投資家からの注文を為替市場へ流す間もなく決済されてしまうこともあり、敬遠する会社も。

※3 **［約定率］**
やくじょうりつ◉レートを見ながら「今だ！」と思いファスト注文を入れたとき、実際に注文が見えていたレートで約定する確率。

個人投資家が預けたお金は守られる？ 信託保全は100%義務化

FX会社の破綻から守ってくれる信託保全

　FXトレーダーがもっとも恐れるべき事態は、利用しているFX会社の経営破綻[※1]。そうなれば、預けたお金やせっかくトレードで増やしたお金が戻ってこないことだって考えられるのだ。せっかくがんばって稼いだ利益が水の泡……そんな事態は絶対に避けたい。

　そのためには資本金の大きさや財務の健全性、株式市場への上場の有無といった点から信用力の高い会社を選んでおくべきだが、何があるかはわからない世の中。不測の事態が起こるリスクをゼロにはできない。

　なので、今度は「万が一のとき、ボクらの預けたお金はどうなるのか」という点について考えてみよう。ここでキーワードとなるのが、いわゆる「信託保全[※2]」という仕組みだ。

　2010年まで法律でFX会社に課されていたのは「分別管理」という方法。これはFX会社に対し、「自分の会社のお金とボクらの預けたお金を一緒くたにして管理しちゃダメ！　会社のお金とボクらのお金はきちんと分けて管理して、もし会社が潰れても、ボクらのお金はなくならないようにしてね！」というもの。

　でも、この分別管理、義務といったってホントに守っているかどうかは自己申告。過去には「ちゃんと分別管理してますよ！」と言っていたのに、経営が破綻したら、嘘っぱちだったことが判明した、なんてこともある。

　そこで10年2月から導入されたのが信託保全の義務化。ボクらの預けたお金は信託銀行が預かってくれて、FX会社が破綻しても「受益者代理人」と呼ばれる人がボクらにお金を返還してくれる仕組みだ。利用者思いの会社はすでに100%信託保全を導入済みだったが、これが義務化されたのだ。

より安心してFXを使えるようになった！

　義務化された信託保全の内容はかなり厳しめ。逆に言えば利用する側のFXトレーダーにとっては安心できる内容となった。信託保全の対象となるのは預けた証拠金や決済済みのポジションの利益はもちろんのこと、未決済ポジションの含み益やスワップ益も対象となる。

　これなら、含み益やスワップ益がふくらんで「いつリカクしようか♪」なんてほくそ笑んでいたときに、まさかのFX会社破綻！　ごっそり貯まっていた含み益がパーに……（涙目）なんて心配もいらない。というのも、実際に預けた金額だけではなく、その後の運用の結果である含み益（含み損）なども加算（減算）することが義務付けられたからだ。

　制度改正の前までは信託保全と一口に言っても各社、その内容に差があったが、信託保全の義務化でほぼ横並びになった。より安心してFXを使える環境が整っていることは、間違いなさそうだ！

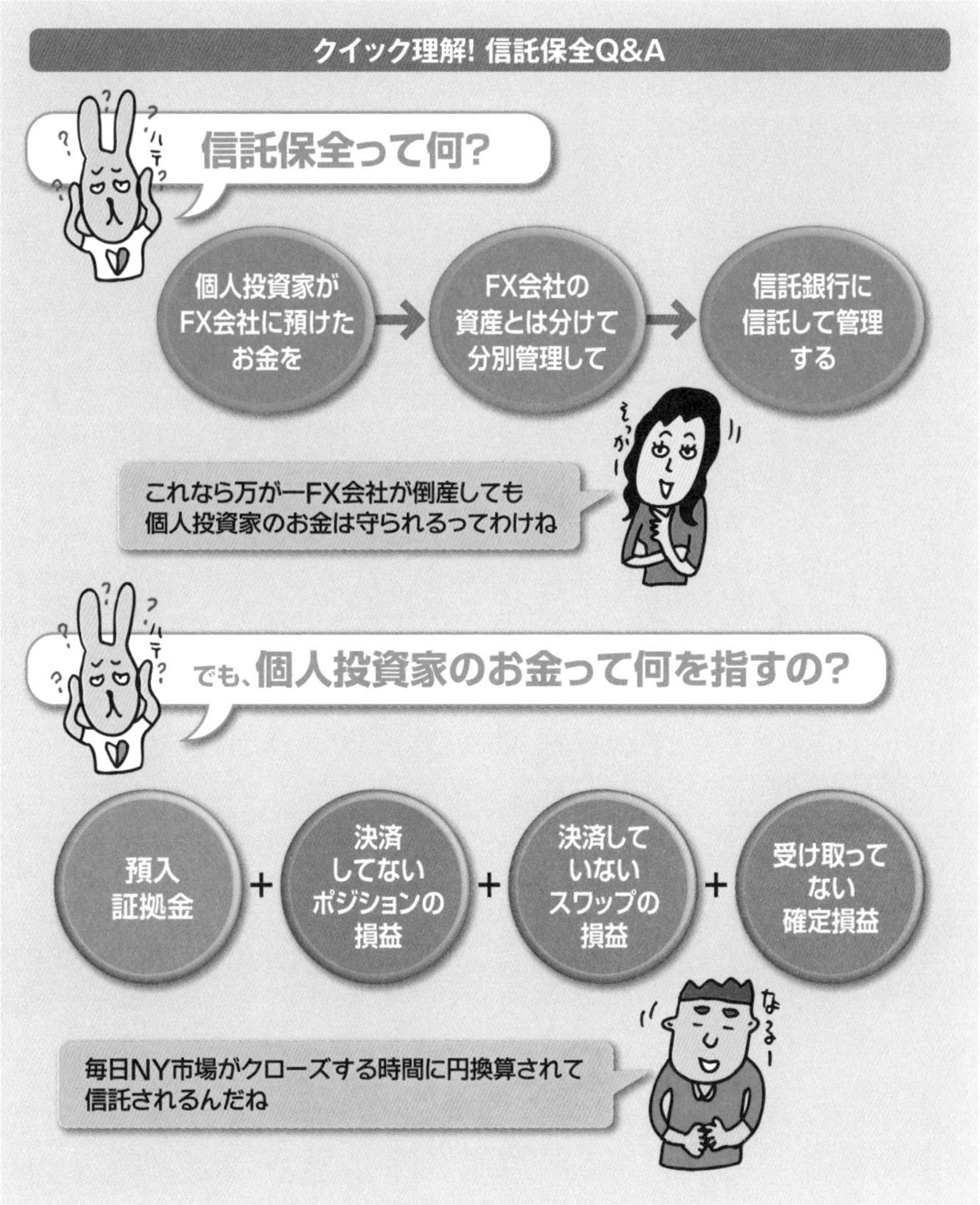

クイック理解! 信託保全Q&A

信託保全って何?

個人投資家がFX会社に預けたお金を → FX会社の資産とは分けて分別管理して → 信託銀行に信託して管理する

これなら万が一FX会社が倒産しても個人投資家のお金は守られるってわけね

でも、個人投資家のお金って何を指すの?

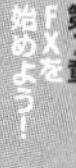

預入証拠金 + 決済してないポジションの損益 + 決済していないスワップの損益 + 受け取ってない確定損益

毎日NY市場がクローズする時間に円換算されて信託されるんだね

※1
【経営破綻】

けいえいはたん◉決して多くはないがＦＸ会社は経営が立ち行かなくなり破綻することも。そうなったとき、気になるのは預けたお金の行方。悪質な会社だと預けたお金を会社の赤字補填に使っていたりして、戻ってこないこともある。信用力の高い会社を選ぶことが大切。

※2
【信託保全】

しんたくほぜん◉投資家が預けたお金をＦＸ会社が管理するスキーム。万が一ＦＸ会社の経営が破綻しても預けたお金は信託銀行が保管しているため、安全性が高い。２０１０年２月より、法律でＦＸ会社へ１００％信託保全が義務付けられた。

第3章 知れば知るほど便利なFXのしくみ

「儲かったら考える」ってそれじゃ遅いFXの税金の話

知らぬ間に脱税!? なんてことにならないように

「FXで所得隠し、4億円を脱税」「1億6000万円脱税容疑、FX所得など、国税局が告発」

こんな新聞の見出しを見たことがないだろうか。FXの利用者が増えるとともに目立つようになったのが、FXで儲けた人の脱税事件。

「FXってそんなに儲かるんだ〜」とうらやましがるばかりじゃダメ。これからFXを始めようとしているあなただって、いつ新聞の見出しを飾ってしまうかわからないのだ。せっかくFXで成功しても脱税してしまったら大きな罰金を支払うハメになってしまうし、愉快じゃない経験をすることにもなりかねない。

「儲かってから考えればいいじゃん」なんて言わずに、自分の成功を信じて、先に税金のことも知っておこう。

20万円超儲かると確定申告が必要になる

FXの税金が面倒なのは、大きく儲かると**確定申告**[※1]が必要になること。株の場合は、源泉徴収ありの特定口座にしておけば自分で申告する必要はないが、FXだと自分で書類を揃えて申告しないといけないのだ。

会社員の場合、申告すべき基本ラインは20万円超の利益（1月1日から12月31日までの1年間で計算）。ただ、これに満たない人でもFXで得た利益は「雑所得」とされるので、同じ雑所得に区分される所得、たとえばネットオークションで得た利益や会社員が副業で書いた原稿の印税などと、FXの利益を合算して20万円超になると申告が必要となる。

課税の種類は「申告分離課税」。利益に対して一律20・315％（復興税含む）が課税される。主に取引されている**店頭FX**[※2]と、くりっく365の**取引所取引**[※3]は合算でき、そのほか、バイナリーオプション、商品先物や日経225先物など取引所取引の金融商品との損益通算も可能だ。

また、損失の繰越控除も受けられるので、損した人は忘れずに申告しておこう。3年間の利益と相殺できるので、節税のチャンスだ。

必要経費が認められる領収書を集めておこう

儲かったら税金を払うのは当然だけど、ただ何の対策も講じないのはもったいない。雑所得の場合は、必要経費が認められるのだ。これを活用しない手はない。

たとえば有料セミナーの受講代金、セミナーを受講するための往復の交通費、あるいはFXを勉強するために買った書籍代（この本だって領収書をちゃんともらっておけば必要経費になる可能性も！）、FXトレードのために買ったパソコンやプロバイダ使用料などなど、念のために領収書を集めておけば、税務署だって必要経費として認めてくれる可能性がある。脱税はダメだけど、合法的な節税のための努力はしておくべし。

領収書には日付が記載されているから、儲かってから慌てて集めようったって、そうはいかない。日頃から準備をしておこう。

ただ、税金のルールは複雑なので、わからないことがあれば税理士などの専門家に聞いてみよう！

FXの税金は申告分離課税

課税対象は?(会社員など給与所得者の場合)

確定した売買益 ＋ 確定したスワップ ＋ その他の雑所得 ＞20万円

※決済前のポジションの評価損益(差益+スワップ)は課税対象外

3つのポイント

1. 税率は一律20.315%
2. 損益通算できる金融商品とは
   - ●FX(店頭・取引所)
   - ●CFD(店頭・取引所)
   - ●バイナリーオプション
   - ●商品先物　●日経225先物
   - ●日経225先物ミニ
   - ●TOPIX先物
   - ●TOPIXオプション先物

   など
3. 3年間の損失の繰越控除を受けられる

課税期間

1月1日〜12月31日
(1月1日午前6時50分・NYクローズ時間まで)

必要経費とは?

売買手数料(支払い手数料)
筆記用具
電話代・プロバイダ使用料
パソコン購入費
セミナー受講料
などなど

儲かっても
損しても
確定申告は忘れずに!

第3章 用語解説 an explanation

※1 [確定申告]
かくていしんこく◉会社員などの給与所得者なら、1月1日から12月31日までの1年間でFXの利益を含む雑所得が20万円を超えると確定申告が必要となる。FX会社には税務署へ支払い調書の提出が義務づけられているので、「少額だからいいか」なんて思わず、20万円超の利益がでたら納税を。

※2 [店頭FX]
てんとうえふえっくす◉取引所取引以外で、相対で取引するFXの総称。

※3 [取引所取引]
とりひきじょとりひき◉取引所取引のFX、つまり東京金融取引所に上場するくりっく365のこと。

●マネックスグループCEO
松本大さんを
2人のトレーダーが

Special 座談会！

逢坂みぁ 松本大 平井聡士

世代もプロフィールもまったく違う3人の共通項は「FX」。お互いのテクニックや考え方に興味シンシン。話し始めたら止まらない3人のノンストップ座談会を大公開！

Profile
●マネックスグループCEO
松本 大さん

東京大学法学部を卒業後、ソロモン・ブラザーズ・アジア証券、ゴールドマン・サックス証券を経て1999年にマネックス証券株式会社を設立。ネット証券を日本に根付かせる。

Profile
●FX系YouTuber
逢坂みぁさん

2019年、会社退職を機にFXを開始。同時にYouTube配信も始めると、瞬く間に人気チャンネルに。FX会社主催の大会で1位を獲得するなどトレーダーとしても急成長中。

Profile
●FX億トレーダー
平井聡士さん

2018年にFXを開始。スキャルピングに活路を見出し、2022年には億トレの仲間入りを果たす。FXイベントの開催やYouTubeチャンネルの開設など後進の育成にも意欲的。

株は欲望の世界 FXはトレードの純度が高い

松本　2人はどんな理由でFXを始めたんですか？

平井　ツイッターを見ていて「僕ら素人が成り上がるにはFXがいいんじゃないか」と思いまして。それに株は大人っぽいイメージがあって、FXはもう少しゲームっぽい。そんな世界が魅力的で。実際に勝っている人にも出会うことができて、今に至ります。

松本　FXと株は違いますよね。株には株主として「会社に物申して変革する」みたいな部分もありますが、FXは縄跳びみたい。手数料もとても安く、ピュアなトレーディングの世界です。

平井　ピュアってうれしい言葉ですね。

みぁ　株は私利私欲の世界？（笑）

松本　株は少し年を重ねてからのほうがいいかもしれない。株の世界は欲望の塊だし、「粘性」があるんです。株式投資では思い入れを捨てて客観的に切らないといけない場面があります。異性とのお付き合いと似ていて、別れないといけないのに別れられない人もいる。それが年を取ると洒脱して、別れられるようになる。でもFXは最初からそれがない。情念のない、無機質な世界ですよね。

平井　たしかに通貨に思い入れはまったくないですね。

松本　みぁさんはなぜFXを？

みぁ　先輩から「FX会社に口座を作るだけでお金がもらえる」と聞いて。

平井　ポイント目当て（笑）。

みぁ　不純な動機だったんですが、少額から取引できると聞いてやってみたら、はまってしまって。

松本　上手くいった、と？

みぁ　なんか上手くいきました（笑）。

松本　そこなんですよ。トレーディングってやってみないと向き・不向きがわからない。プロのトレーダーでも、前の会社ではすごく上手だったのに転職したとたんに下手になってしまう人がいる。だからプロのトレーディングビジネスは「リスク管理がすべて」なんです。上手くいくかどうかはやらせてみないとわからないし、ダメなトレーダーを辞めさせることもマネジメントの大きな役割になる。

平井　僕も「今日突然、勝てなくなるんじゃないか」と不安になることがあります。一寸先は闇、みたいな。

松本　生き延びることが大切だし、結局リスク管理なんですね。リスク管理って、ようは取引量の調節。僕が常々思っているのは「トレーディングとは方向を当てるものではなく量を調節するゲームだ」ということです。

平井　上がるか・下がるかを予想するわけじゃないですよね。

松本　上手くいっているときに保有量を増やせるか、上手くいかないときや先がわからないなというときに保有量を減らせるか。その判断ですし、その究極が損切りですよね。量を減らすのではなくゼロにしちゃう。それがトレーダーのもっともコアな仕事です。

平井　僕も激しく同意で、FXは方向を当てるゲームじゃないんだってことに途中で気がつきました。僕がやっているのは超短期のスキャルピングなんです。だから方向性はあまり意味がなくて、ボラティリティが出るかどうかが、すごく大事なパラメータです。

みぁ　松本さんご自身も量をうまく調節できたんですか？

松本　ところがですね、これが自分で

「株は粘着質、思い入れが深い FXは無機質でピュアな イメージがありますね」

――松本大

「キツイときは娘を抱きしめて一定の精神状態を保てるようにしています」
――平井聡士

トレーディングすると方向を当てにいっちゃう。方向を外すとムキになって「2倍返しだ!」なんてね。それが危ない。マネジメントの立場だと「もっと減らせよ」と言えるんですが、岡目八目ってことですね。

FXも麻雀も勝ちは終わるまでわからない

みぁ　取引量って私はもともと一定だったんです。資金が10倍になったら取引量も10倍にする、みたいな。でも今はお金を大きく減らしたら、小さなポジションのままコツコツ利益を積み上げてもとに戻ってから、量を戻すようになりました。お金がなくなって退場しちゃうのがいちばんダメなので。

松本　そのとおりです。

みぁ　不適切かもしれないですが、FXは麻雀に似ていると思っていて。勝っているとつい大きな役を狙ってしまって、勝ち続けるのは難しい。「この局をどう勝ち逃げするか」とか考えるのが似ているなと思うんです。

松本　終わらないと勝ちが確定しないですからね。トップだからと大きな役を狙うとひっくり返されちゃう。

みぁ　ゴミ手でも上がってやる！って思います（笑）。

平井　上手いトレーダーには麻雀が強い人も多いですが、共通点が多いんですか？

松本　麻雀は他の3人の手が見られれば勝てます。でも、もちろん相手の手は見えないから、他人の捨て牌、つまり行動などから想像するわけです。それはFXも一緒ですよね。ひとつの切り口ではなく情報を広く見る。自分のポジションはマーケットにまったく関係ありません。「もう少し上がれば含み益になる」なんて思っても意味がないのに、ついつい考えてしまう。

みぁ　自分の手ばかり見て相手に役満をふっちゃったり（笑）。

松本　トレードでは「マインドフル」であることがとても重要なんです。釣りでいえば「ウキを見るのではなく水を見る」みたいな。水面に浮かんだウキを凝視せず周りの水面も広く見て水中を想像する。そんな感覚ですよね。

平井　それでいくと僕は大学生時代、授業にも出ずどっぷり浸かったパチンコの影響が大きくて。パチンコは「確率のマシン」なんです。だから目先の出る・出ないに左右されず、期待値を追求することが大切になります。それはFXでも同じです。行動経済学のプロスペクト理論的にいえば、人間って利益は早く確定したいし、損失は我慢しちゃう。そうではなく数学的に期待値を追い続けないといけないんですが、本能がそれを拒絶する。だから「あのころのように数学的に期待値を追おう」って心がけています。

松本　結局みんなマーケットに負けるんじゃなくて感情に負けるんです。

平井　自分の感情、ポジションに左右されないよう、決済で迷ったとき「もし自分がポジションを持っていなかったらどう判断する?」と鏡の中の自分に問いかけていますね。

松本　30年ほど前、シカゴにオコーナーというトレーディング会社がありました。トレーダーをたくさん抱えた会社です。夕方になるとトレーダーが帰りますよね。すると、残ったすべてのポジションを会社が取上げてひとつの口座に集めて、あとは決済専門の人間がポジションの解消だけを行うんです。

翌朝、出勤したトレーダーはノーポジションでスタートです。なぜかというと、人は持っているポジションや損益に判断を影響されますから、それをゼロにしてスタートさせようというんですね。当時はまだプロスペクト理論は一般的ではありませんでしたが、オコーナーは実践していたんです。

みぁ　私は逆指値を使って大きな損をしないようにしているんですが、自信があるときに損切りを躊躇して握りつぶしたことは何度もあります。

松本　感情に負けるんですよね。

平井　みぁさん、ＹｏｕＴｕｂｅで配信中に号泣したことがありましたよね。

みぁ　いや、もう損切りが続くと本当に辛くて……（笑）。

松本　でも配信はいいかもしれないですね。ねちっこいことをしなくなるでしょう？

みぁ　そうですね。「みんなが見ているから切らなきゃ」みたいな。でも負けが込むとしんどいから号泣しながら損切りするという。

松本　涙とともに感情を流しているんでしょうね。でも、損切りって気持ちいいでしょう？

みぁ　スッキリします！　大きな含み損を抱えていると感情がグチャグチャになってくるんですよね。

松本　トレードを配信するというのは合理的ですね。感情やねちっこい部分がトレーディングに入り込むのを防げる。プロと個人の大きな差は「ボスがいるかどうか、あるいは厳格な損切りルールがあるかどうか」ですが、ＹｏｕＴｕｂｅで見られていると損切りせざるを得ないですから。

みぁ　でも仲良くしてくれているＹｏｕＴｕｂｅｒの中には大きな含み損を抱えて切れない人もいます（笑）。

松本　向き・不向きがあるんでしょう

平井さんのトレード手法を公開

1時間足で大局を見て 1分足でトレード 取引する時間も大切！

1日の中でも動きやすい時間帯がある（米ドル／円）

※データは、2022年1月1日～11月25日

40銭
30
20
10
0
東京オープン
欧州オープン
NYオープン
1時間足の平均変動幅
7時 8 9 10 11 12 13 14 15 16 17 18 19 20 21 22 23 24 1 2 3 4 5 6

僕のトレードは1取引で1銭、2銭といった小さな利幅を狙うスキャルピングです。1日に100回、200回と取引し、コツコツと積み重ねていくスタイル。普段見ているチャートもいちばん短い1分足がメインです。

トレードを始める前には「今は大きな波のどのあたりにいるか」と大局を1時間足で確認します。直近の高値・安値で見たレンジの内側にいればトレードは少なく、外に抜けていくのを待つ。狙うのはレンジの外側に抜けていくとき。上に抜けるとしたら、「高値を抜けて買い→決済→高値を抜けて買い→決済」を繰り返すことになります。

とくに意識しているのは時間ですね。米ドル／円が動く時間には傾向があります。動きやすい時間は、日欧の株式市場が開く9時や17時、仲値が決まる9時55分など。ここは逃さないよう、気をつけています。

「動きがあるときは果敢に攻めにいきます 動きがあるから英ポンドは大好き」——逢坂みぁ

ね。みぁさんは向いている。

平井　感情がフラットな判断を妨げないよう、一定の精神状態を保つことも大切ですよね。スポーツ選手でいうルーティン。僕の場合はトレードルームが自宅なので、奥さんとの関係が僕の感情に強く影響します（笑）。

みぁ　ケンカしているとトレードにも影響が……。

平井　あとは自分が大負けしたら、冷静にはトレードできないので、一人暮らしだったころは顔を洗ったり、お茶を飲んだりしていました。今の精神安定剤は娘の顔を見ること。席を立って娘を抱きしめにいきます。

松本　娘さんが「あら、お父さんが来た、損したのかしら?」なんて（笑）。

平井　そのうち気づかれるかも（笑）。

松本　僕は、損切りは無意識にできるタイプですね。利食いは考えますけど損切りは普通に切れちゃう。「儲けるチャンスはいくらでもあるから、そのときにトレードできるよう損切りするんだ」と言われていたからかもしれないですね。

平井　あとはポジる（ポジションを取る）回数ですね。メンタルが崩壊するとポジりすぎて、損切りができてもコツコツ資金が減っていく。そうなったら寝る。睡眠って偉大で、次の朝になると結構切り替えられるんですよね。

難しいけどやってほしい トレード日記を書く習慣

松本　理想として、皆さんにやってほしいのは日記を書くこと。1日のトレードを終えたら日記を書いて、内省するんです。でも、これを続けられる人は非常に少ないですね。

平井　松本さんに言われたらやります。何を書けばいいんですか?

松本　トレードは成功しても失敗しても必ず理由があるので、その理由ですね。それだけ。

みぁ　日記、松本さんも書いていたんですか?

松本　そういう日記は書いていませんでしたが、新人時代、大学ノートに株価指数や金、為替などの前日の終値と前日との差を書いていましたね。もうひとつ、やっていたことがあって、朝になると前日の値動きを「このニュースが出て価格がこう動いた」と解説するレポートが送られてくるんですね。でも、あるとき「価格が動いたあとにニュースが出ているじゃないか」と気づいた。それからは毎日、「本当はどうだったのか」と、自分で値動きの原因と結果を検証して、みんなに配っていました。

みぁ　似たようなこと、私もやっています。ニュースや要人発言の出た時間をツイッターなどで調べてチャートと比較して、「昨日はこの発言でこれだけ動いたから、今日はこのくらいかな」とか、次の展開を予想しています。

松本　マーケットは「情報のるつぼ」ですからね。チャートにはすべての情報と参加者の情念が詰まっています。

みぁ　私、値動きが大きい英ポンドが大好きなんですが、たまにチャートから悲鳴が聞こえてくる。阿鼻叫喚です。

松本　英ポンドはなぜか昔からそうなんですよね。もう何十年も前から。

みぁ　もし、100万円で億をめざすとしたら、どうトレードしますか?

松本　チマチマ稼ぐでしょう。小さな利幅でも回数を重ねてね。FXはコストが低いですから回数が増えても手数

みぁさんのトレード手法を公開

ハイレバだけど逆指値注文を動かしてリスクをコントロール

数時間から数日くらいの保有時間でトレードしています。チャートに表示させているのはローソク足だけです。

「プライスアクションだけ見ればいいよ」とアドバイスされ、高値・安値など節目になる価格とローソク足の動き、ファンダメンタルズだけを見るようになりました。経済指標発表直後は上下にブレますが、上に3pips、下に1pips動いたら上げる力のほうが強い。動きを見ながらトレードしています。

気をつけているのは決済。「少額を入金してハイレバで増やす」というスタイルなので、損切りはなるべく避けたい。含み益が15pipsくらいになったら建値＋1pipsへ逆指値を移動しリスクをゼロに、さらに含み益が増えたら逆指値を＋15pipsといったようにしてリスクを抑えつつ、利益を確保するようにしています。

料負けが少ない。とにかく回数で勝負するでしょうね。

平井　スキャルピングですか？

松本　それだけの運動神経はないですが（笑）。ただし、5割以上勝てることが前提です。最初に「方向を当てるより量の調節」が大切だと話しましたが、でも半分以上は当たらないときつい。1%でも5割を超えているなら回数を重ねることでだんだんと増えていきますよね。

平井　そのとき、売買は何を頼りに判断しますか？

松本　FXだったらマーケットだけを見るでしょう。だから平井さんに似ているかもしれないですね。チャートだけを見て縄跳びするように情報が豊富な米ドル／円を取引し、寝る前にはポジションはスクエア（ゼロ）。

平井　今僕がやっていることと一緒。光栄です。自信が持てました！

松本　トレーダーには向き・不向きがあって、それぞれのスタイルがある。自分に向いているのはどんなスタイルなのか、自分のスタイルを確立させることが重要です。

平井　僕はコツコツ取っていくし、みぁさんはファンダメンタルズ重視だし。

松本　某ミュージシャンはひたすらタンヤオ（麻雀のもっとも安い役のひとつ）、みたいなね（笑）。僕は一緒に麻雀したことがないですが、どんな配牌でもタンヤオを狙うらしいと読んだことがあります。

――そろそろお時間になります……。

松本　あと20秒いいですか！　毎年、大発会（新年最初の取引日）の日はお参りしてから麻雀を打つんですが、2022年の大発会、なんと数え役満をあがりました！

平井・みぁ　おめでとうございます！　今日はありがとうございました。

先パイトレーダーの体験&アドバイス!

「教科書」を乗り越えたところに自分なりの手法が見つかる

年億スキャルパー **ジュン**さん

(トレード手法は146ページへGO!)

Column #03

常識にとらわれない ヒントは日常にある

「FXの教科書に書いてあることが絶対だとは思わないこと」そうアドバイスするのは億トレーダーのジュンさん。

「FXの本を読むと『損小利大をめざす』とか、『トレンドに順バリするスウィングトレードが王道』とか書いてあります。それで勝っている人が多いのかもしれないですが、それに自分を当てはめて勝てるとは限らない。勝ち方は人それぞれだからです。僕自身、最初は王道的なやり方でトレードしましたが勝てなかった。勝てるようになったのは逆バリの『損大利小』なスキャルピングを始めてからです。

野球でも花形は『エースで4番』ですが、残りの8人がそれぞれの役割を果たさないと試合には勝てない。自分の役割、勝ち方は人それぞれだということです」

ただ、自己流を磨いていくのは、教科書に書いてある常識を身に付けてからでも遅くはない。

「僕のようなスキャルピングは兼業だとできないと思いこんでいる人もいると思いますが、それは常識にとらわれてしまっている。実際に年に億を稼ぐ兼業トレーダーもいます。『朝と夜だけ』とか時間を決めてやれば、兼業でも充分にスキャルピングできます」

為替市場がいちばん動くのは夜22時前後。「仕事が終わってからの2時間でトレードする」などとルールを決めてもいい。

「FXは勉強すればするほど勝てない時期があると思います。FXの中だけで答えを探そうとすると迷子になってしまうというか、出口が見えなくなることも。そんなときは日常の生活や別のジャンルでの経験と照らし合わせて、何が合理的なのかを考えていくと出口が見えることがあります」

迷子になっていたジュンさんが答えを見つけたのはポーカーだった。

「FXがギャンブルというわけではないですが、類似する要素はあるんです。FXもギャンブルも、正しいとされることをやっていても運が左右して負けることがあるということ。それは多分、人生でも一緒。それでも自分が正しいと思うことを淡々とやり続けられるかどうか、ですね」

ヒントはFX以外のところにある!

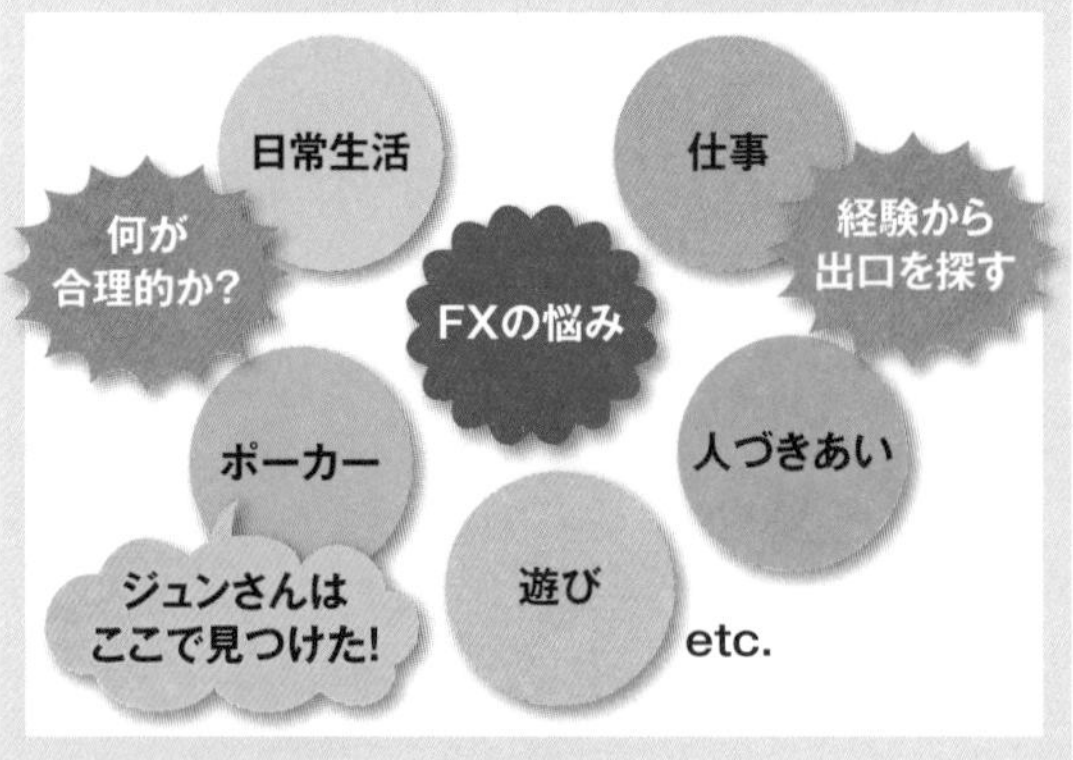

日常生活
仕事
何が合理的か?
経験から出口を探す
FXの悩み
ポーカー
人づきあい
遊び
ジュンさんはここで見つけた!
etc.

ジュン

第4章

ファンダメンタルズ分析の実践練習

［この章で覚えること］

1. 大きな流れを把握しよう
2. 為替の変動要因を理解しよう
3. FXで勝つことが目的だと再確認すること

日々の体重管理と同じ？ファンダメンタルズ分析とテクニカル分析の違いは？

毎日の体重を折れ線グラフにしてみよう

為替レートを分析するには、まず日々の体重管理から始めよ！

というのはちょっと極論かもしれないが基本的な考え方は似ているのだ。毎日の体重を記録して折れ線グラフにしてみよう。それを続けていると、だんだん自分の体重の変化が推測できるようになるはず。昨日58kgだった体重が今日、急に75kgに増えるようなことはないだろうし、今日までの1週間、ダイエットをして体重が微減を続けているのなら、「明日も今日の58kgより数十グラム減るかも」と過去の傾向から将来の変化を予測することができる。

FXでいえば、毎日の終値を折れ線グラフにしてつなげたものがチャートになる。始値・高値・安値・終値の4本値を記録すれば、ローソク足チャートになるわけだ。それを毎日続けていると、1日にどのくらい値動きがあるかの感覚が身についてくるだろうし、今日100円だった米ドル／円が、明日50円になることは想像しにくいことがわかってくる。

このように、チャートを見て、過去の傾向から将来の変化を予測するのが、テクニカル分析だ。

体重の変化には理由があるのだ

でも、体重や為替の相場が変化するにはそれなりの理由があるはず。

「そういえば、体重が減り続けていた1週間は、残業続きで食事をする時間もロクにとれなかった」かもしれないし、「夏バテで食欲がなく、食事がのどを通らなかった」のかもしれない。いずれにせよ、何らかの理由はきっとある。こうした体重が増減する理由から分析していくのが、ファンダメンタルズ分析だ。

ファンダメンタルズ分析は過去の分析に役立つだけではない。過去にあった事象から、将来同じようなイベントが起きたときの結果を予測することもできる。

たとえば「営業部と飲み会があると、あいつら食いまくるから一緒に食べちゃって、翌日は体重が増えがちなんだよな」という傾向があれば、いくらそれまで折れ線グラフが微減傾向だったとしても、営業部との飲み会翌日は体重が増加するだろうと予測できる。これはテクニカル分析だけでは決してできない予測だ。

FXでいえば、アメリカの大統領が金融政策についてどんな発言をするのか、中東で大規模テロが起きたらG7[※1]でどんな合意がなされるのか、といったイベントや、GDP[※2]や失業率といった経済指標などが為替を動かす要因となる。

このようなイベントや発表があると、テクニカル分析だけでは決して太刀打ちできない。ファンダメンタルズ分析を加味して考える必要がある。どちらがより重要ということではなく、バランスよく組み合わせて考えることを基本としたい。

いずれにせよ、テクニカル分析もファンダメンタルズ分析も、ごく日常的な生活の延長線にあると思えば、身近に感じられるのでは？　どちらも連想ゲームみたいなものだ。とっつきにくいなぁと毛嫌いせず、最初の一歩を踏み出してみよう。

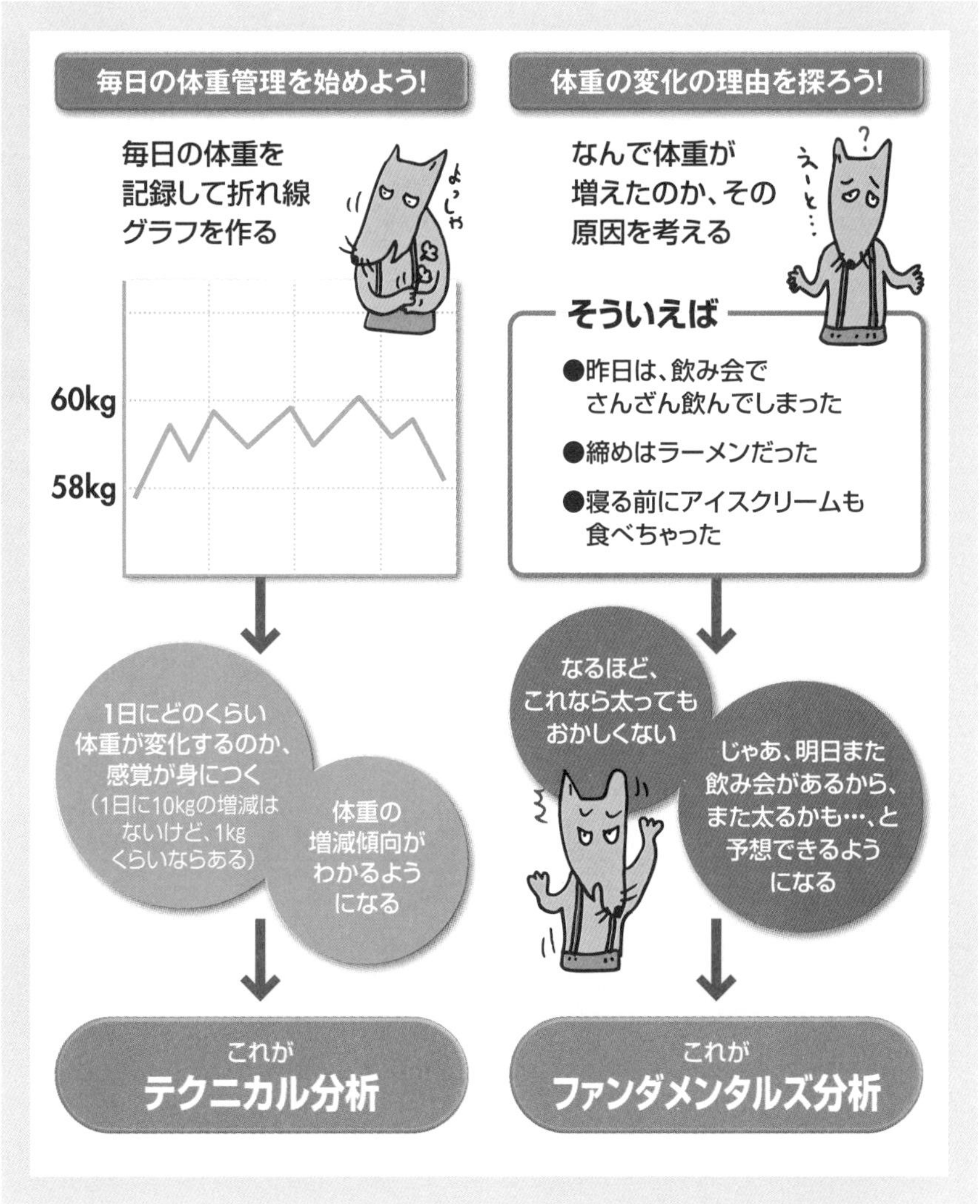

毎日の体重管理を始めよう!
毎日の体重を記録して折れ線グラフを作る
よっしゃ
60kg
58kg
1日にどのくらい体重が変化するのか、感覚が身につく（1日に10kgの増減はないけど、1kgくらいならある）
体重の増減傾向がわかるようになる
これがテクニカル分析
体重の変化の理由を探ろう!
なんで体重が増えたのか、その原因を考える
え〜と…
そういえば
●昨日は、飲み会でさんざん飲んでしまった
●締めはラーメンだった
●寝る前にアイスクリームも食べちゃった
なるほど、これなら太ってもおかしくない
じゃあ、明日また飲み会があるから、また太るかも…、と予想できるようになる
これがファンダメンタルズ分析

第4章 用語解説

an explanation

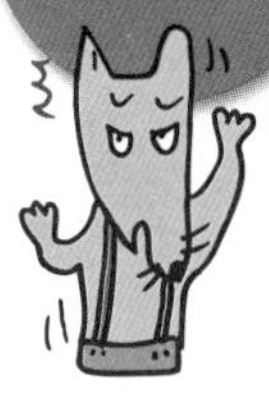

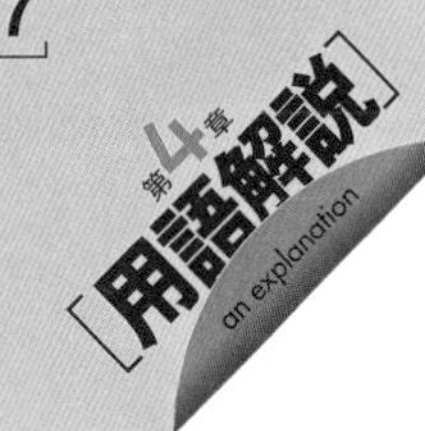

※1［G7］

じーせぶん◉1986年から開催されるようになった主要7カ国の財務省、中央銀行総裁会議。米国、ドイツ、イギリス、フランス、カナダ、イタリア、日本がメンバーで、国際金融の安定化などについて話し合う。国際金融危機以降、特にここでの発言については大きな注目が集まった。

※2［GDP］

じーでぃーぴー◉国内総生産(Gross Domestic Products)。一国の経済力を測る最も代表的な経済指標だ。国内で生産されたモノやサービスの付加価値の合計で、四半期に一度発表される。速報値と改定値、確定値などがあるが、為替市場に大きな影響を与えるのは最も早く発表される速報値。

そもそも為替レートってどうやって決まるの？

為替レートは2国間の交換比率

株価を決めるのは、その企業の資産価値や稼ぐ力、成長率などといわれる。じゃあ、円や米ドルの価格を決めるのは？となると、話はちょっとだけ、ややこしい。

単純に円の価値は、日本国内にある金融資産や貿易黒字[※1]といった数字だけで決まるわけじゃない。為替レートは、「1ドルを円に換算するといくら」という、2つの通貨の交換比率で決まるからだ。

この「交換」というところがポイント。つまり、「日本の貿易黒字が増えている→日本の国力が高まっている→円の価値が上がる」と単純な図式にはならないのだ。1国単体の国力では評価されず、為替レートを決めるときは、「日本は強いみたいだけど、円の交換相手のアメリカはどうですか？」と、アメリカと日本との比較になってくるのだ。

そこでもし、「日本の国力は強まっているけど、アメリカはそれ以上に強い」となっていたら、為替レートはどうなるだろう。「だったら、円より米ドルのほうがいいや」と、円よりも米ドルのほうが買われやすい＝米ドル高になりやすくなる。

同様に、ユーロ／円ならEUと日本の国力を比べて、強いほうの通貨が買われやすくなるし、ユーロ／米ドルならEUとアメリカを比べてどちらが強いか？という話になる。

だから、為替の先行きを経済状態から分析するには、1国だけの経済情勢ではなく、交換相手国の経済情勢も見ないとダメなのだ。

為替の中心はやっぱりアメリカ

とはいっても、これは原則の話。実際には、為替市場の中心はやっぱりアメリカであり米ドルなのだ。アメリカの大企業で経営不安のニュースが流れたり、経済状態が悪くなったりといったことがあると、日本やEUの国力なんてお構いなしに米ドル／円やユーロ／米ドルでドル安が進むことも多い。

為替市場に参加しているほとんどの投資家たちは、米ドルを中心に据えて、次にユーロはどうだろう、ついでにほかの通貨も見ておくか、くらいのスタンスだろう。

ちなみに、2通貨の交換比率とはいえ、グローバルで見た場合、豪ドル／円、南アランド／円など、米ドルを介さないクロス円の相場はない。このケースでは、一度米ドルに換算した上で、交換率を計算することになる。だから、米ドルはトレードしてないから、という人でも、実際は影響があるので、米ドルの動きはウォッチしておかないといけない。ここでも米ドル主導になっているのだ。

日本人は、ついつい日本を中心に考えがちだが、FXの世界ではもっと視野を広げておく必要がある。

為替が動く要因って何？

為替レートは2国間の綱引きのようなものだが、それに影響を与える要因がある。一般的には金利や景気動向が筆頭にあげられるが、地政学的リスク、原油価格、災害、要人発言などさまざまな要素がからみあっている。次は、重要な要因について解説していこう。

為替レートは2国間の綱引き

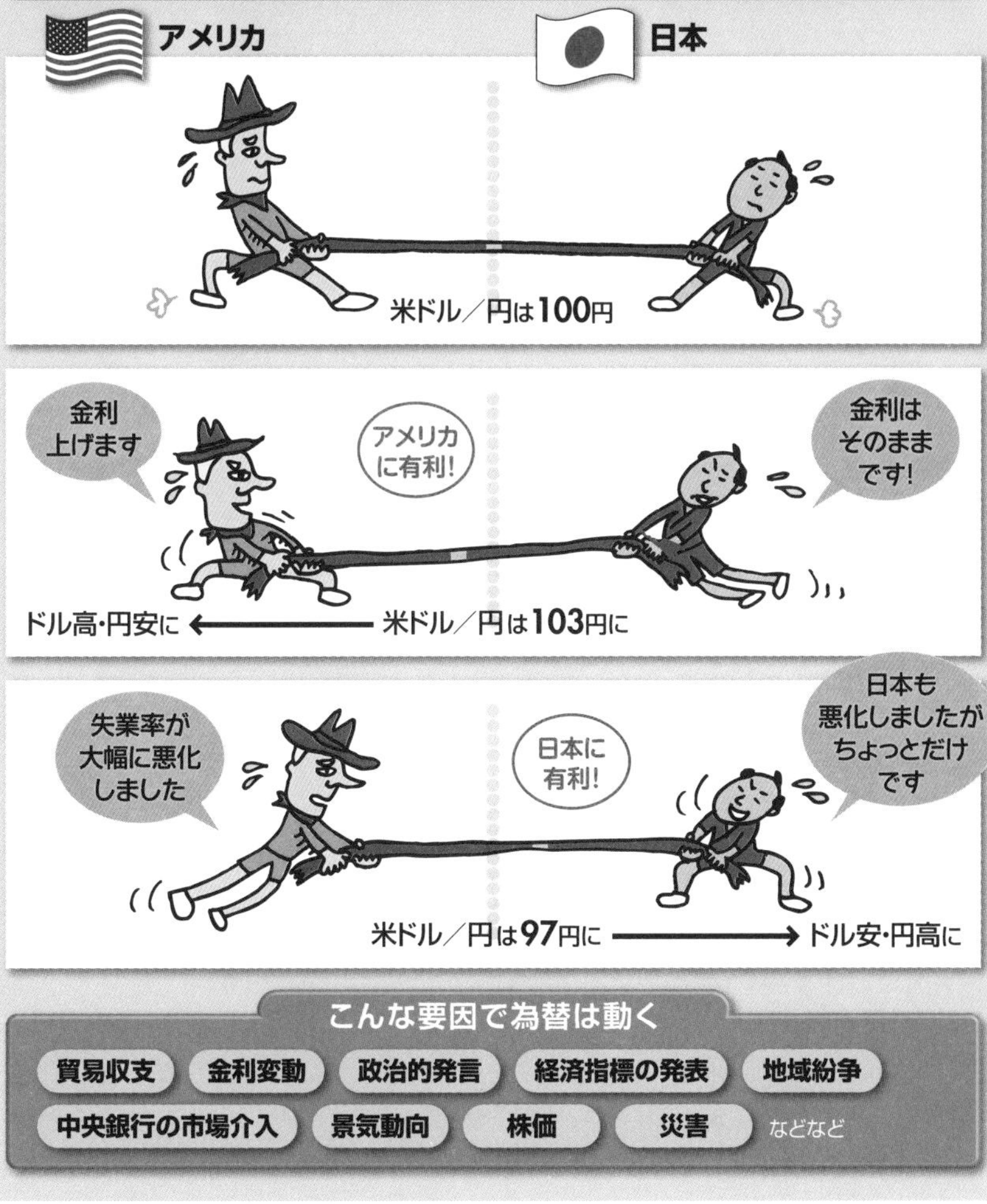

アメリカ　　日本

米ドル／円は**100**円

金利上げます

アメリカに有利！

金利はそのままです！

ドル高・円安に ←―― 米ドル／円は**103**円に

失業率が大幅に悪化しました

日本に有利！

日本も悪化しましたがちょっとだけです

米ドル／円は**97**円に ――→ ドル安・円高に

こんな要因で為替は動く

貿易収支　金利変動　政治的発言　経済指標の発表　地域紛争
中央銀行の市場介入　景気動向　株価　災害　などなど

※1
［貿易黒字］

ぼうえきくろじ◉外国への輸出額から輸入額を差し引いたものが貿易収支。その差額が多ければ貿易黒字となる。長期間にわたって巨額の貿易黒字を出し続けていると、かつての日本と米国のように、貿易摩擦を引き起こすことにもなる。

政策金利が変わった！その時為替はどう動く？

高金利通貨が買われやすい

為替市場を動かす大きなファクターのひとつが金利だ。その理由は簡単で、日本人が外貨預金を好む理由を考えればすぐにわかるだろう。

「だって、円で預けていてもほとんど金利がつかないし、だったら金利の高いメキシコペソや南アフリカランドのほうが有利に決まってるじゃん」

為替市場が動く理屈も同じ。大口の機関投資家は少しでも有利な利回りを求めて資金を動かす。「金利が上がれば→通貨価値は上昇する」「金利が下がれば→通貨価値は下落する」というのが、教科書に書かれている基本的な関係だ。

為替市場で注目されやすいのは各国の政策金利。日本だったら日本銀行が、アメリカだったらFOMC[※1]（連邦公開市場委員会）が、EUだったらECB[※2]（欧州中央銀行）がそれぞれ決定する金利のことだ。さらに為替市場が注目するのは、この政策金利の変化であり、見通し。政策金利の発表があるときは、為替が動きやすい。各国とも事前に発表スケジュールが決まっているので、確認しておこう。

市場のテーマは将来の変化

ここで大切なのは「金利が何％か」という絶対水準ではなく、「何％から何％に変わったか」という変化だ。よく市場の解説では「織り込み済み」という言葉が使われる。将来の何らかの変化やイベントの結果はすでに為替レートに反映されていますよ、という意味だ。

金利の絶対水準はすでに織り込み済みで、為替レートに反映されている。先回りが好きな為替市場がテーマとするのは、「これからの変化」。ＦＯＭＣやＥＣＢが政策金利を発表するとき、同時にコメントも出す。そこで「今後さらに金利を下げる予定」とか「当面変更しない」などのニュアンスを読みとり、市場は反応するので、コメントが重要視される。

豪ドルが円よりいくら金利が高かろうが、それはすでに織り込まれているので、政策金利の発表で注目されるのは、「豪ドルと円の金利差は将来もっと開くのか、縮むのか」だ。だから、金利の絶対水準が高くても、これから下がりそうな通貨は売られやすいし、円のような低金利通貨でも金利が上がりそうだと判断されれば、買われやすくなる。

インフレと金利の関係にも注目

金利を判断するとき、もうひとつ大切なのはインフレとの関係。とくに新興国ではインフレで物価がひどく上昇していることの対策として、高金利政策をとることが多い。インフレが激しく進むと、その国の実質的な価値は低下する。価値の下がる通貨なんてみんな欲しがらないから、高金利通貨であっても、買われにくくなるケースがある。トルコリラは15％を超える高金利で注目されたが、その背景にはインフレがあり、高い水準で進んでいた。

基本的には教科書の「金利高→通貨高」「金利安→通貨安」の関係を頭に入れながら「将来金利が上がりそうなのか・下がりそうなのか」を予想して、トレードの判断を下していこう。

有利な金利を求めて、資金は動く

基本

金利上昇 ⟶ 通貨価値は上昇する

金利下落 ⟶ 通貨価値は下落する

●各国の政策金利の推移

※22年11月時点

新興国は金利が高い！

メキシコ
南アフリカ
オーストラリア
ニュージーランド
米国
カナダ
ユーロ
日本
英国
スイス

10 %, 8, 6, 4, 2, 0, -2

2013年 14 15 16 17 18 19 20 21 22

●政策金利の発表タイミング

国	決定機関	政策金利名	発表回数
アメリカ	FOMC（連邦公開市場委員会）	フェデラルファンド（FF）金利	年8回
ユーロ	ECB（欧州中央銀行）理事会	公開市場操作金利	毎月
イギリス	BOE（イングランド銀行）金融政策委員会	レポ金利	毎月
スイス	SNB（スイス国立中央銀行）	銀行間3カ月物国内金利	年4回
カナダ	BOC（カナダ銀行）	翌日物金利	年8回
オーストラリア	RBA（オーストラリア準備銀行）	キャッシュレート	年12回
ニュージーランド	RBNZ（ニュージーランド準備銀行）	キャッシュレート	年8回
南アフリカ	SARB（南アフリカ準備銀行）の金融政策委員会	レポ金利	毎月
香港	米国金利に原則連動する	ベースレート（基本金利）	
日本	日本銀行	無担保コールレート	毎月

※1 **［FOMC］**

えふおーえむしー ● Federal Open Market Committeeの略。米国の金融政策を決定する会合のこと。年に8回開催され、その3週間後にFOMC議事録が公表されることになっている。メンバーはFRBの理事、NY連銀総裁、地区連銀総裁、の合計12名。FOMCの議長はFRBの議長が担当する。

※2 **［ECB］**

いーしーびー ● European Central Bankの略で、欧州中央銀行のこと。1998年に設立された。ECBの最高意思決定機関はECB理事会で、ここが策定するガイドラインに従い、金融政策を実施している。

何この動き？と思ったら経済指標の発表

相場を動かす指標と影響の少ない指標

夜、チャートを見ていると、急にポンポンポーンと円高に振れたり、レートが激しく動いて注文が通らなくなったりする。あせって何事かとニュースを見ると、経済指標の発表のタイミングだったことに気づく。

為替レートを激変させる材料、それが経済指標の発表だ。ＧＤＰや**消費者物価指数**[※1]、**雇用統計**[※2]などがそれにあたる。発表前後に大きく動くことがあるので、とくにデイトレーダーなど短めの期間で取引している人は、絶対にチェックしておくべきイベントだ。

ただし、経済指標の発表は毎日のようにある。どこかの国で、その国の時間帯で発表されるので、いくらチェックしたってしきれない……。それは当然。だが、経済指標といってもいろいろあり、相場を動かすものと、あまり影響のないものの2種類がある。その見極めが肝心なのだ。

アメリカの経済指標をマークせよ！

大きな影響があるものは、ほぼアメリカの経済指標に限られる。代表的なものとしては毎月第1金曜日に発表される（例外あり）雇用統計がある。この指標発表は、世界中のＦＸトレーダーが固唾を呑んで見守っている状態なので、お祭り状態になりやすい。雇用統計のなかでも、非農業部門雇用者数と失業率が重要だ。前者は農業以外の雇用者数のことで、アメリカ景気の先行きを示すものとして注目度が高い。

その他、ＧＤＰや消費者物価指数、生産者物価指数、貿易収支なども相場を動かす要因となりやすい。まずはこうした代表的な経済指標と予定を覚えておこう。

また、為替市場には折々のテーマがあるので、指標の重要度も変化する。2007年にサブプライムローン問題が表面化してからは、住宅関連の指標に関心が集まった。中古住宅販売件数や住宅着工件数などだ。景気が悪くなれば、ＩＳＭ非製造業景況指数や小売売上高などに注目が集まるし、インフレ懸念が出てくれば、消費者物価指数や生産者物価指数などがチェックされるというパターンだ。

それにもちろん、政策金利の発表も忘れちゃいけない一大イベントだ。アメリカ以外の経済指標で為替相場が大きく動くことは少ないが、金利に関しては別。特に、高金利通貨の場合、金利の上げ下げの影響は大きいので、アメリカに限らず、気をつけて見ておきたい。

〝サプライズ〟が大きく動かす

経済指標で為替レートが大きく動くのは、事前の予想と発表結果が大きく食い違った場合、いわゆる〝サプライズ〟だ。経済指標がプラスの結果だったとしても、予想よりよくなければ売られるし、逆にマイナスだったとしても予想よりマイナス幅が小さければ、市場は好感して買われる要因になる。

サプライズがあると、為替レートは50銭、1円と瞬時に動くこともある。窓を空けて勢いよくポーンと上がっていくと、とても追いつかないので、影響度の高い経済指標の発表があるときは、あらかじめポジションを調整しておくのが無難だ。

米国の経済指標のスケジュールをチェック（主な重要指標）

発表日	経済指標	内容	NY時間
第1営業日	ISM製造業景況指数	月次／毎月	10：00
第3営業日	ISM非製造業景況指数	月次／毎月	10：00
雇用統計の2日前	ADP雇用統計	月次／毎月	8：15
第1金曜日	雇用統計	月次／毎月	8：30
10日ごろ	中古住宅販売保留	月次／毎月	10：00
中旬	貿易収支	月次／毎月	8：30
	小売売上高	月次／毎月	8：30
	住宅着工件数／建設許可件数	月次／毎月	8：30
	生産者物価指数（PPI）	月次／毎月	8：30
	消費者物価指数（CPI）	月次／毎月	8：30
	鉱工業生産／設備稼働率	月次／毎月	9：15
	対米証券投資	月次／毎月	9：00
15日	NY連銀製造業景況指数	月次／毎月	8：30
第3木曜日	フィラデルフィア連銀製造業景況指数	月次／毎月	10：00
20日ごろ	景気先行指数	月次／毎月	10：00
下旬	GDP	四半期／毎月	8：30
	中古住宅販売件数	月次／毎月	10：00
	新築住宅販売件数	月次／毎月	10：00
	耐久財受注	月次／毎月	8：30
GDPの翌営業日	個人所得／個人支出	月次／毎月	8：30
最終火曜日	消費者信頼感指数	月次／毎月	10：00
最終金曜日	ミシガン大学消費者信頼感指数（確報値）	月次／毎月	10：00

●その他不定期だけど注目の材料は？

経済指標	内容	NY時間
FOMC	年8回	14：15
ベージュブック	FOMCの2週間前	14：00
FOMC議事録	FOMCの3週間後	14：00
FRB議長議会証言	2月と7月	
半期為替報告書	4月と11月	

※1 **［消費者物価指数］**
しょうひしゃぶっかしすう◉インフレを測る指標として使われることが多いインフレ指標。家計が購入する商品やサービスの物価水準を示す。CPIと略されることも多い。中央銀行が政策金利コントロールの目安とするのはインフレの動向であり、CPIが上昇傾向にあると「インフレ加速」と判断されて、政策金利の上昇圧力となる。

※2 **［雇用統計］**
こようとうけい◉景気動向を測るための指標のひとつ。雇用の動向はGDPの大きな割合を占める個人消費への影響が大きく、景気の先行きを占う指標として注目されやすい。毎月第一金曜日に発表されるアメリカの雇用統計は為替市場だけでなく株価にも影響を与える。

口にも要注意！要人発言でも為替は動く

世界が注目する要人中の要人

株と違って、市場規模があまりに大きい為替市場では、インサイダー[※1]の介在する余地はほぼ皆無。それでもインサイダーが存在するとすれば、これから紹介する〝要人〟たちだろう。彼らの発言はときに世界の金融市場を大きく動かすことがある。

最重要の人物はジェローム・パウエル。FRB（米国の中央銀行にあたる連邦準備制度理事会）の議長を務める人物だ。アメリカの金融政策をコントロールするパウエルだから、ちょっとした発言でも市場は過敏に反応する。FOMC後の記者会見や講演、議会証言などのタイミングで彼がどんな見通しを語るのか、その発言は細かな表現の変化まで注目される。

アメリカの金融政策をこと細かに取材する「FEDウォッチャー」と呼ばれる記者もいる。とくにFRB関係者の信任があつく、「影の総裁」と称されるほどの記者もいる。2022年現在だとウォールストリート・ジャーナルのニック・ティミラオス記者だ。その記事はときにパウエル発言以上のインパクトがあるため要注意！

アメリカでは大統領や財務長官の発言も重要。とくにイエレン財務長官はパウエルの前のFRB議長。経験豊富だし、為替レートや景気、雇用情勢についての発言で市場が反応することも。

ヨーロッパの要人といえばEUの金融政策を担うECB総裁のクリスティーヌ・ラガルド。そのファッションセンスにも目を奪われるが、彼女の発言にも要注意。EUの金融政策ではドイツも大事。欧州最大の経済大国だけにEUへの発言力も大きいからだ。ドイツの中央銀行にあたるブンデスバンクのナーゲル総裁などにも注目を。

また、英ポンドを取引するなら、イングランド銀行（BOE）のベイリー総裁の発言は要チェックだ。

為替介入で注目を浴びる「財務官」ってどんな人？

日本では日銀総裁に注目を。12年から歴代最長となる10年間、総裁を務めた黒田総裁のインパクトは絶大。金融緩和政策は「黒田バズーカ[※2]」として市場を震え上がらせた。23年に任期満了となるが、後任総裁への注目も高まるはず。未曽有の金融緩和をどう終了するのか、「出口」への道は一筋縄ではいかないからだ。発言のインパクトは黒田総裁ほどでなくとも、次期総裁への注目度は必然的に高まるはず。

日本だと財務相も重要だが、財務官も同じかそれ以上に重要だ。財務省内で国際的な業務を担当する財務官は為替介入なども担当する。「介入、あるかも!?」という場面では財務官の発言、行動が大きなヒントとなる。

大物投資家の発言が市場の注目を浴びることもある。世界の大富豪ウォーレン・バフェット、「英中銀を倒した男」ジョージ・ソロス、「新債券王」ジェフリー・ガンドラッグなどだ。

こうした要人たちが何を発言するかは事前に予測しがたいが、名前くらいは覚えておこう。名前と役職を知っておけば、ニュースなどが流れたときに反応しやすい。また、中銀総裁などは任期があるから任期が近づくと「次は誰だ？　どんな人だ？」と市場がざわつく。それもまた市場の材料になるので忘れずに！

為替を動かす要人たちに注目!

ジェローム・パウエルFRB議長

為替市場がもっとも注目するのはアメリカの金融政策。その舵取りを担うのは2018年に就任し、22年から2期目に入ったパウエル。インフレを甘く見た反省からか、22年3月から積極的な利上げを進める。サプライズを避け、慎重な発言が多い。

重要度★★★★★

ジャネット・イエレン財務長官

女性初のFRB議長を退任し、バイデン政権で財務長官に就任したイエレンを市場もリスペクト。彼女の発言はときにパウエル以上の重みを持つことも。もともとは労働経済の専門家で、FRB議長時代には雇用統計の重要度が以前よりも高まった。

重要度★★★★

クリスティーヌ・ラガルドECB総裁

EU内の南北格差や反EU政党の台頭、さらにロシアのウクライナ侵攻など難題を抱えるEU。その金融政策を取り仕切るラガルドは経済誌が選ぶ「世界でもっとも影響力のある女性」に何度も選ばれたフランス人女性。目立つような発言は少なめ。

重要度★★★

アンドリュー・ベイリー BOE総裁

「移り気なボーイフレンド」と評され発言のブレが目立った前任者に比べると、まっとうな発言の目立つベイリー総裁。政策金利や景気認識についての発言では市場が大きく反応することがある。ポンドを取引するなら名前を覚えておこう。

重要度★★★

バイデン米大統領

為替市場について直接言及することは少ないが、世界を牛耳るアメリカの最高権力者だけに発言のインパクトは大。とくに戦争や金融危機などリスクが高まっていると、その発言に世界が注目するし、米大統領選は為替市場にも超重要な行事。

重要度★★★★

黒田東彦日銀総裁

アベノミクスを金融政策面から推進し、在任期間は歴代最長となる10年に。異例の金融緩和は「黒田バズーカ」として市場を震撼させるなど、市場への存在感は歴代最強。発言で市場が動いたことも頻繁だった。23年に任期満了となる。

重要度★★★★

第4章 〔用語解説〕 an explanation

※1〔インサイダー〕

いんさいだー◉インサイダーとは内側。つまり関係者のこと。一般に公開されていない会社の内部情報を保有している人をいう。内部情報に基づく取引は法律で禁じられている。

※2〔黒田バズーカ〕

くろだばずーか◉2013年4月、日銀総裁に就任した直後の黒田総裁が発表した量的・質的金融緩和政策。市場への資金供給量を増やす(量的)とともに期間の長い債券の金利に低下圧力をかける(質的)ことで、景気拡大を目指した。その後も14年10月、16年1月と黒田バズーカは計3回にわたり発射され、為替市場はいずれも円売りで反応した。

ファンダメンタルズ分析は旬のテーマにフォーカスすること

FXで勝つことが目的！と心得よ

日本人はファンダメンタルズ分析好きといわれることがある。「今の経済オンチな総理のもとじゃ、この先のドル円はね～」とか、「ハイパーインフレ[※1]だからトルコリラの先行きは暗いね」なんて、グローバルな政治経済ネタが語れるようになると勉強した気になるし、それはそれで役に立つのは間違いない。でも、あまりにファンダメンタルズ分析に特化して、本筋を忘れてしまったら本末転倒だ。

FXトレーダーにとってのファンダメンタルズ分析は、あくまでもFXで勝てるようになるためのツールのひとつでしかない。通貨高か通貨安か、相場がどちらへ向かうのか、大きな方向感を探るためのツールがファンダメンタルズ分析だ。

ファンダメンタルズ分析には効率のいい方法がある。それは市場の旬のテーマに特化するやり方だ。

「双子の赤字」という言葉を聞いたことがあるだろうか。1980年代のアメリカで深刻化した、巨額の貿易赤字と財政赤字のセットにつけられたキャッチフレーズだ。双子の赤字が問題になっていた時期に注目された経済指標が貿易収支だ。貿易収支が予想よりも減っていれば米ドル買い、増えていたら米ドル売りと市場は反応していた。

今も貿易収支は発表されるが、当時ほど注目は集まってはいない。旬ではなくなったからだ。

2000年代にはアメリカで住宅バブル[※2]が発生し、景気の過熱感が気にされるようになった。それを見るために注目されたのが雇用統計。住宅販売件数や住宅着工件数など、住宅関連の経済指標も脚光を浴びた。

新型コロナウイルスが世界で広がると、新規感染者数や新型コロナウイルスの感染状況が経済指標のように注目されたりもした。

「中銀総裁の気持ち」で金融政策を考える

市場の旬は移り変わっていくから、ファンダメンタルズ分析では「今、市場が何に注目しているか」をいつも意識しよう。2022年は「インフレ」が旬となった。インフレ指標である米CPIは米雇用統計よりも注目される経済指標となったし、物価に大きな影響を与える資源価格も注目された。

今、市場が何に注目しているのかは、日々のニュースやFX会社の投資情報などで読めるアナリストのレポートを参考にしてみよう。よく言及されているテーマやキーワードが今の旬だ。

旬のテーマが変わっても、変わらず注目されるものもある。金融政策だ。為替レートは金融政策に敏感に反応するから、米CPIを気にするのも「インフレが続けば米金利はまだ上がる、つまりドル高だ！」といったように金融政策を通じて米ドルが動くからだ。

旬のテーマについて調べるときには「自分がFRB議長だったら、この経済指標を見て金融政策をどう調節するかな」と意識するといいかも。「金融危機が起きたばかりだから、しばらくは金融緩和を続けよう」とか、「CPIが落ち着いてきたから利上げはもうすぐやめようか」なんて考えてみる。「中銀トップの気持ち」になってみると、ファンダメンタルズ分析がぐっと身近になるはずだ。

旬のテーマに注目しよう!

2016年〜

「米中貿易戦争」

トランプ米大統領の就任とともにアメリカと中国の貿易戦争が激化。米中首脳の発言や報復措置、貿易政策が注目されるとともに、「トランプ砲」（トランプのツイート）も相場を動かした

【 注目指標は? 】

関税率、「トランプ砲」、中国株指数

トランプ氏のツイートによる相場急変も頻繁

2020年〜

「新型コロナ」

世界を襲ったパンデミック。感染拡大の程度が焦点となり、新規感染者数の推移や感染拡大防止のためのロックダウン措置などの政策対応、景気対策としての金融政策が注目材料となった

【 注目指標は? 】

新規感染者数、金融緩和の規模や縮小、米雇用統計

金融緩和の縮小（テーパリング）にも高い注目が

2021年〜

「インフレ」

コロナショック後の金融緩和で世界的な金余りが起きるとともに、ロックダウンなどで物流が停滞。需給のバランスが大きく崩れ、さらに原油などの資源価格が高騰し世界的なインフレに

【 注目指標は? 】

米CPI、米利上げ幅、原油価格

インフレの行方とインフレ退治の金融政策

次はどうなる?

第4章 **［用語解説］** an explanation

※1 **［ハイパーインフレ］**
はいぱーいんふれ◉モノの価格が極端に上昇する現象を指す。モノの価格は需要と供給のバランスで決まるが、戦争や大災害などが起こると深刻なモノ不足を引き起こしやすく、通貨が信用を失い、物価の上昇が止まらなくなる。

※2 **［住宅バブル］**
じゅうたくばぶる◉2000年代初頭、経済的信用度の低い層を対象とした米国の住宅ローン（サブプライムローン）が人気になり、我も我もとマイホームを購入。03年頃に利用者が急増し、住宅バブルに。06年になると住宅価格の上昇が鈍化し、住宅バブル崩壊とともに、ローン返済ができなくなった人たちが増え、ひいては住宅金融専門会社の中には破綻する例が出た。世界金融危機のきっかけとなった。

株や債券、原油など他の市場の影響を受けて為替も動く

米国債は2年ものと10年ものが最重要！

「あれ、とくにニュースもないのに急に動いたぞ?-」。為替市場が動くのは経済指標や要人発言などにかぎらない。何もないのに為替市場が動いていたら、他の市場をチェックしてみよう。

米ドル／円が理由もなく動いたら、まず確認したいのが米国債市場だ。米国債はあまり馴染みがないかもしれないが、為替への影響は大きい。ポイントは利回りだ。市場で取引される米国債の利回りが上がると、米ドルが買われやすくなる。なぜかって？ みんな金利にはめざといから金利が高いものを買おうと考える。米国債を買うには米ドルが必要だから、米国債の利回りが上がれば米ドル／円も上がりやすくなるというわけ。これを覚えておけば、入り口はOKだ。

米国債には満期までの期間に応じて2年ものや10年もの、30年ものなどさまざまな種類がある。その中で材料にされやすいのは、短期債の目安とされる「2年もの」と、長期債の目安とされる「10年もの」。この2つを見ておけば十分だ。

株価が動けば為替も動く

為替市場は株式市場とも密接な関係にある。株価が急落する「**リスクオフ**」[※1]では円が買われやすくなる傾向があるし、最近ではリスクオフとともに米ドルが買われる動きも目立ってきた。

反対に株価が上がるときに買われやすい通貨の代表格が豪ドルだ。さまざまな国にある株式市場だが、FXに役立てるためなら米国株の代表的な指数であるダウ平均やナスダック総合指数を押さえておくらいでいい。米国株市場が動き出す23時30分（サマータイム時は22時30分）直後はとくに米国株市場の動向に気をつけておこう。

米国債利回りはすべての根源

では、株式市場は何を見て動くかというと、これもやはり米国債利回りと密接な関係にある。米国債利回りが上がれば、「リスクのある株よりも債券がいい」と考える投資家が増え、株式市場は下がりやすくなる。反対に米国債利回りの低下は株式市場の好材料だ。

ゴールド（金）や原油などのコモディティ（商品）市場も重要。ゴールドは米ドルと逆相関の関係にあるし、カナダやノルウェーのような産油国の通貨は原油市場と同じように動くこともある。「原油が上がるとカナダドルが買われる」といった傾向だ。原油価格が上がれば、産油国経済が潤うのではとの思惑が背景にある。同じようなことは鉄鉱石と豪ドル、乳製品価格とNZドルなどにもある。その国の主力産品の価格は要注意だ。

その他にも天然ガスや小麦、はたまた「恐怖指数」の別名を持ち市場のリスク織り込み度を示す**VIX指数**[※2]に、労働市場など、いろんな市場の動きを見ながら為替レートは決まっていく。すべての市場の値動きを追いかける必要はないが、他市場と通貨の関係性だけでも押さえておこう。

「原油が急騰？ ということは、カナダドルをチェックしなきゃ」といったように、ある市場が動いたときにどの為替に影響が出るかを把握しておけば、素早く動けて有利に働くはずだ。

相関関係のキホンを押さえておこう！

米国株＋円

❶米国株が下がる
❷円が買われる
米ドル／円が下がる

リスクオフ！

米国株が急落すると、安全資産として円が買われやすくなる。円高になるので、米ドル／円は下がりやすい。

米国株＋豪ドル

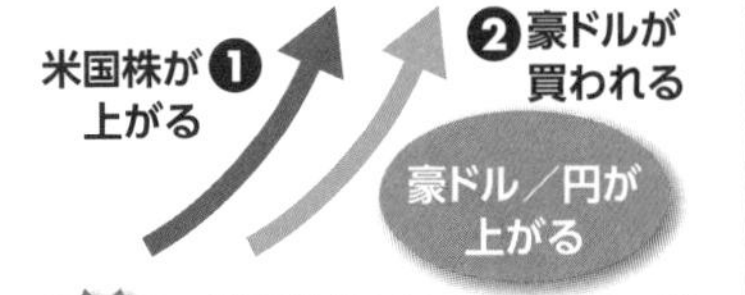

米国株が❶上がる
❷豪ドルが買われる
豪ドル／円が上がる

リスクオン！

米国株が上昇すると、イケイケムードに。豪ドルが買われやすくなるので、豪ドル／円も上がりやすい。

米国債＋米ドル

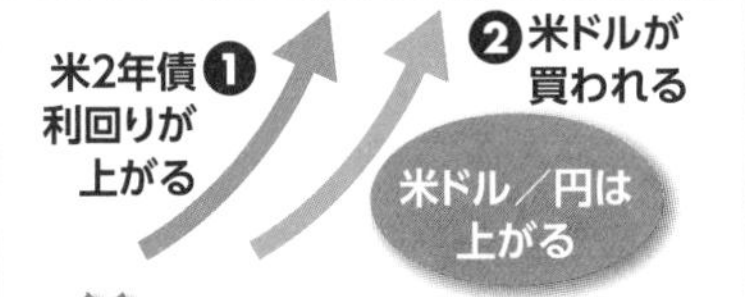

米2年債❶利回りが上がる
❷米ドルが買われる
米ドル／円は上がる

リスクオフ！

米2年債利回りが上がると、債券を買う人が増えるため米ドルが必要になる。米ドル／円は上がりやすくなる。

米国債＋米国株

❶米2年債利回りが下がる
❷米国株が上がる

リスクオン！

米2年債利回りが下がると、債券より株を買いたい人が増えるため米国株の株価は上昇しやすくなる。

原油＋カナダドル

原油❶価格が上昇
❷カナダドルが買われる
カナダドル／円は上がる

リスクオン！

原油価格が上昇すると産油国経済も潤う。そのため、カナダやノルウェーなどの通貨は、原油価格に連動しやすい。

ゴールド＋米ドル

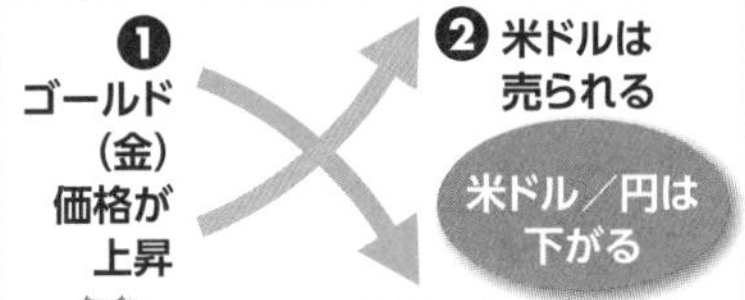

❶ゴールド（金）価格が上昇
❷米ドルは売られる
米ドル／円は下がる

リスクオフ！

ゴールド（金）の価値が上がると、相対的に基軸通貨である米ドルの価値が下がり、売られやすくなる。

第4章 用語解説 an explanation

※1
［リスクオフ］
りすくおふ◉投資家が万が一に備えて、より安全な資産を選ぶようになる状況のこと。例えば、株式から比較的安全とされる米ドル（米国債）や日本円（日本国債）などにお金が動く。その反対が「リスクオン」。リスクがあってもリターンが期待できる資産が好まれるようになる。

※2
［VIX指数］
ゔぃっくすしすう◉シカゴオプション取引所がS&P500のオプション取引の値動きを元に算出している指数。別名「恐怖指数」。数値が高いほど「投資家が株式市場の先行きに不安を感じている＝恐怖を感じている」とされる。Volatility Indexの略。

市場には不思議な傾向が知っておくと便利な為替の「アノマリー」

「ジブリの呪い」は米雇用統計の影響か

「金曜日の夜、テレビでジブリ映画を放映すると株式市場が崩れるよ」

　そんな話を聞いたことがないだろうか。個人投資家だけでなくプロさえも気にする「ジブリの呪い」。実際にはそれほど強い法則性があるわけではないが、いまだにジブリ映画が放映されるとSNSでは警戒心が高まる。

　ジブリ映画に実際に呪いがあるのだろうか？　もちろんそんなわけはない。元々金曜日は動きやすい理由がある。毎月第1週の金曜日は米雇用統計が発表されるため市場が荒れやすい。そして週末を控えてポジションを手仕舞う動きもあるから、とくに理由がなくても相場が動きやすいのだ。

　こうした背景を知ってか知らぬか、たまたま誰かが「ジブリ映画の日は株価が落ちる！　呪いだ！」と騒いだ結果、ジブリの呪いとして定着してしまったと推測される。たまたま金曜日の夜はジブリ映画がテレビ放映されやすかった、ということが結びついてしまったのだろう。ジブリの呪いは「ジブリアノマリー」とも呼ばれる。

　アノマリーとは、因果関係はともかくとして、法則性がありそうな現象のことをいう。為替市場では、いくつか有名なアノマリーがある。

　代表的なのが「8月の円高」だ。米ドル／円が上がったか下がったかを月別に見ると、だいたい50％±5％の間に落ち着く。しかし、8月だけは下落、つまり円高になる確率が63％と高いことから「8月の円高」といわれる。

　ただ「8月の円高」がジブリの呪いと違うのは、因果関係がおぼろげながら推測できることだ。米国債[※1]の金利は年2回、2月と8月に支払われる。日本企業は米国債をたくさんもっているから、米ドルで受け取った金利を円に戻す動きが発生する。米ドルを円に交換するから円高要因だ。しかも8月は夏休みの時期。為替ディーラーも夏休みを取るので売買は少なくなりがち。「夏枯れ相場」で米国債の利払いが発生するとインパクトが大きくなり、8月は円高になりやすくなる、とされている。豪ドル／円などクロス円全般でも通用するアノマリーだ。

アノマリー自体が傾向を加速させる

　実際にそうかはともかく、「8月の円高」のように有名なアノマリーだと、買いポジションを持っている人は警戒して早めに手仕舞いしようとする。買いたい人は「円高になったら買おう」と買うのを遅らせたりするから、余計に円高になりやすい面もある。

　もうひとつ有名なのは「セル・イン・メイ」だ。5月には株が売られやすいとするアノマリーだ。数えてみると、そこまで顕著ではないが、とても有名だから4月下旬になると警戒する人が増える。株価が下がると為替市場ではクロス円が売られやすくなるので、4月下旬になったらセル・イン・メイを思い出そう。

　ちなみに、セル・イン・メイの格言は「カムバック・イン・セプテンバー」と続く。「5月に株を売ったら9月に戻ってきなさい」といった意味のアノマリーだ。一方で、9月はリーマンショックやNY同時多発テロ[※2]が起きた月。突発的な○○ショックへの警戒感が高まりやすいことも覚えておきたい。

上昇確率を見ると傾向がはっきりわかる

●米ドル／円の月別上昇確率

100%
75
50
25
0
1月 2月 3月 4月 5月 6月 7月 8月 9月 10月 11月 12月

「8月の円高」アノマリー

●豪ドル／円の月別上昇確率

100%
75
50
25
0
1月 2月 3月 4月 5月 6月 7月 8月 9月 10月 11月 12月

「8月の円高」アノマリー

●ダウ平均の月別上昇確率

100%
75
50
25
0
1月 2月 3月 4月 5月 6月 7月 8月 9月 10月 11月 12月

セル・イン・メイ

「○○ショック」

※1997年10月～ 2022年10月の25年のデータで計算

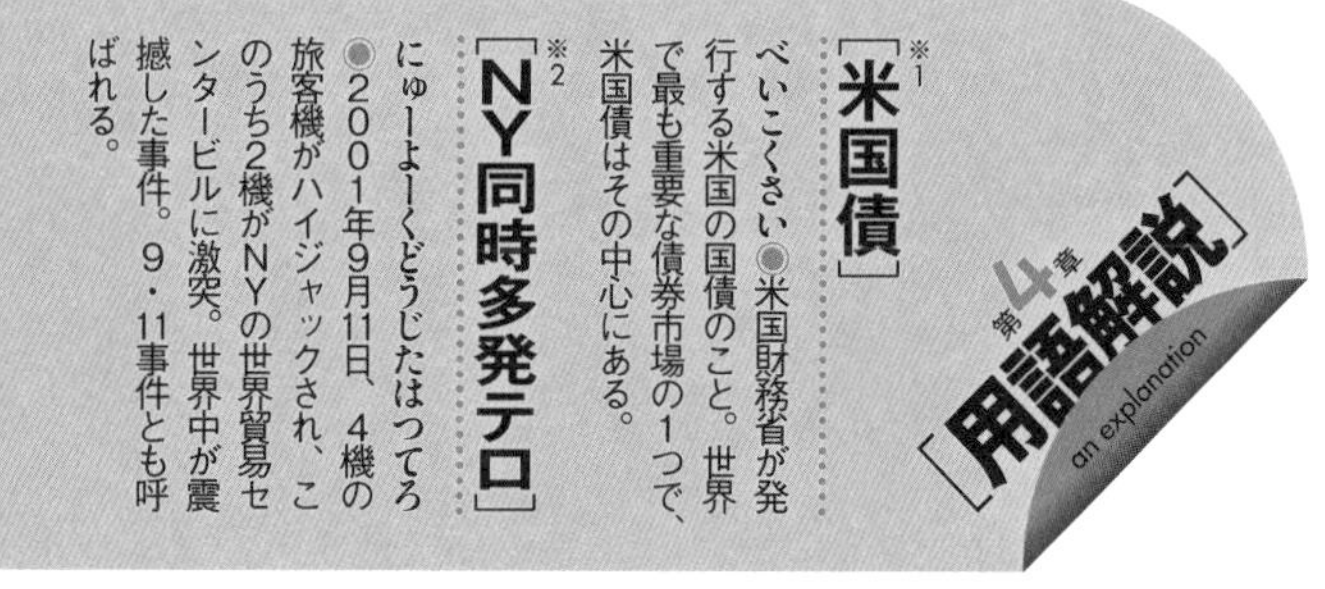
第4章 用語解説 an explanation

※1 [米国債]

べいこくさい◉米国財務省が発行する米国の国債のこと。世界で最も重要な債券市場の1つで、米国債はその中心にある。

※2 [NY同時多発テロ]

にゅーよーくどうじたはつてろ◉2001年9月11日、4機の旅客機がハイジャックされ、このうち2機がNYの世界貿易センタービルに激突。世界中が震撼した事件。9・11事件とも呼ばれる。

米ドル／円はトヨタ車 英ポンド／円は暴れ馬？ 通貨の特徴を知る

2022年の米ドル／円の動きは異常事態!?

「米ドル／円って1年に40円も上がるものなんだ」。2022年からFXを始めた人はそう思うかもしれない。でも、ハッキリ言って22年は異常事態。毎年こんなに動くものだと思って取引すると、拍子抜けすることになる。22年の米ドル／円は10月末までで33％も上下した。1年でこんなに動いたのは変動相場制[※1]になってから初めてのことなのだ。ちなみにこの変動率のことをボラティリティという。

今までの年間ボラティリティの平均は15％程度。ざっくり上下15円程度動くのがノーマルだった。アベノミクス[※2]で円安が本格化した13年やその翌年でも20％だったし、円安が一服した10年代後半は10％にも満たない年が続いて「米ドル／円って固定相場制だっけ?」なんて声も飛び交ったほど。普段は大人しいけれど、アクセルを踏み込むと高い加速性能を発揮してくれる――米ドル／円はそんなイメージだ。

対照的なのが英ポンド／円だ。英ポンドは「暴れ馬」、「殺人通貨」なんて異名もあるくらいで、その特徴は推して知るべし。とにかく値動きが荒っぽい。年間のボラティリティを見ても、米ドル／円よりも大きい年がほとんど。短期的に見ても3円下がって3円上がるような、激しい「V」字のパターンを描くことも珍しくない。米ドル／円が1ドル150円なのに対して英ポンド／円の水準は1ポンド170円と高いから、当然、値幅も大きくなる。

そして1990年代に有名投資家のジョージ・ソロスが伝説となったポンド売りを仕掛けたように、投機筋に狙われやすい通貨でもある。

でも為替市場のど真ん中にいるのはユーロ／米ドルだ。世界でいちばん取引されている通貨ペアであり、米ドル／円の値動きもユーロ／米ドルの影響を受けることが多い。米ドル／円が上がっていたら、米ドルと円の強弱は「米ドル>円」。このときにユーロ／米ドルが上がっていたら「ユーロ>米ドル」となるから、3通貨の強弱は「ユーロ>米ドル>円」になる。為替市場の全体像を把握するためにもユーロ／米ドルのレートも見ておこう。

対円だけでは不十分 対ドルの値動きもチェック

FXで取引できる通貨はたくさんあるが、大ざっぱにグループ分けもできる。豪ドルとNZドルは同じ「オセアニア通貨」として同方向に動きやすい傾向があるし、株高で買われやすい通貨でもある。この2つにカナダドルを加えた「資源国通貨」は、原油などの商品価格と相関することもある。

株安のときに買われやすいのは「逃避通貨」といわれ、いざというとき資金の避難先となるスイスフランだ。

メキシコペソやトルコリラ、南アフリカランドは「高金利通貨3兄弟」と呼ばれることもある。いずれも新興国通貨で同じような値動きになりやすい。

日本人が米ドル／円を気にするように、どの通貨も軸となるのは対ドルだ。メキシコペソ／円が上がっているとき、ペソ高での上昇なのか、円安での上昇なのかは判然としない。でも、米ドル／メキシコペソのチャートを見て下がっていれば、「ペソ高で上がっているんだ」と真相が見えてくる。対ドルの値動きも加味して分析してみよう。

通貨ペアを比べてみよう!

●米ドル／円と英ポンド／円の年間変動率

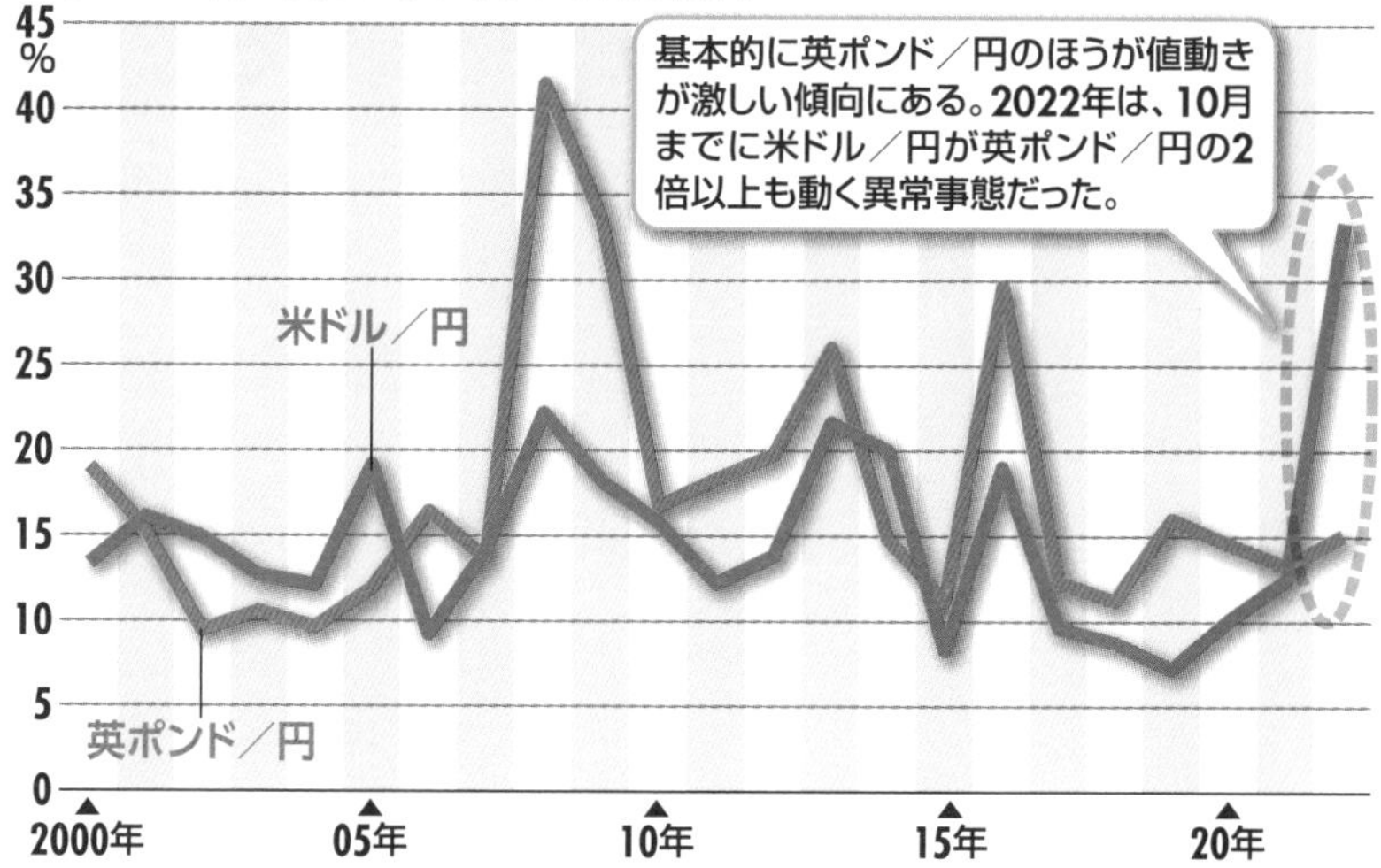
45%
40
35
30
25
20
15
10
5
0
2000年
05年
10年
15年
20年
米ドル／円
英ポンド／円
基本的に英ポンド／円のほうが値動きが激しい傾向にある。2022年は、10月までに米ドル／円が英ポンド／円の2倍以上も動く異常事態だった。

●対ドルのチャートを加えて「真の強弱」を見る

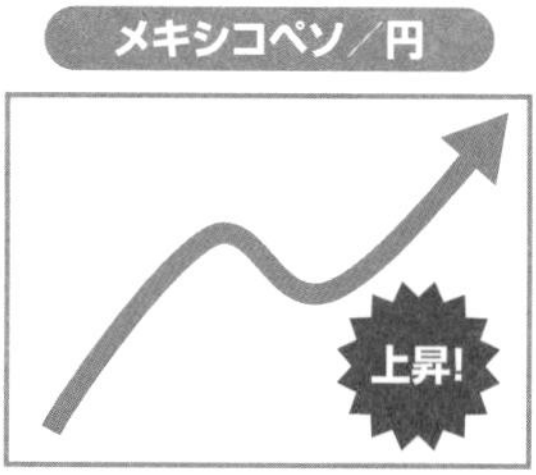
メキシコペソ／円
上昇!

メキシコペソ>円だが
ペソ高での上昇か、
円安での上昇かは
判断できない。

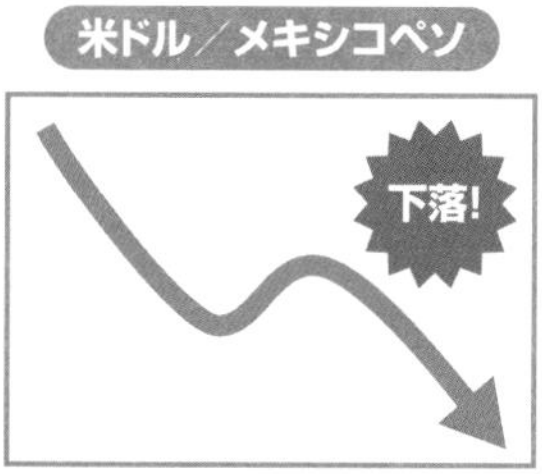
米ドル／メキシコペソ
下落!

メキシコペソ>米ドル
ペソは米ドルに対しても
上昇しているので、
ペソ高だとわかる。

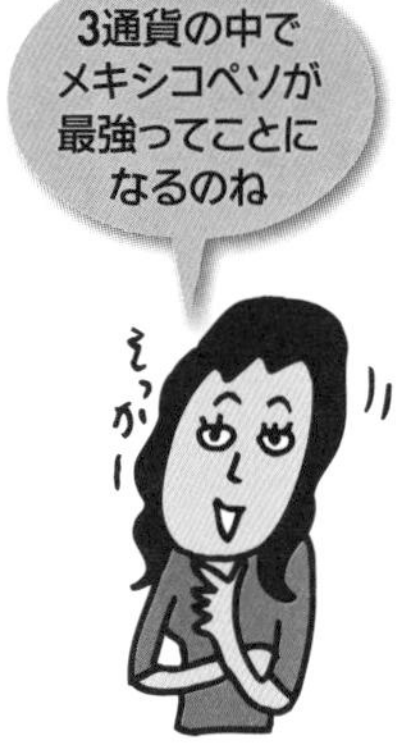
3通貨の中で
メキシコペソが
最強ってことに
なるのね
そっかー

第4章 用語解説 an explanation

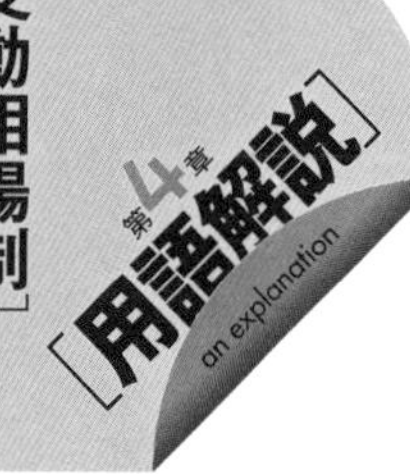

※1
［変動相場制］

へんどうそうばせい◉市場の需給に応じて為替レートが変わる制度のこと。日本では1973年から変動相場制に移行。それまでは1ドル360円の固定相場制だった。

※2
［アベノミクス］

あべのみくす◉2012年12月に誕生した第2次安倍政権がデフレ脱却、経済成長を目指して行った経済政策。公共事業・金融緩和・成長戦略が「三本の矢」とされる。国債やETFの大量買い入れを目玉とした大胆な金融緩和は株高・円安に強力な効果を発揮した。安倍首相が海外の演説で話した「Buy My Abenomics」（アベノミクスは「買い」だ）の言葉も話題に。

先パイトレーダーの体験＆アドバイス！

FX上達のコツはチャートを見続けることです

生粋のチャーティスト 田向宏行さん

（トレード手法は148ページへGO！）

Column #04

ローソク足の意味を想像してみよう

ＦＸで稼ぎながら、空いた時間はテニスを楽しんでいる田向宏行さん。テニス仲間にＦＸを教えることもあるそう。ＦＸがうまくなるコツは？

「ＦＸ上達のコツですか？　チャートを見続けること、ですね。『この高値はなんでできたのだろう？』など、値動きに興味を持ちながらチャートを見ます。１５０円で高値ができたなら、１５０円が買い手と売り手の均衡する値段だったということです。その意味がわかっていれば、『次に何が起きるか』を考えやすくなります。再び１５０円に近づいたとしても『前回は１５０円で均衡したので１５０円を抜けないと相場は絶対に上がらない』と考えられますよね」

これが値動きの壁となるレジスタンスができるしくみだ。こうしたしくみを理解することで判断力が高まっていく。

「相場の先行きを決めるのは売り手と買い手のどちらが多いかだけですから、それを意識しながら次の動きを考えるんです。日足1本でも漫然と見るのではなく『昨日と何が変わったのだろう？』と考える。高値を更新していれば高い値段でも買った人が多いということだし、高値も安値も更新しないはらみ足なら『買い手も売り手も迷っているから上か下、どちらかに抜けて方向が決まったら相場が動きそうだ』と想像します。そうやって想像することが取引戦略につながるんです。ＦＸは未来を考えるものですが、その判断材料は目の前の値動き。目の前の値動きから未来を想像できるようになると、トレードがうまくなります。それはテクニカル分析でもファンダメンタルズ分析でも一緒。判断の材料が違うだけなんです」

もうひとつだけアドバイスが。

「ＦＸを楽しんでください。楽しくないと続きません。お金が欲しいだけなら働くほうがいい。値動きの背景を想像したり、ボリンジャーバンドの新しい使い方を探したり、ＦＸが楽しいから学びますし、検証もする。いろいろ考えて発見があります。年齢、性別、学歴、経験不問のＦＸは素晴らしいですよ」

ローソク足の意味をていねいに考える！

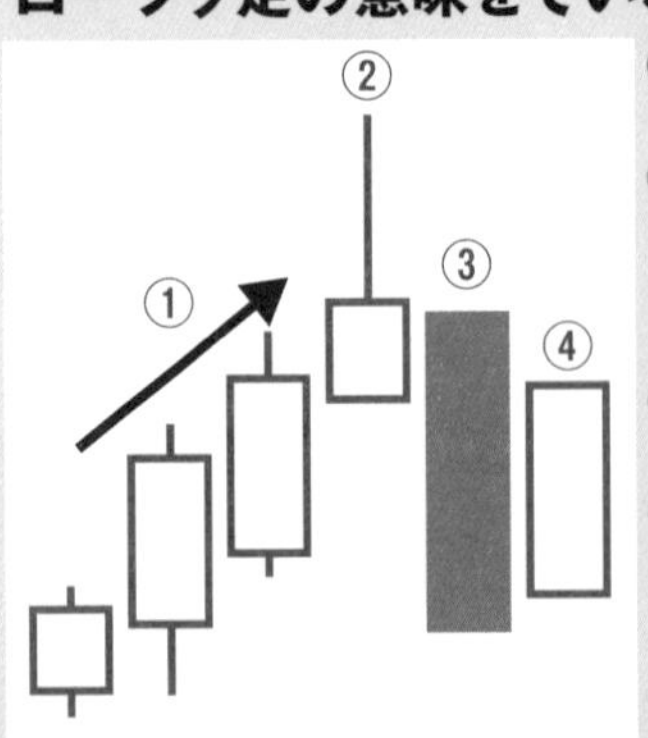

①高値更新が続いて買い手が優勢
②長い上ヒゲで高値をつける。ヒゲ先より上では売り手優勢
③大きな陰線は売り手優勢、買い手縮少
④前日のローソク足にすっぽり収まる「はらみ足」。買い手も売り手も迷っている

田向宏行

第5章

テクニカル分析なしでは勝ち目なし！

［この章で覚えること］

1. FXはチャート分析が7割
2. チャートには形があることを覚えよう
3. 好きなチャートだけマスターすればよい

第5章 テクニカル分析なしでは勝ち目なし!

FXはチャート分析7割ファンダメンタルズ分析3割

チャート分析なくして成功はないぞ

為替の先行きを予測するときに、欠かせないのがチャートの分析。いわゆるテクニカル分析だ。日本ではとかくファンダメンタルズ分析のほうが好まれがちだが、ファンダメンタルズだけに頼って、チャートの分析をないがしろにしたら、FXでの成功はない。

目先の値動きを予測したり、「どこで買うか」「どこでリカク（利益確定）するか」といったことを考えるとき、テクニカル分析は非常に役に立つ。FXで利益を上げるためには絶対必要な基礎教養といえるだろう。

いくらファンダメンタルズ分析から、円高か円安か、どちらに動くかの大きな方向性が予測できても、為替は上下に動きながら進んでいくので、高値で買ってしまったり、安値で売ってしまうこともある。それでは上手なトレードはできない。大きな流れや方向性はファンダメンタルズ分析で確認しておき、その上でテクニカル分析を利用してタイミングを計っていくのがいい。

「ファンダメンタルズ分析では円高に動くのは間違いない。だから直近の安値を割ったら、売りでエントリー。さらに前の安値付近まで下がったらリカクしよう」

「テクニカル分析ではまだシグナル[※1]が出ていないから、それを確認してから売りでエントリーしよう」などと考えていくのだ。

イメージとしては、ファンダメンタルズ分析3割、テクニカル分析7割くらいのバランスで活用したいところ。

テクニカル分析は一見、専門用語が多くてとっつきにくいところもあるし、さまざまな分析方法があるので、毛嫌いしてしまう人もいるだろう。でも、すべてのテクニカル分析を網羅して勉強する必要はないのだ。興味のあるところから始めてみればいい。

いろいろあって面白いテクニカル分析の世界

テクニカル分析の基本中の基本、ローソク足については第1章で解説した。それだけで十分トレードできる、という人も多いのだが、ここでは、もう少し踏み込んで、FXトレーダーに人気のあるテクニカル指標について紹介していこう。

テクニカル指標が有効なのは、多くの投資家がチャートを見て、同じところで「そろそろ売りかな」「もう少し上昇しそう」などと〝同じ読み〟をするから。その行動パターンが結果的にチャートに反映されて〝読み〟が当たることになる。

となれば、その多数派の行動パターンを知っておくことは、勝利に一歩近づくといえるかも!!

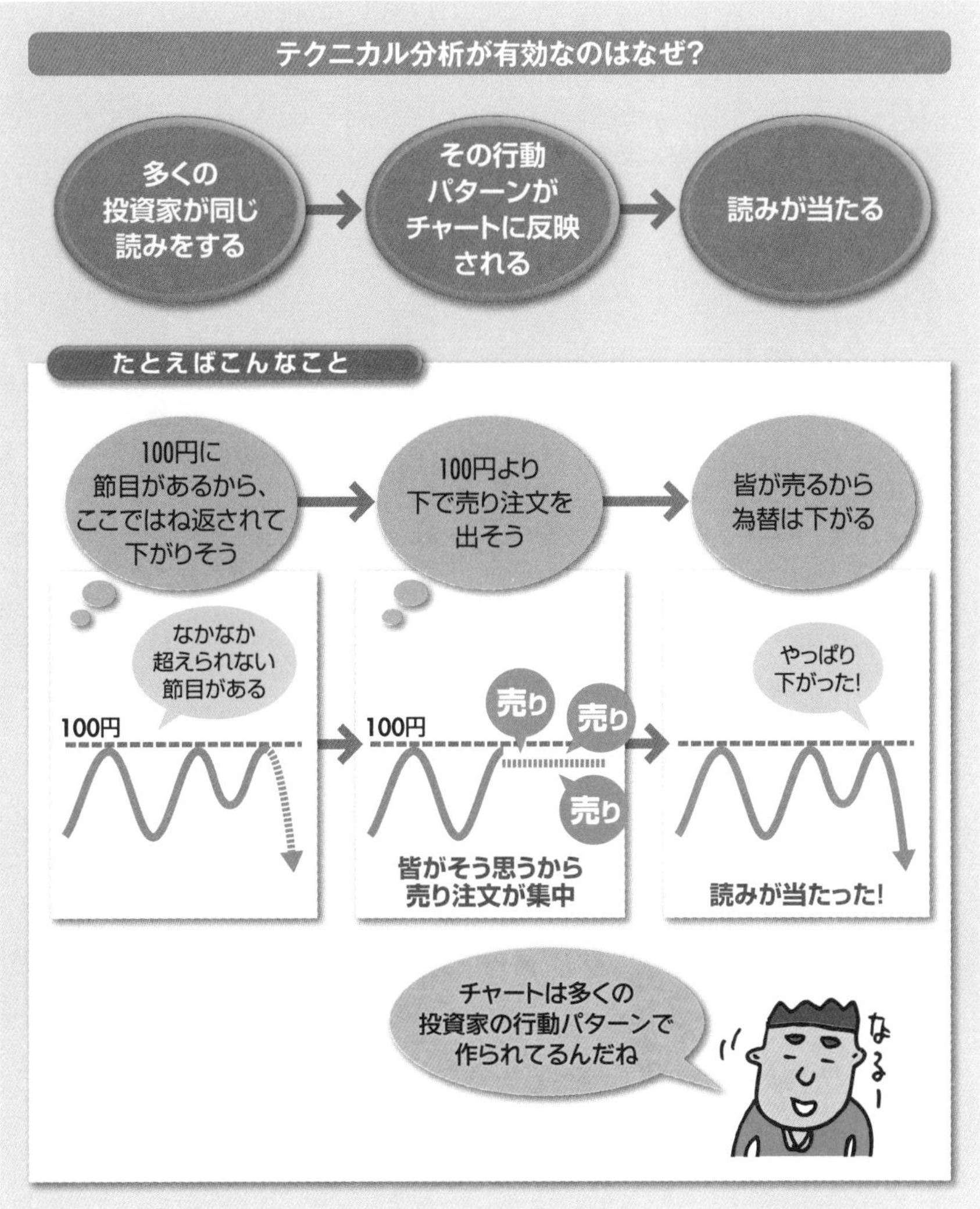

テクニカル分析が有効なのはなぜ？

多くの投資家が同じ読みをする → その行動パターンがチャートに反映される → 読みが当たる

たとえばこんなこと

100円に節目があるから、ここではね返されて下がりそう → 100円より下で売り注文を出そう → 皆が売るから為替は下がる

なかなか超えられない節目がある
100円

100円
売り
売り
売り
皆がそう思うから売り注文が集中

やっぱり下がった！
読みが当たった！

チャートは多くの投資家の行動パターンで作られてるんだね

なるー

第5章 用語解説 an explanation

※1 ［シグナル］

しぐなる◎「こうなったときに売買する」というルールをあらかじめ決めておき、ルールどおりの値動きになったときに発せられる売買のサイン。最もシンプルなものでは短期と長期の2本の移動平均線によるゴールデンクロス、デッドクロス（122ページ参照）がある。こうしたシグナルに機械的に従って売買することで、心理的な迷いや不安から生じる判断ミスを避けられる。一方で、売買の判断が機械的となるため、予期せぬ変動に対応しづらかったり、為替市場の性質が変わることによって従来なら通用したルールが通用しなくなるといったこともある。

傾きと角度でトレンドの強さがわかる移動平均線!

トレンドと売買タイミングがわかる

学生時代、テストが返ってきたとき、自分の点数はもちろんだが、「みんなはどうだったんだろう?」と周りの結果も気になったもの。平均点は全体の中の自分の位置を測る、わかりやすい目安だ。

この平均点の考え方を為替に持ち込んだのが移動平均線。過去X日間の終値の平均をチャートにプロットして、それを1本のラインに結んだもの。たとえば「5日移動平均線」なら、過去5日間の終値を足して5で割った平均値を順に結んでいく。どんなチャートにも装備されているテクニカル分析の基本ツールだ。

移動平均線は、**トレンド**※1と**売買タイミング**※2を教えてくれる。まず注目すべきは移動平均線の傾き。これが上向きならトレンドは上昇と判断できるし、うろうろ横ばいならレンジ相場、下向きなら下落相場を意味する。

また、傾きの角度にも注目を。移動平均線の傾きが急であればあるほど、トレンドの勢いも強い。逆に急だった傾きがなだらかになってきたら、「そろそろトレンドも終わりかな」と判断できる。

2〜3本組み合わせて使うともっと効果的

移動平均線は1本だけじゃなく、2本、3本と組み合わせて使うともっと効果的だ。5日、25日、200日と短期、中期、長期の3本のラインを同時に表示させる。

「200日線が上向きだから長期的には上昇トレンドだけど、短期的には5日線が下向きだから押し目かな」と判断したりもできるのだ。期間の設定は自分で変更できるので、いろいろと試してみるといい。

それに、きれいな上昇トレンドのときは3本のラインが上から短期線、中期線、長期線と順に並ぶ。そしてローソク足は3本のラインの上にある。下降トレンドのときは逆の順番となり、ローソク足は移動平均線より下にある。レンジ相場のときは3本のラインが交差を繰り返して並び順もはっきりしない。複数の移動平均線の並び順もトレンド判断の参考になるのだ。

いろいろ便利なツールだが…

第1章でトレンドラインの話をしたが、移動平均線もトレンドラインと同じような特徴を持つ(38ページ参照)。上昇トレンドのときは、移動平均線に沿って上昇していくし、移動平均線から大きく離れるとまた戻ろうとする力が生まれる。また、移動平均線を大きく割ると、トレンド転換のシグナルともいえるのだ。

いろいろと便利に使える移動平均線だが、デメリットもなくはない。いわゆる単純移動平均線(SMA)と呼ばれるものは、過去のレートを単純平均しているので、急な値動きがあったときなどは過去のレートに引っ張られて反応が遅いこともある。こうした欠点を補うため、「20日前の価格より、昨日の価格のほうが重要だ」と考えて、より近いデータに高い比重をかけて描いた移動平均線がEMA(指数平滑移動平均線)だ。

奥が深い移動平均線の世界、極めてみるのもいいかも。

移動平均線ってどういうもの？

成り立ちを知ろう！

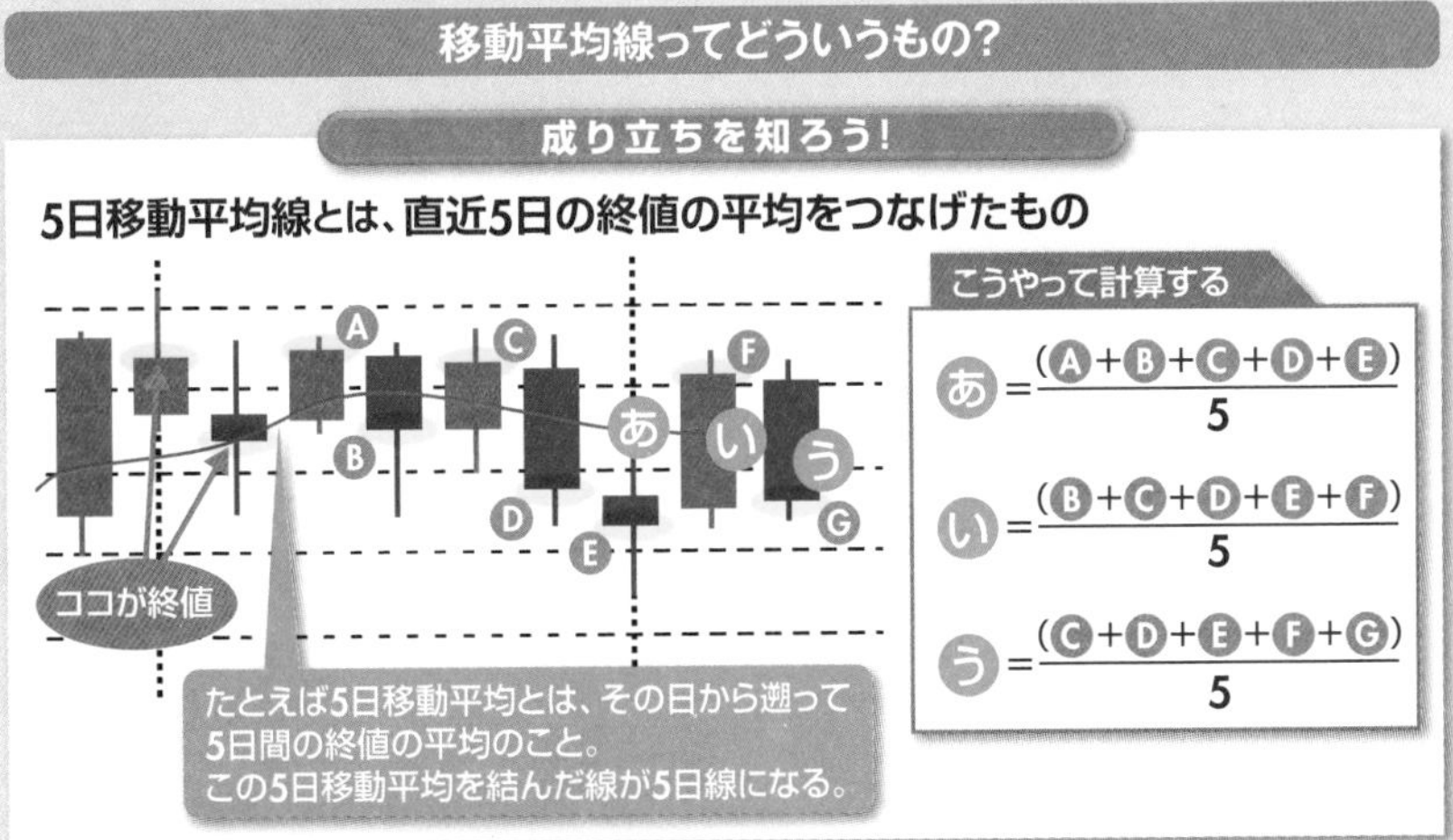

実際のチャートでチェック！

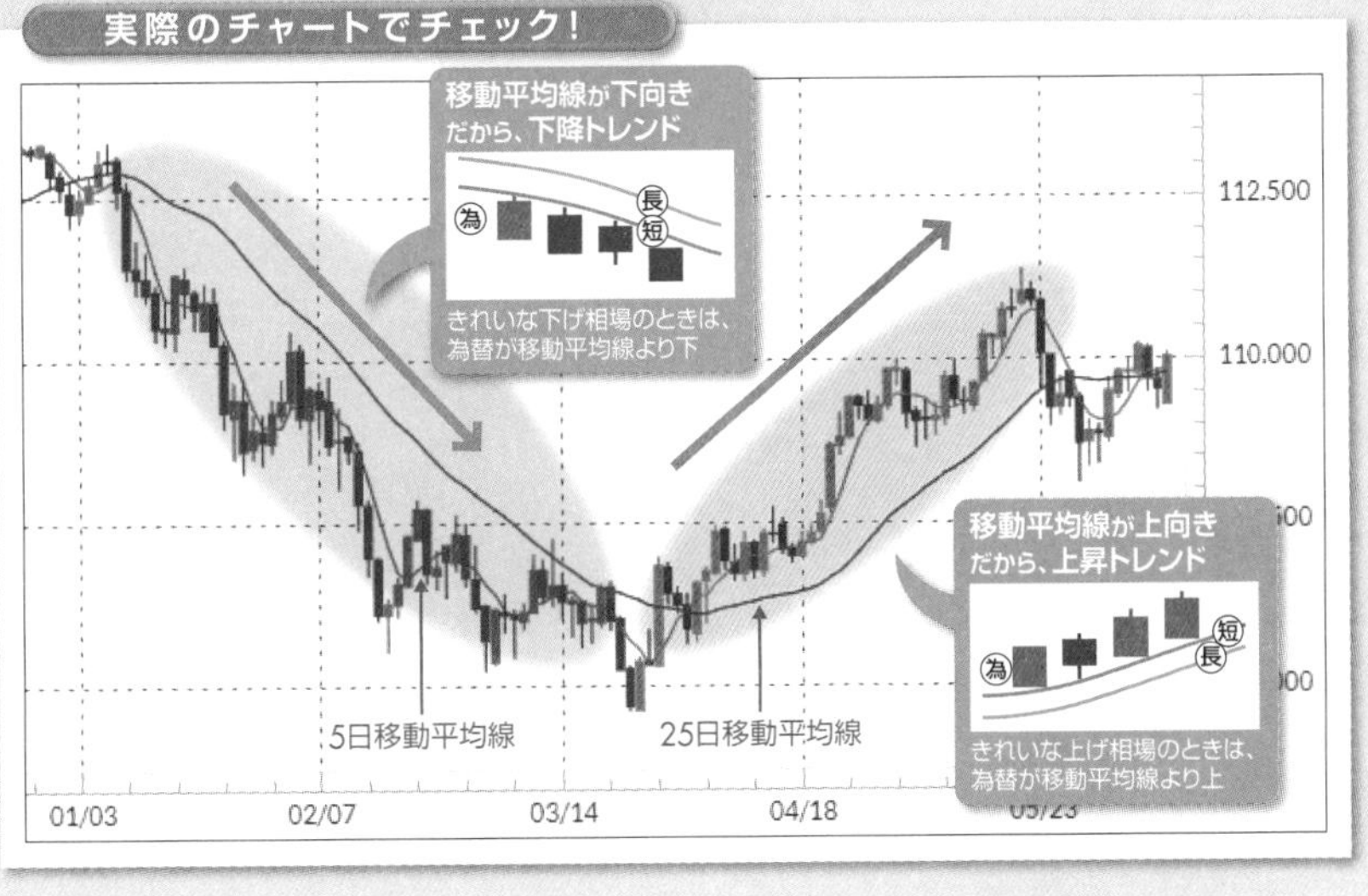

第5章 用語解説
an explanation

※1 ［トレンド］

とれんど◉「トレンド」は為替市場でよく使われる言葉だが、おぼろげな概念でトレンドを正確に測定するのはなかなか難しい。自分なりのトレンド測定のものさしを用意しておくといいだろう。そのとき、最もシンプルなものさしとなるのが移動平均線。その傾きが右上がりなら上昇トレンド、右下がりなら下降トレンドと判断するだけだ。

※2 ［売買タイミング］

ばいばいたいみんぐ◉為替を予測することと、為替で儲けることとは似て非なるもの。予測が当たっていても、売買するタイミングが悪ければ利益が小さくなるどころか損失を抱えることもある。押し目や戻り、レンジなどを意識して売買タイミングの精度を上げるべし。

王道のトレードサインはゴールデンクロスとデッドクロス

最も有名なシグナルとは?

売りや買いのチャンスを示すのがトレードのシグナルといわれるもの。星の数ほどあるシグナルのなかで、最も有名なのが「ゴールデンクロス」と「デッドクロス」だ。

最初にどの通貨ペアでもいいので「日足」のチャートを開いて、25日（短期）の移動平均線と75日（長期）の移動平均線を表示させてみよう。この2つの線の交わり具合を見るのだ。

25日の移動平均線が75日の移動平均線を下から上へ突き抜けていくところがあるはず。それがゴールデンクロス。買いのシグナルだ。

逆に、25日の移動平均線が75日の移動平均線を上から下に突き抜けていく場面はデッドクロスで、売りのシグナル。百発百中とはいかなくても、効果的なシグナルといわれている。

過去の水準に比べてより上を目指し始めた印

理屈としては簡単!

75日の移動平均線は比較的長い期間でのトレンドを示し、25日のほうはより最近のレートだけを反映して短期のトレンドを示す。短期の移動平均線が長期の移動平均線を上へ突き抜けるということは、過去の水準に比べて、より上を目指し始めたということで、それだけ上昇力に期待できるということになるのだ。

ここでは25日と75日の移動平均線を使ったが、**パラメータ**[※1]の設定に決まったルールはない。短期と長期の2本の移動平均線であればOK。短期のパラメータを9日とか、5日などと短くしていくと、クロスの出現する頻度も増える。でも、増えた分だけ、**ダマシ**[※2]（サインが出たと思ったら、また逆に戻ってしまうこと）の回数も増えてしまう。一方でパラメータを長くすると、ダマシは減るが、あまりシグナルが出現しなくなってしまう可能性が高い。

パラメータをいろいろと変えてみて、出現頻度とダマシの増減の最適なバランスがとれた数値を探してみるべし。

他のテクニカル指標でも応用できる

ゴールデンクロスとデッドクロスは移動平均線に限った話でもない。ＭＡＣＤ（まっくでぃー・130ページ参照）というテクニカル分析で使う人もいるし、ＲＳＩ（あーるえすあい・128ページ参照）で使う人もいる。どんなテクニカル分析を使おうが、基本的な考え方は同じ。短期のラインが長期のラインを下から上へ突き抜ければ買いのサインだし、上から下へ突き抜けたら売りサインとなる。

クロスが便利なのは、どんなトレードスタイルでも使えるところ。日足を使った**スウィングトレード**[※3]でも、5分足を使ったデイトレードでも、効果がある。1000通貨トレードなら、パラメータを短めに設定してクロスが出たらまず1000通貨で入ってみて、トレンドが本格化するようなら、さらにピラミッディングしていくといったやり方もありそう。

使い勝手のいいゴールデンクロス・デッドクロスだが、出現タイミングがチャートの動きに比べて遅くなるのでこの点は注意。とはいえ、もっとも基本となるトレードシグナルとして、意識しておこう。

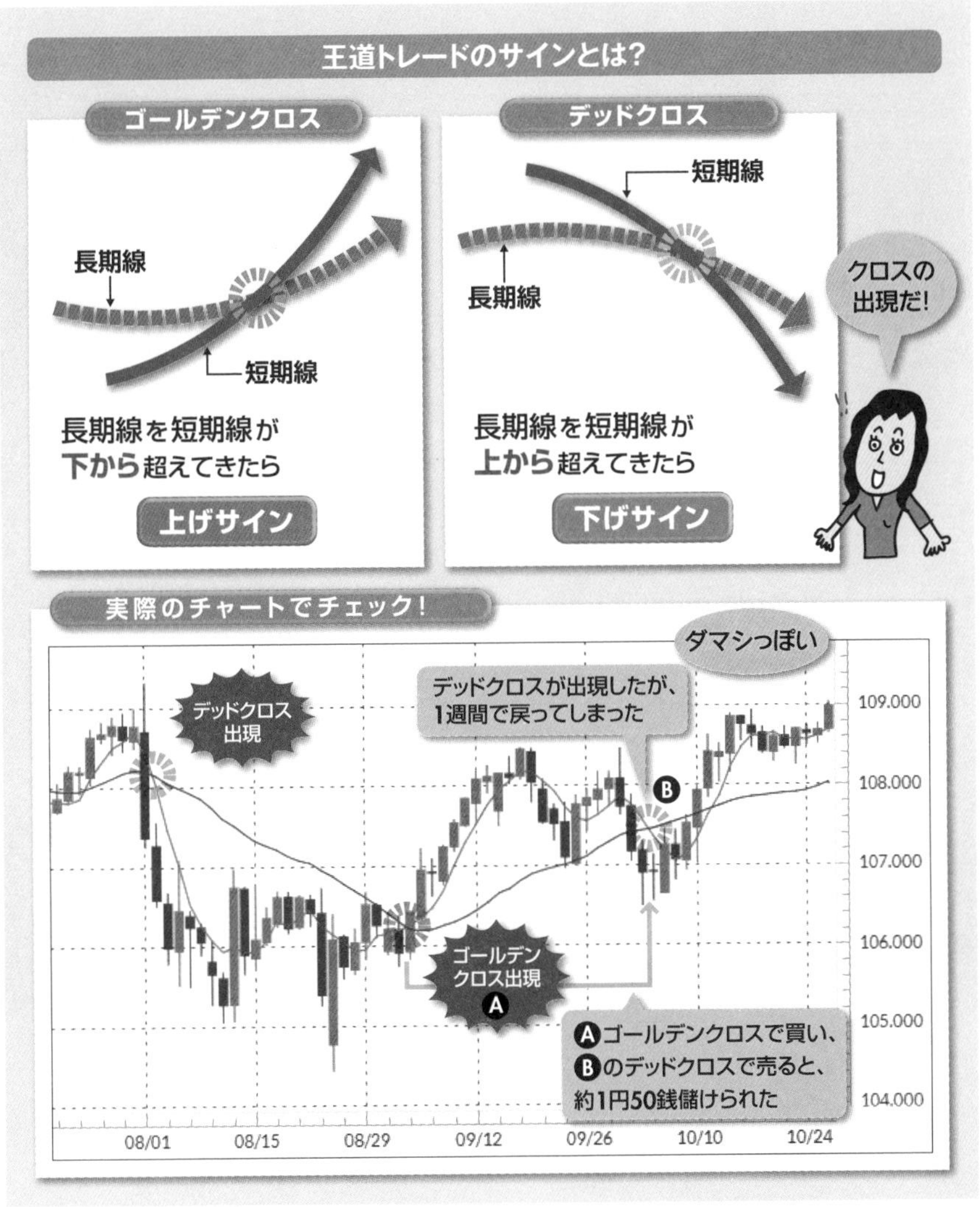

王道トレードのサインとは？

ゴールデンクロス

長期線
短期線

長期線を短期線が
下から超えてきたら

上げサイン

デッドクロス

短期線
長期線

長期線を短期線が
上から超えてきたら

下げサイン

クロスの出現だ！

実際のチャートでチェック！

ダマシっぽい

デッドクロス出現

デッドクロスが出現したが、1週間で戻ってしまった

B

ゴールデンクロス出現 A

Aゴールデンクロスで買い、Bのデッドクロスで売ると、約1円50銭儲けられた

109.000
108.000
107.000
106.000
105.000
104.000

08/01 08/15 08/29 09/12 09/26 10/10 10/24

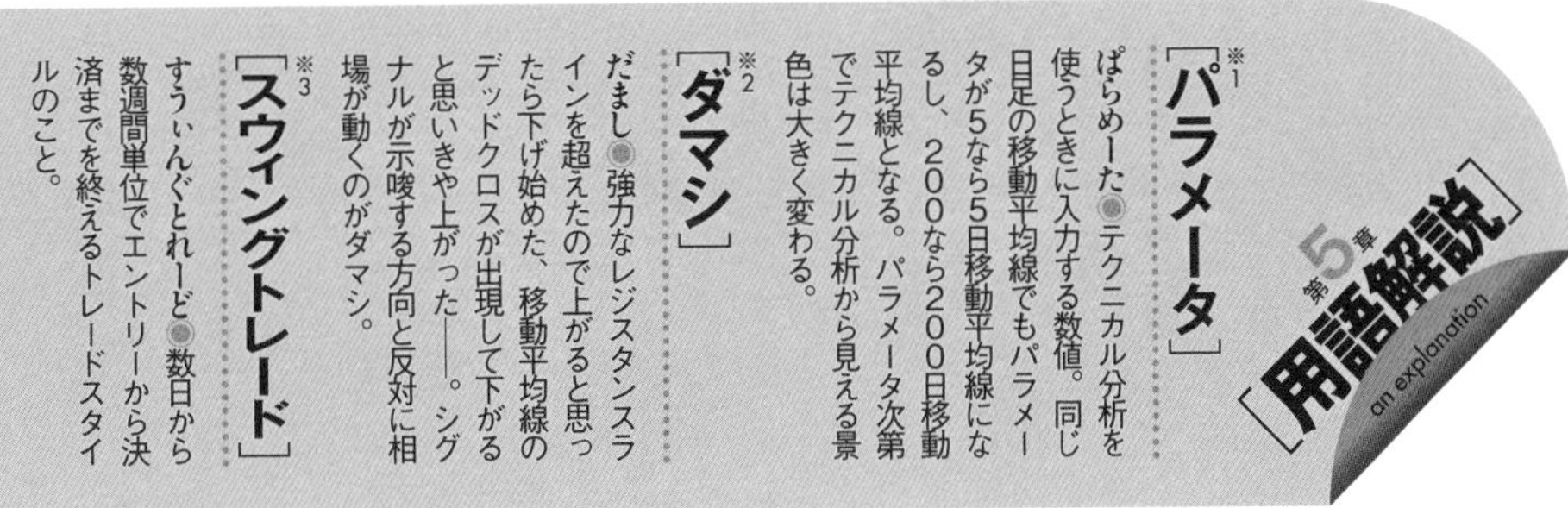

第5章 用語解説 an explanation

※1 ［パラメータ］
ぱらめーた◉テクニカル分析を使うときに入力する数値。同じ日足の移動平均線でもパラメータが5なら5日移動平均線になるし、200なら200日移動平均線となる。パラメータ次第でテクニカル分析から見える景色は大きく変わる。

※2 ［ダマシ］
だまし◉強力なレジスタンスラインを超えたので上がると思ったら下げ始めた、移動平均線のデッドクロスが出現して下がると思いきや上がった——。シグナルが示唆する方向と反対に相場が動くのがダマシ。

※3 ［スウィングトレード］
すうぃんぐとれーど◉数日から数週間単位でエントリーから決済までを終えるトレードスタイルのこと。

ローソク足の形を見れば相場の未来がわかっちゃう?

日本発の手法で相場を占おう

第1章でローソク足の基本について触れたが、もう少し詳しく見ていこう。

ローソク足は日本発祥のもので、江戸時代まで起源をさかのぼれる奥の深〜い分析方法。情報量も多く、パッと見てわかりやすいのが、最大の特徴だ。

ローソク足は1本でも上昇か下降か相場の方向性がわかるが、複数の足でできる形で分析することが多い。その基本となるのは「酒田五法（さかたごほう）」と呼ばれる形。江戸時代の米相場で活躍した相場師の本間宗久（ほんまそうきゅう）が見出したといわれている。

為替にサカタゴホウ？なんて洋物と和物のミスマッチみたいに見えるかもしれないが、チャート理論は株でも為替でも同じ。とくにデイトレーダーは覚えておきたい法則だ。

長いヒゲには要注意！

酒田五法はその名のとおり、5つのパターンからできているが、為替市場では**マド**※1（ロウソクとロウソクの間が空くこと）を空けて為替がポンポンと上がっていく「三空（さんくう）」のパターンはほとんど出てこないので実質4つだけ。

まずは「三兵（さんぺい）」から。この形は同じ色のローソク足が3本続くパターン。陽線が3本続くと強い上昇トレンドのサインとされるし、陰線3本はその逆。とくに下げてきて底値圏で陽線が3本続いたりすると、サインの精度も高くなる。ただし、3本目のローソクで、陽線に長い上ヒゲがつくとそこが天井、陰線に下ヒゲがつくと、そこが大底となる可能性も。上ヒゲとは上げたいと思って高値をつけたもののキープできず下げてしまったときにできるからだ。ローソク足を見るときは、三兵に限らず、長い上ヒゲ・長い下ヒゲは**転換点**※2となりやすいのでよく注意しよう。

ダブルボトム ヘッド&ショルダー

酒田五法の「三山（さんざん）」は、欧米だと「ヘッド&ショルダー」と呼ぶ。3つの高値が山のように連なり、とくに真ん中の高値が突出していると、最初と3番目の高値が肩に、真ん中の突出した高値が頭のように見えるため、ヘッド&ショルダーと呼ばれる。この形になったときは、肩と頭の間にできた**押し目**※3を割ると、一気に下げる可能性が高いため、重要なチャートポイントとなる。三山の逆パターンは逆三山といって、上昇のサインだ。

ヘッド&ショルダーよりも単純な形がWトップ（だぶるとっぷ）とWボトム。こちらは2つの高値（Wトップ）、2つの安値（Wボトム）で形成されて、Wトップなら高値と高値の間の安値が節目となり、ここを割ると下げが加速する可能性が強いので売りのチャンスとなる。

「三川（さんせん）」は陽線と陰線の組み合わせから成り、相場の転換期をとらえるもの、「三法（さんぽう）」はどっちつかずで相場の流れが休みに入るパターンになる。

ローソク足が織りなすチャートの形は一見多様に見えて、パターン化できるもの。数多くのチャートを見て、値動きのパターンを覚えてしまおう。

名前がおもしろ〜い

強い上昇&下落のサイン【三兵（さんぺい）】

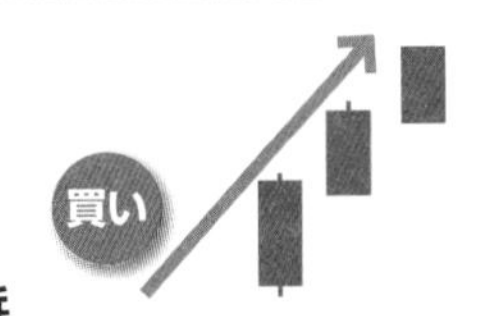

売り
黒三兵（三羽烏）

強い上昇転換&下落転換のサイン【三山（さんざん）】

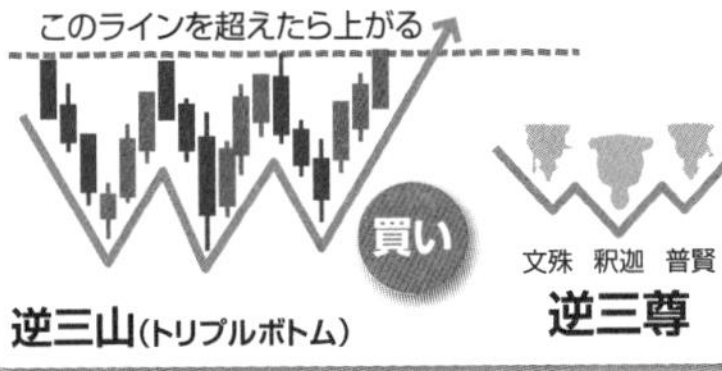

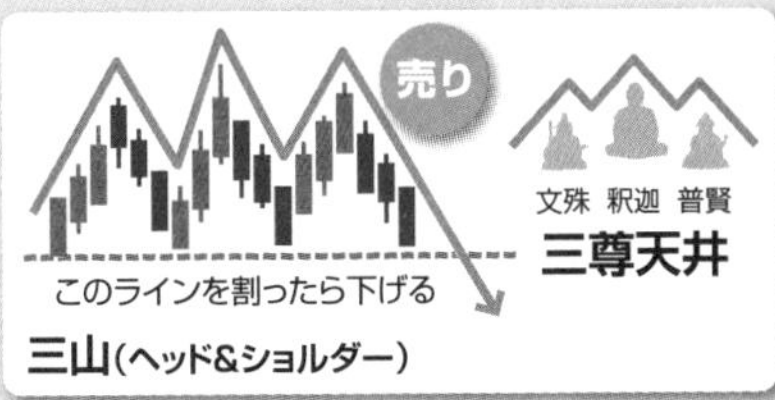

相場の転換を捉える【三川（さんせん）】

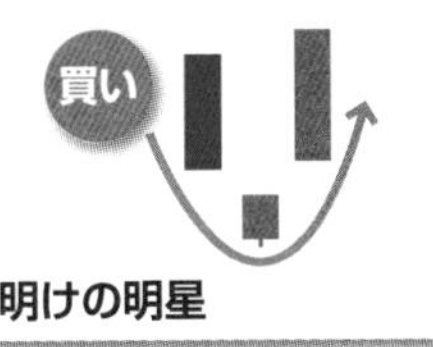

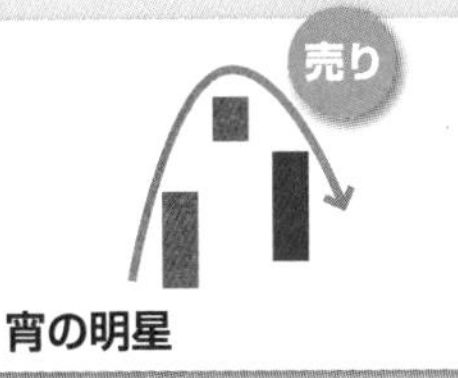

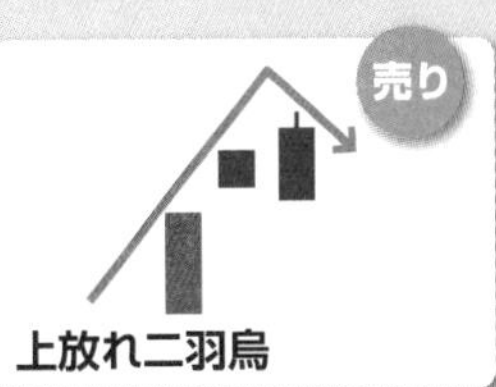

どっちつかずで休みを示す【三法（さんぽう）】

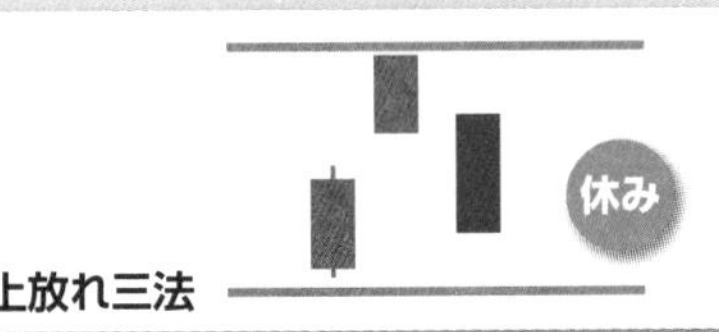

［マド］※1

まど◉ローソク足の終値が99円だったのに、次のローソク足の始値が100円といったとき、2本のローソク足の実体の間には通常だとありえない空白が生まれる。これが窓（マド）。窓を空けるなどといわれる。

［転換点］※2

てんかんてん◉上昇トレンドから下降トレンドへ、あるいは下降トレンドからレンジ相場へと相場の性質が転換するポイント。相場の転換点は事後的にわかるものなので、転換点をあまり正確に予測しようとしないこと。

［押し目］※3

おしめ◉上昇トレンド中にできる一時的な下落がつくる安値。上昇トレンドに乗り遅れたときは慌てて高値を買わず、押し目を待って買うのが吉。

レンジ相場で大活躍するボリンジャーバンド

3本の線から為替の動きを予想する

時折、予期せぬ動きをする為替レート。だから、FXトレーダーは困ってしまうのだが、とはいえ為替レートも100円だったものがいきなり110円に跳ね上がるわけじゃない。チャートを見ていても、何となく「この辺からこのあたりまでで動くだろうな」と推測がつく。

この漠然とした推測をきっちり理論化してくれたのが、アメリカのジョン・ボリンジャーさん。彼の開発した**ボリンジャーバンド**[※1]は使っているトレーダーも多く、人気のあるテクニカル指標のひとつだ。

このボリンジャーバンドのもととなっているのは、前のページにも出てきた移動平均線。ボリンジャーバンドはたいてい3本のラインになっていて、真ん中にあるのが移動平均線だ。上下に引かれた線はアッパーバンドとロワーバンドと呼ばれたりもする。この2本の線は統計的な理論に基づいて引かれている。

2本のラインの間に95・5%の確率で収まる

ここで思い出してほしいのが偏差値。偏差値は50を中心にして25から75の間にほぼ100%の人が収まるように決まっていく。ボリンジャーバンドも考え方は同じ。移動平均線を偏差値50とすると、上下の2本のラインの間に約95・5%の確率で為替レートが収まるように引かれているのだ。逆に言えば、上下2本のラインから為替レートがはみ出す確率は5%以下。

これを利用すると、為替レートが上のバンドにタッチしたら、「そろそろ反対に行きそう」と考えて売り。下のバンドにタッチしたら決済といった戦略が成り立つ。トレンド転換を狙う逆バリのトレードになる。

ムーンウォークならぬバンドウォーク

先ほど説明した約95・5%の確率はボリンジャーバンドのパラメータを「2σ（シグマ）」に設定した場合。1σだと上下のバンド内に収まる確率は約68・3%になるし、3σだと約99・7%になるが、使い勝手がいいのは2σだ。

でも、2σの場合、バンド内からはみ出す可能性も5%近くあるから、バンドを抜けていくこともある。これはトレンドに乗って順バリでトレードするチャンスになる。バンドを抜けたら「強いトレンドが発生した」と判断して、抜けた方向についていく戦略だ。上下のバンドに沿った動きを〝**バンドウォーク**〟[※2]と呼ぶ。

また、上下のバンドの幅が狭くなって、値動きが小さくなったときは、要注目だ。エネルギーがたまっている状態なので、大きな値動きの予兆といわれる。こうなったら、どちらかに抜けてバンドウォークするのを待ってもよさそう。大きな値動きを取るチャンスなのだ。

相場がレンジで動いているときは、上下のバンドにタッチしてからの逆バリで、トレンドが発生したときはバンドウォーク待ちでと使い分けるのも一考だし、上下のバンドの幅が狭まっているか、広がっているかを見て、相場のエネルギーのたまり具合を測ることもできるのだ。

プロのトレーダーも愛用するボリンジャーバンドの見方は？

2本の線の間に95.5%の確率で収まる

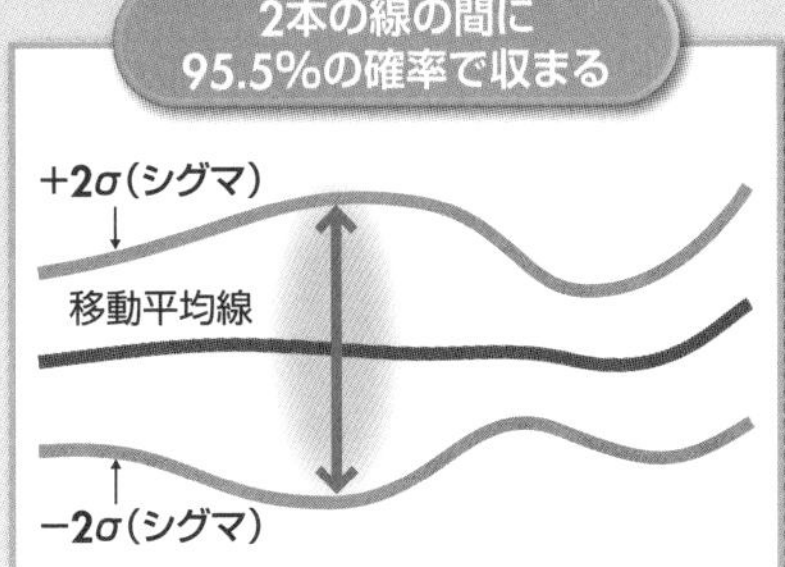

中央にあるのが移動平均線で、上下に引かれたバンドの間に95.5%の確率で収まるように線が引かれている

きゅっと幅が狭くなったらブレイクするチャンス

幅が狭くなって値動きが小さくなったら、この先大きくブレイクすることを意味する。大きく儲けるチャンス!

実際のチャートでチェック!

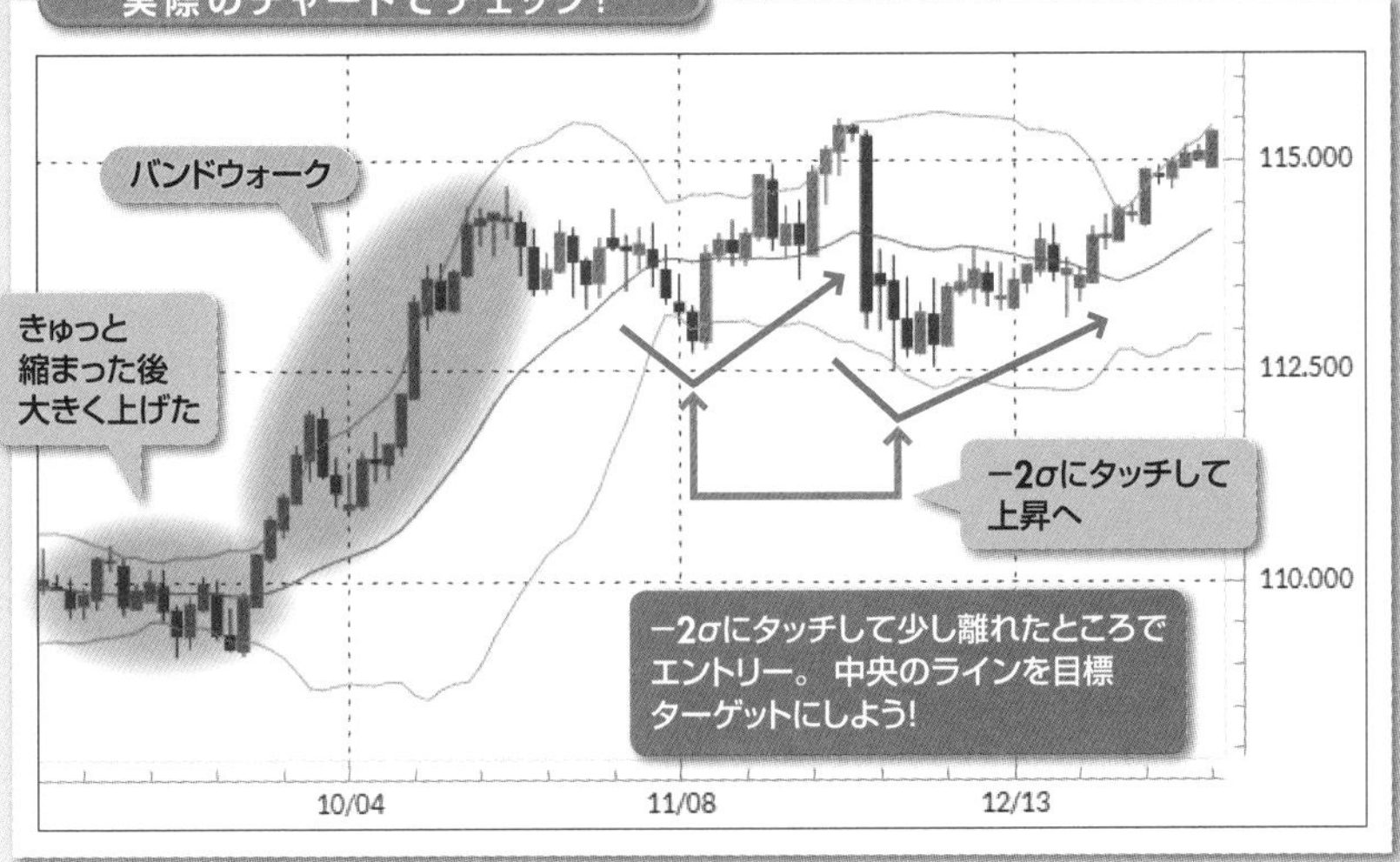

第5章 用語解説 an explanation

※1［ボリンジャーバンド］

ぼりんじゃーばんど◎ジョン・ボリンジャーの開発したテクニカル指標。現在のレートから考え得る値動きの幅（バンド）を示してくれる。パラメータとしては真ん中の移動平均線の数値と、バンドを移動平均線からどのくらい離して表示させるかという2種類がある。後者はσ（シグマ）と呼ばれ、2シグマか3シグマが一般的。

※2［バンドウォーク］

ばんどうぉーく◎ボリンジャーバンドの上バンドか下バンドに沿ってレートが動くこと。バンドウォークは強いトレンドの発生を示すので、順バリでのエントリーが基本となる。

コレって上がりすぎ？って思ったらRSIをチェック！

根拠のある値頃感って？

「米ドル／円で140円、このあいだまで110円だったのにこれって上がりすぎ。そろそろ下がるでしょ」

そんな〝値頃感〟はFXの大敵だけど、「これってどう見ても売られすぎ（買われすぎ）だよな」と判断できる、根拠のある〝値頃感〟もある。そんな売られすぎ・買われすぎを判断するのが、**RSI**[※1]（あーるえすあい）というテクニカル指標だ。ローソク足チャートと照らし合わせながら使う。

RSIはRelative Strength Indexの略。日本語では「相対力指数」と訳される。これもアメリカの**テクニカル・アナリスト**[※2]であるJ・W・ワイルダーが開発したもの。

早速、チャートにRSIを表示させてみよう。パラメータは「9」や「14」で使うのが一般的だ。

見方はいたって簡単！　RSIのラインが70を超えたら買われすぎを意味する。「チャートはそろそろ上がりすぎのようなので、売りで入ってみてはいかがですか？」というサイン。もっと厳しく見るなら、80を目安にしてもいい。

逆に買いのサインとなるのは、RSIが30を下回ったとき。こちらも厳しく見てダマシを減らしたいなら、20を基準にしてもいい。

20で買って、80で売る、そのトレードパターンを繰り返せばいい。使い方はとってもシンプルなテクニカル分析なのだ。

エントリーポイントとしては売られすぎゾーンに入って上向きになり、20または30を超えたあたりとなる。

変動幅に占める値上がり幅の割合

このRSI、どのような仕組みになっているかというと、過去の値上がり幅と値下がり幅を合計して変動幅を出す。その変動幅に対して値上がり幅の割合がどのくらいになっているかを計算しているのだ。

RSIの値が大きくなるということは、変動幅に占める値上がり幅の割合が大きくなっているということ。RSIが90だったら「そんなに値上がりばっかりするわけないよね？」ということから、売りのシグナルとなる。

RSIの値が小さくなるのはその逆で、「そんなに値下がりばっかりするわけないよね？」となり、買いのシグナルとなる。

レンジ相場向けのテクニカル指標

ただ、このRSIは、強いトレンドが発生したときには80以上や20以下でへばりついてしまい、売りサインなのにまだまだ上がる、買いサインなのにどんどん下がるといったことも起こりがちなので注意したい。RSIはどちらかといえば、レンジ相場向けのテクニカル指標なのだ。

ではトレンド相場で使えないかというと、そんなこともない。RSIが80を超え、90を超えて、やっと下がり始めて80を割ってきた、そんなときはトレンドの変わり目である可能性も高い。そうなれば安心して売れる。

現在の水準だけを見るのではなく、どう動いているのかもよく見ておくと、ダマシを回避できるようになる。

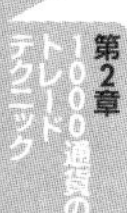

RSIは売られすぎ、買われすぎを判断する

70で売り 30で買い

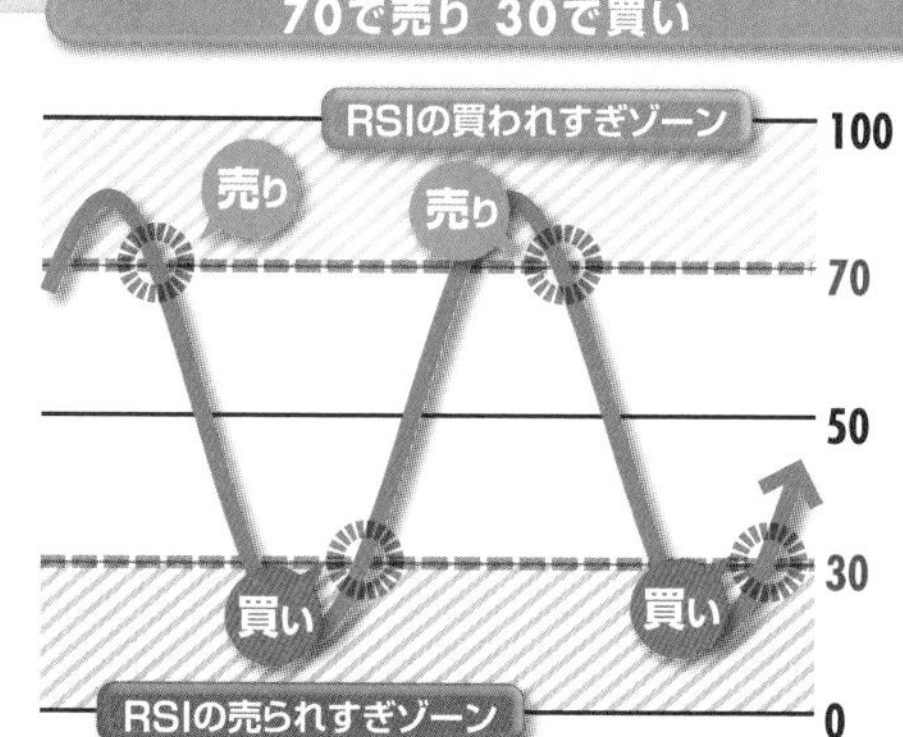

非常にシンプルなテクニカル分析のひとつ。買いゾーン、売りゾーンに入って、そこを抜けたところでエントリーするとよい

レンジ相場のときは使いやすそうだね

実際のチャートでチェック！

【RSI】[※1]

あーるえすあい◉オシレータ系と呼ばれるテクニカル分析の代表格。過去の為替レートから「売られすぎ」「買われすぎ」を判断して売買のシグナルとする逆バリ系のテクニカル指標。強いトレンドのときはRSIが天井や底に張りついたままになってしまうのが難点。

【テクニカル・アナリスト】[※2]

てくにかる・あなりすと◉テクニカル分析を主な分析方法として為替市場の動きを予測するアナリスト。通常の為替アナリストは主にファンダメンタルズ面から為替市場を分析することが多いため、とくに区別してテクニカル・アナリストと呼ばれることが多い。

逆バリのストキャスティクス VS 順バリのMACD!

トレンド系とオシレータ系

テクニカル分析には大別して、トレンド系[※1]と呼ばれる一派と、オシレータ系[※2]と呼ばれる一派の2種類がある。先に紹介したRSIもオシレータ系だが、ここで紹介するストキャスティクスもオシレータ系。MACD（マックディー）はトレンド系にあたる。

オシレータとは振り子という意味。ある一定の範囲を振り子のように行ったり来たりすることから、そう呼ばれているようだ。前述のRSIがそうだったように、過去の値動きの幅から売買タイミングを判断していく。「売られすぎ」「買われすぎ」を判断する指標だ。一般的には、レンジ相場での逆バリに強いとされている。レンジ相場で上端に近づいたら売り、下端に近づいたら買いといった具合だ。

ストキャスの目安は30と70

MACDもストキャスティクスも、背景まで理解しようとするとちょっとややこしいので、最初は使い方だけ覚えておこう。

まずはストキャスティクスから。ストキャスの使い方はRSIとよく似ている。ストキャスを表示させると「%K」と「%D」の2本のラインが表示されるが、着目すべきは%Dのほう。こちらが70を超えていれば買われすぎ、30を割っていれば売られすぎで、それぞれ売りと買いのサインとなる。厳しく見るなら80と20を目安にするのもRSIと同じ。

この指標もレンジ相場では有効だが、強いトレンドが出て一方向に大きく動くときは上下に張りついてしまう。

MACDはクロスをチェック!

次にMACDを見てみよう。MACDはトレンドを追いかける順バリ系の指標だ。

MACDを表示させると、チャートの下に2本のラインが表示される。MACDとシグナルのラインだ。MACDは移動平均線を改良したものなので、120ページで説明した移動平均線と同じように使うことができる。この2本のラインのゴールデンクロスとデッドクロスを見るだけで売買タイミングが判断できるというわけ。

MACDのほうがより敏感に動くので、こちらを短期のラインと考えて、MACDがシグナルを下から上へ突き抜けたら買い、上から下に突き抜けたら売りのシグナルとなる。

もうひとつのポイントはラインの水準。ゼロを基準に見て、ゼロより下のところでゴールデンクロスして買いサインが出て、さらにゼロを超えて2本のラインが上がっていくようなら上昇トレンドが継続するといった見方だ。

RSIもストキャスティクスも上下幅が100の中を行ったり来たりするが、MACDはゼロを基準にする。そのため、マイナス幅やプラス幅が大きいほど大きく動いたことを意味するので、その深さもチェックしておきたいポイントとなる。

相場の状況を見て、通貨ペアや足の長さを変えたりしながら、RSIやストキャス、MACDのどれが効果的なのか、過去のチャートで検証してみるといい。自分にしっくりくる指標を見つけよう。

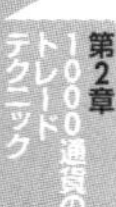

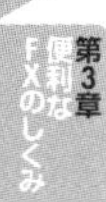

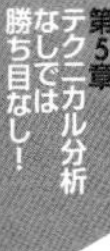

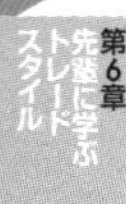

第7章
FXを始めよう！

レンジに強いストキャスとトレンドに強いMACD

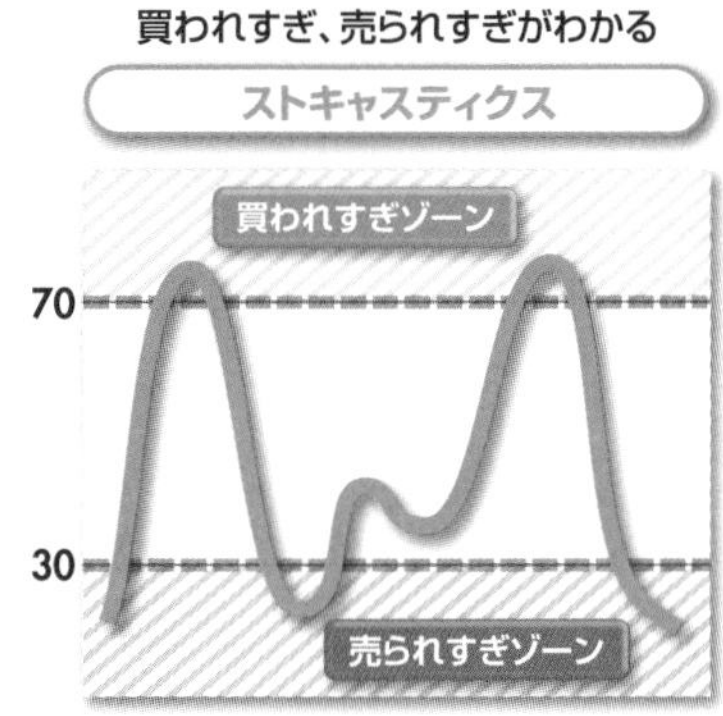

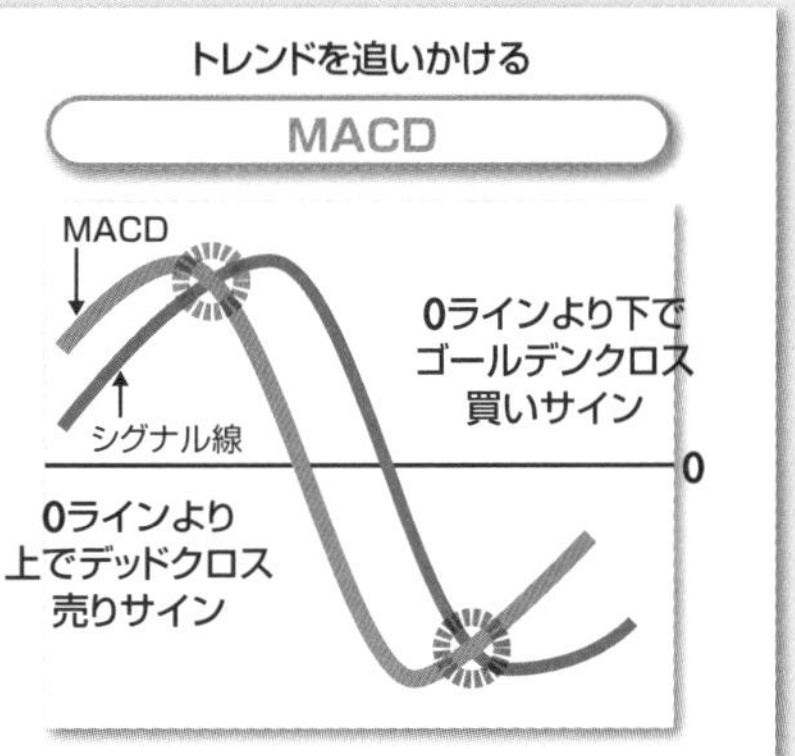

実際のチャートでチェック！

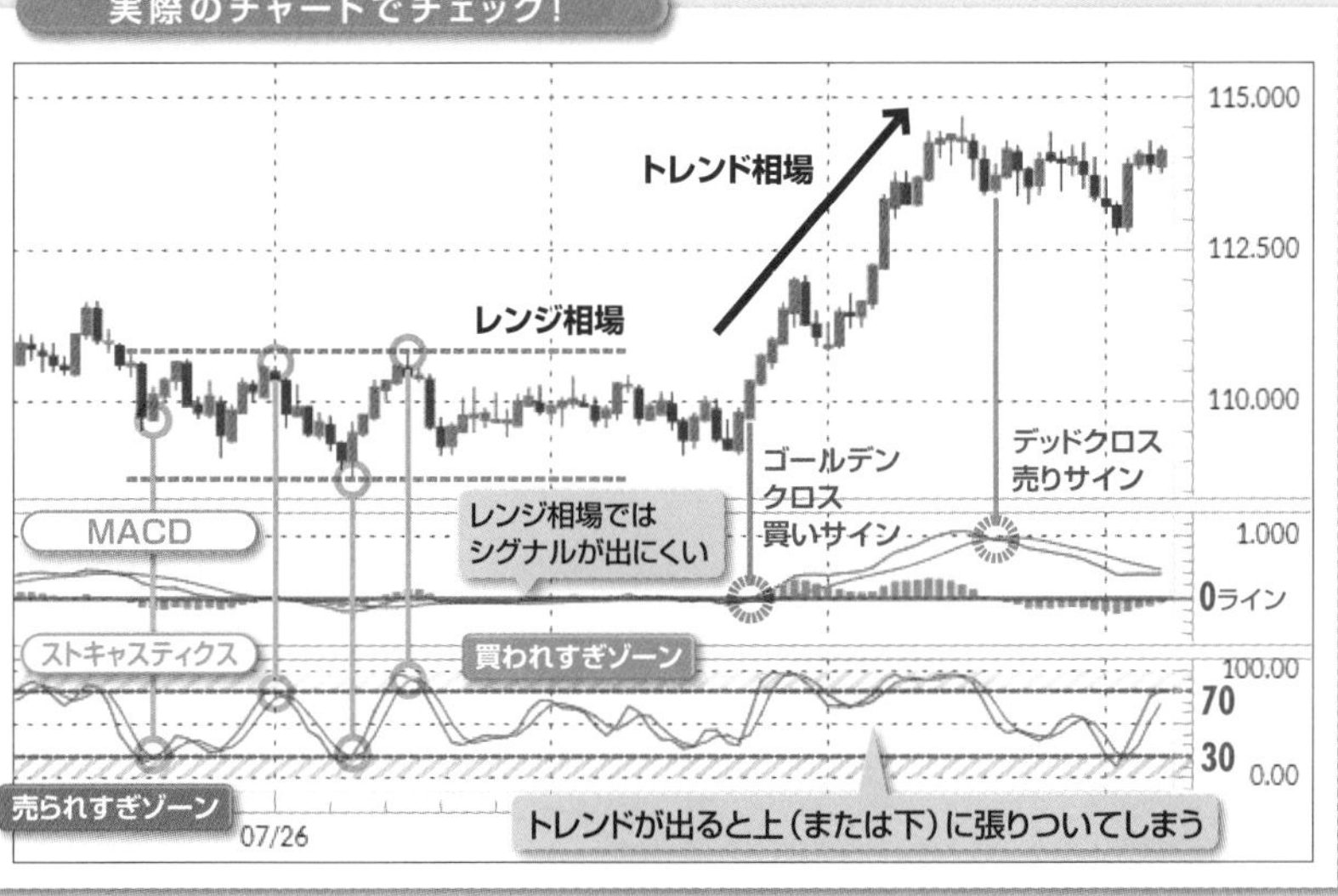

［トレンド系］※1
とれんどけい◉テクニカル分析の一派。相場が上昇傾向にあるのか、下落傾向にあるのかを分析することを得意とする。移動平均線やボリンジャーバンド、一目均衡表（いちもくきんこうひょう）などが代表格。トレンドを分析して、上昇相場なら買いで、下落相場なら売りでと、順バリでのトレードとなることが多い。

［オシレータ系］※2
おしれーたけい◉トレンド系と並ぶテクニカル分析の主流。相場の「売られすぎ」「買われすぎ」を分析して、売られすぎなら「そろそろ上がるのでは」と見て買いで、買われすぎなら「そろそろ下がるのでは」と見て売りでエントリーすることが多くなる。RSIやストキャスティクス、サイコロジカルラインなどが代表格。

チャートの転換点を示す究極の黄金率フィボナッチリトレースメント

フィボナッチ数列をFXに応用

0、1、1、2、3、5、8、13、21、34、55、89、144……。

一見無意味なこの数列、ご存じだろうか。前の2つの数字を足して並べていったものだ。3であれば1と2、89であれば34と55を足した数字。フィボナッチ数列と呼ばれるものだ。これをFXに応用したのが、フィボナッチリトレースメントと呼ばれるテクニカル分析。

フィボナッチ[※1]はこれまで説明してきたテクニカル分析とは、だいぶ趣が違う。これまでの指標は、タイミングを教えてくれたが、フィボナッチはチャートの転換点となりやすい「レート」を教えてくれるのだ。

フィボナッチをチャートに表示させるには、自分で2つのポイントを決める必要がある。2つのポイントはひとつ前のトレンドの高値と安値や、過去の節目になっているレートを選んでみよう。たとえば米ドル/円だったら、2012年9月の安値77円と15年の125円など、特徴的な2点であればOKだ。

そうすると、チャート上に7本のラインが引かれるはず（FX PLUSのチャートの場合）。0%と100%のラインは、自分が選択した2点で、それ以外の5本は2点間の特定の比率によるレートだ。

ポイントはこの「特定の比率」にある。38・2%や61・8%など、これもまた意味のなさそうな比率に見えるが、これがフィボナッチ数列に由来する特殊な比率なのだ。先ほどのフィボナッチ数列の連続する2つの数字を割り算すると、0・618に近づいていく。100から61・8を引くと38・2。いわゆる黄金比[※2]だ。黄金比は、エジプトのピラミッドやギリシャのパルテノン神殿のタテヨコ比、さらには名刺のタテヨコ比にも使われている。チャートに表示された、5本のラインは自然界に現れやすいとされる比率と、そのレートなのだ。

多くの人が使えばそこが転換点になる

実際にいくつかフィボナッチを引いてみると、フィボナッチが示すレベルが相場の転換点となることも少なくないことがわかる。

「そんなばかな」と思うかもしれないし、根拠が神秘的すぎると感じるかもしれないが、実際にフィボナッチを使っている人は多い。使っている人が多ければ、そこに損切りやリカクの指値や逆指値を置く人も増えるし、チャートの転換点ともなりやすくなる。

フィボナッチが神秘的だから転換点となるのか、転換点になると思う人が多いからフィボナッチがより神秘性をまとうのか、ニワトリとタマゴの議論のようだが、実際に有効なのだから、使ってみないとソンだ。

相場の転換を教えてくれるテクニカル分析は多々あっても、具体的にいくらのレートがポイントになるのかを教えてくれる分析方法は少ない。フィボナッチを使えば、これまで紹介してきたテクニカル分析だけでは読み取れなかった、斬新な絵が浮かんでくるはず。

どこで損切りやリカクをすべきか、どこが相場の転換点となるのかと迷ったら、チャートにフィボナッチを引いてみよう。

下落しはじめたら、どこまで落ちるかがわかる!

●上昇した分を100として計算すると、反転しやすいラインを表示する

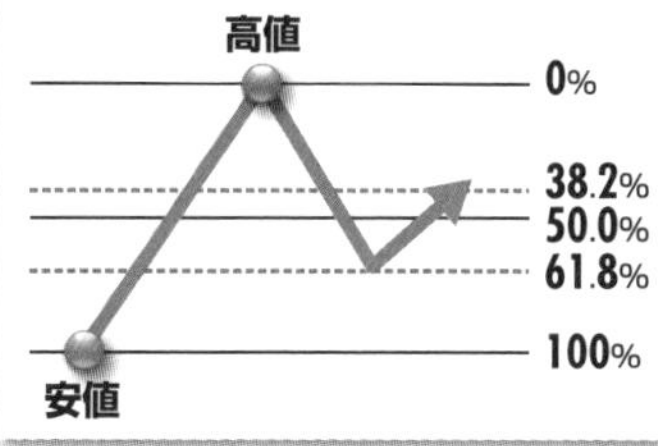

ピークを打って下がり始めたら、高値と安値の幅を100として、7本のラインを表示させる。特に38.2%と61.8%のラインで反転しやすい傾向がある

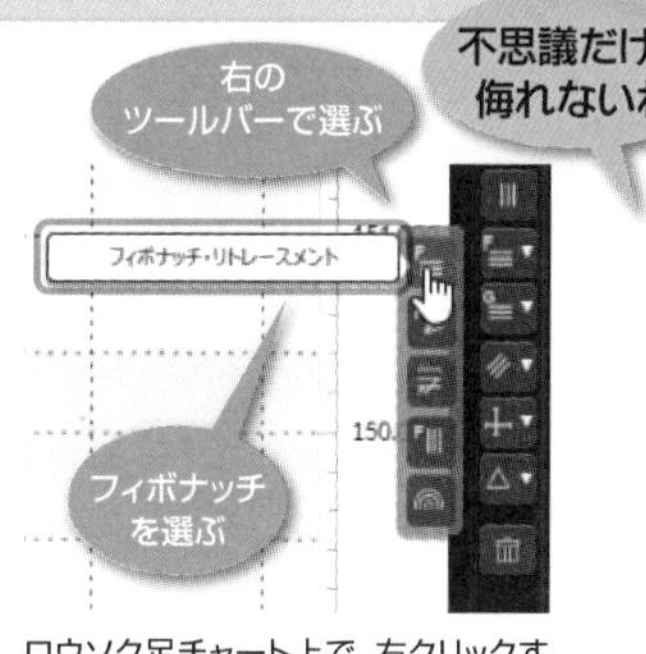

ロウソク足チャート上で、右クリックすると、リストが表示される。そこからフィボナッチを選ぶ

実際のチャートでチェック!

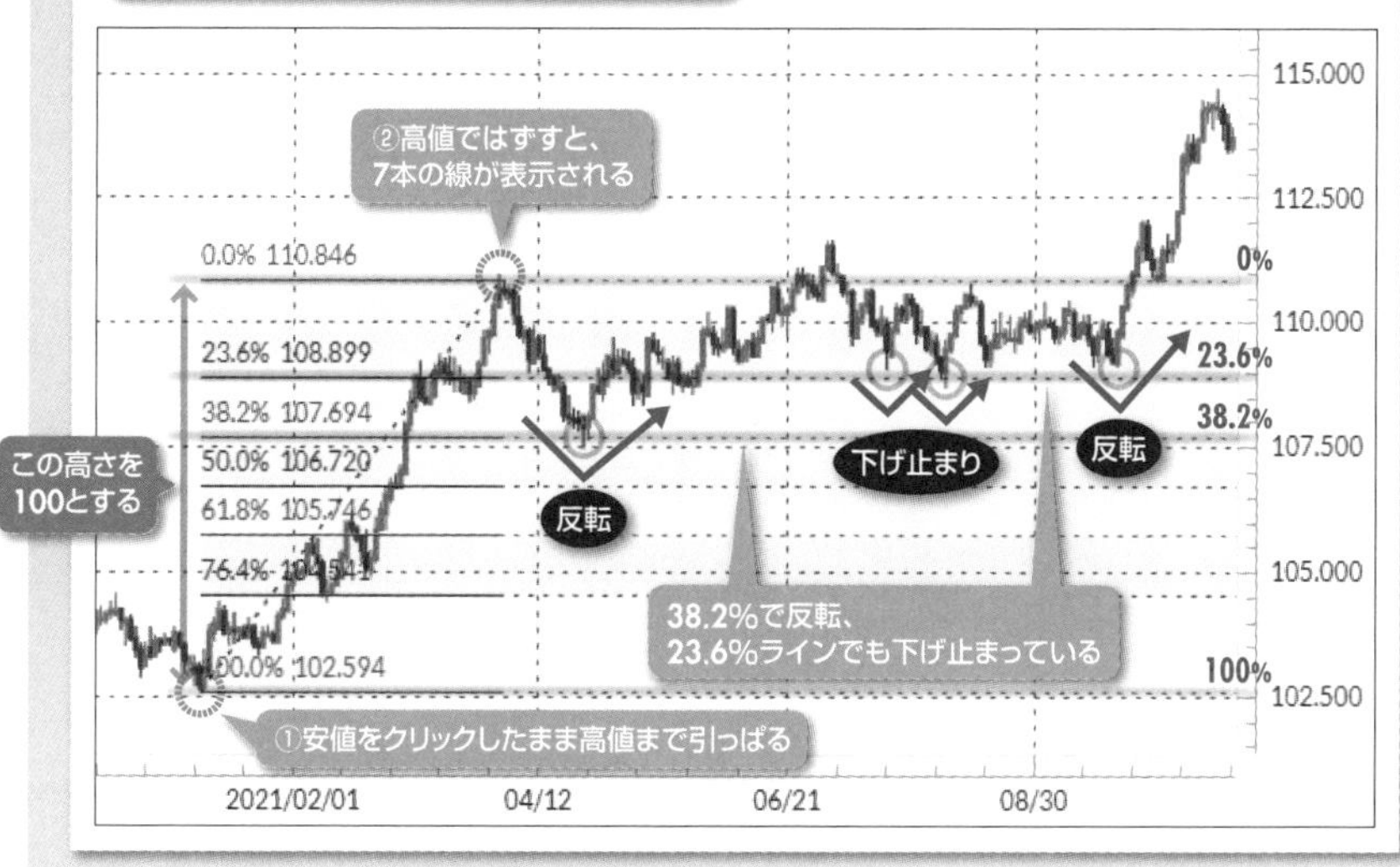

第5章 用語解説 an explanation

※1 **[フィボナッチ]**

ふぃぼなっち◉高値と安値の2点を決めて、その間のフィボナッチ数にもとづいた比率から、相場の転換点となるポイントを探るテクニカル分析。サポートラインやレジスタンスラインだけでは見えないチャートの転換点を読み取る分析方法として高い人気を誇る。代表的な比率は38・2%や61・8%、23・6%など。

※2 **[黄金比]**

おうごんひ◉ピラミッドやパルテノン神殿などの歴史的建造物、名刺のタテヨコ比、巻き貝や葉っぱなど自然界、さまざまな場面で見られる人間がもっとも美しく感じるとされる1対1・618の比率。フィボナッチリトレースメントで使われる比率も、この黄金比がもとになっている。

支持線・抵抗線を便利に使いこなす応用ワザ

RSIとの合わせワザはどう？

第1章で少しだけ紹介した、高値に引いた水平線のレジスタンスラインと安値に引くサポートライン（40ページ参照）。これらはとても使い勝手のいいラインなので、もう少し詳しく解説しておこう。

サポート&レジスタンスラインの基本的な使い方は、ラインを超えたら抜けた方向へついていく、という超シンプルな戦略だった。ただし、それだけだとトレードの根拠としてはちょっと心許ない。そこで、1つより2つということで、他のテクニカル分析とあわせて使ってみることにしよう。

たとえばRSIとの合わせワザ。左ページのチャートにあるように、直近の高値をチェックしておく。そのはね返されたポイントに引いたレジスタンスライン（①・上値抵抗線）を抜けたときに、RSIをチラ見する。ここでは、20付近で底をつけてから上がってきているように見える。上昇のサインか!? こんな状態だったら買いの安心感も高まるというもの。

あるいはサポートライン（②・下値支持線）を割ったとき、パラメータを5と9に設定した2本の移動平均線を見たら、デッドクロスしそう、なんていうときもチャンスかも。

あまりにあれこれ見すぎてしまうと逆に判断ができなくなってしまうが、テクニカル分析にはダマシがつきものなので2～3のテクニカル分析を組み合わせて使うと、トレードの精度はぐっと高まり、ダマシを回避しやすくなる。複数の指標が同時にシグナルを発していたら、確度は高いと思っていいだろう。

ボックス相場に強い、トレンド相場に強いなど指標によって特徴があるので、そこを活かした組み合わせを見つけてみよう。

サポートがレジスタンスに変身！

また、チャートに引いたサポート&レジスタンスラインを抜けていったからといって、すぐにそのラインを消してしまうのはもったいない。一度抜けたサポート&レジスタンスラインが、今度は逆の役割を果たすことも往々にしてあるのだ。

たとえば、100円にあったサポートラインを下に抜けて99円へと下がっていったケースを考えてみよう。99円で反発して再度上がっていった。「さて、どこまで上がるかな?」と考えたとき、先ほど抜かれた100円のサポートラインが、今度はレジスタンスラインになることも充分に考えられる。

ラインを残しすぎて、何が何だかわからなくなってしまうのも困りものだが、抜けていったからといってすぐにサポート&レジスタンスラインを消さず、しばらくは残しておこう。

一度ブレイクされたラインが**トレードポイント**※1の目安を教えてくれることも多々あるはず。とくに過去1年の最高値とか、**史上最高値**※2など長めの時間で見たときの安値や高値は、節目になることが多いので大事にしよう。

ただし、パソコンの画面で表示できるローソク足の本数は決まっている。長期で見たときの**節目ライン**※3が1画面で見えないこともあるので、そこは注意しておきたいところ。本当に重要な節目は頭の中に入れておこう。

合わせワザで精度を上げよう!

●たとえばこんな組合せ

上昇のサイン❶
レジスタンスライン+RSI

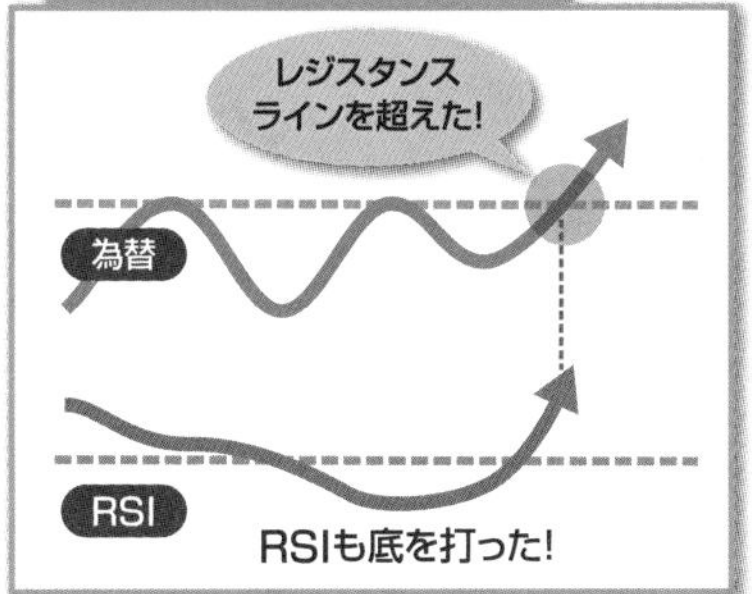

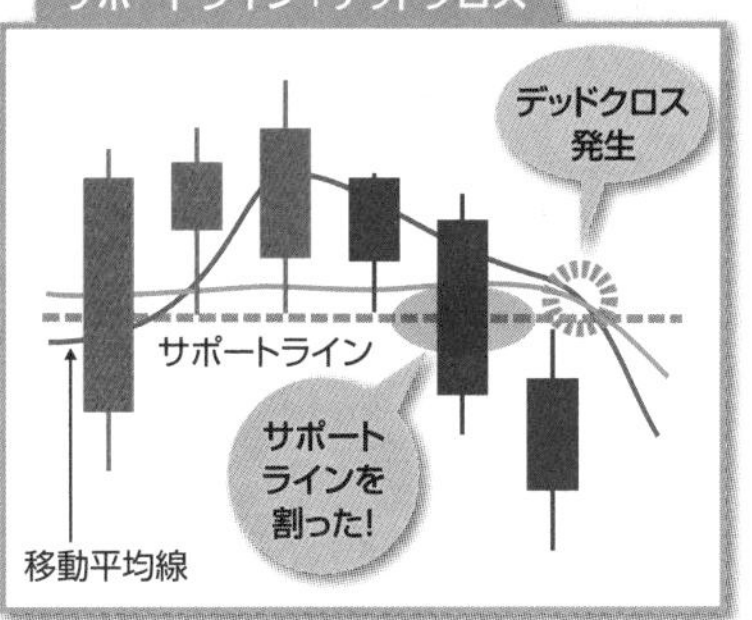

実際のチャートでチェック!

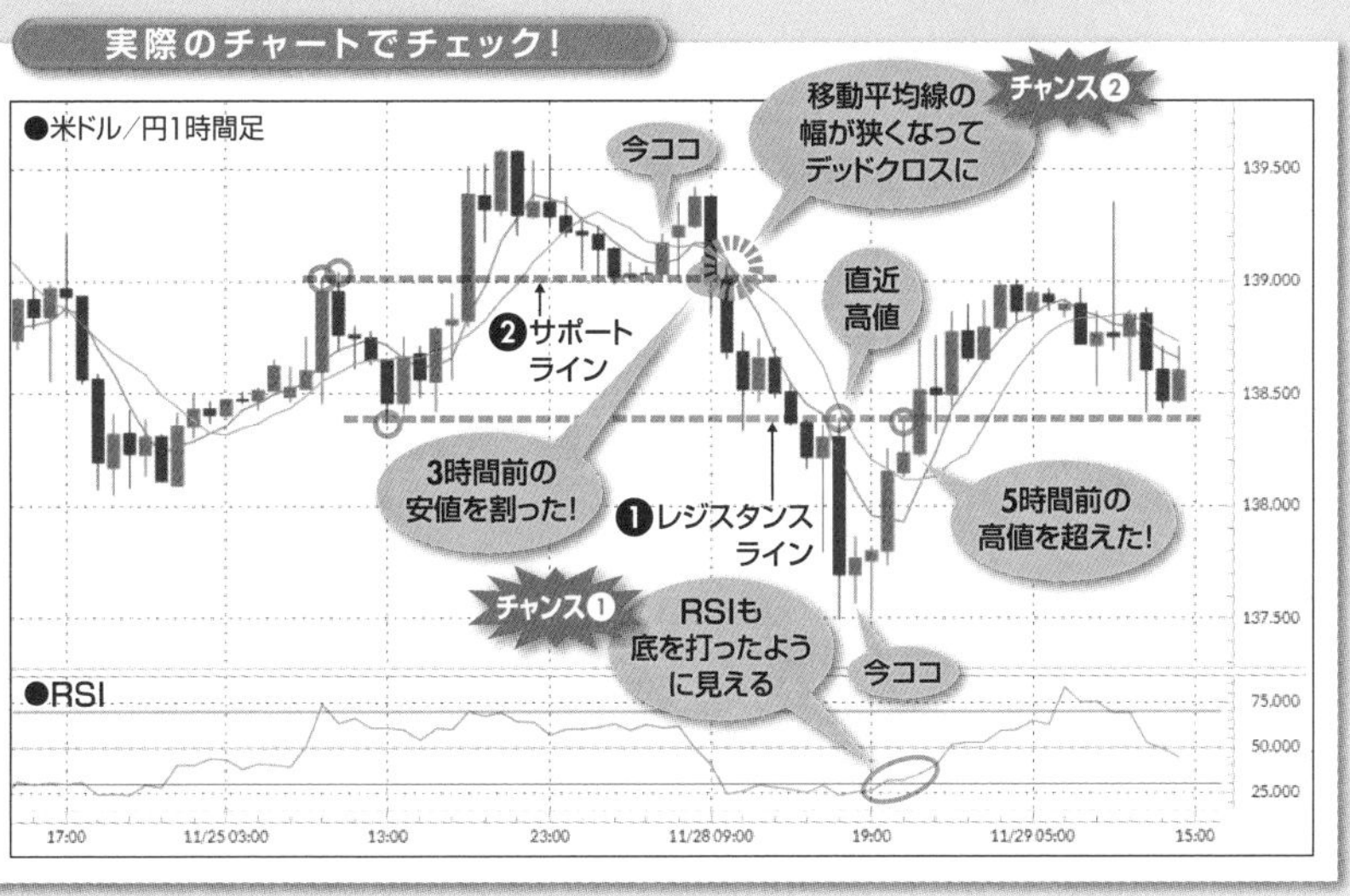

※1
［トレードポイント］
とれーどぽいんと◉多くの人が意識するポイントほど、相場の転換点となりやすい。多くの人が意識すればするほど、そこにたくさんの指値や逆指値が集まり、そのポイントを抜けたときに値動きが大きくなるためだ。

※2
［史上最高値］
しじょうさいたかね◉直近の高値・安値は期間の区切り方によって変わってくるが、誰が見ても同じ値となるのが史上最高値・史上最安値。ほぼすべての市場参加者が意識するため、重要なトレードポイントとなる。

※3
［節目ライン］
ふしめらいん◉100円ちょうど、1・4ちょうどといったキリのいいレートも相場の転換点となりやすい。こうした節目にも多くのオーダーが集まるため。

先パイトレーダーの体験&アドバイス!

早く儲けたい欲を捨ててひたすらチャンスを待つ

スワップ派サラブレッド **シンボリルドルフ**さん

(トレード手法は150ページへGO!)

負けても納得できるようとことん調べる

スワップ投資家のシンボリルドルフさんが初心者にオススメするのは「自分の得意ワザ」を見つけること。

「投資でいちばんよくないのは誰かに勧められたからと始めること。お金は人生でいちばんではなくても、5番目くらいには大事。そんなお金を投じるんだから、負けても納得できるよう、自分で調べないといけないんです」

何を調べればいいのだろう。

「投資を始めたばかりの人は視野を広くもって、得意な通貨や銘柄、手法を見つけることです。私もFXだけではなく株やコモディティ（商品）も手掛けるし、馬券はプロ級だと自負しています。

幅広く見て、自分の琴線に触れるものを見つけてください。それが高金利通貨であれば、人の言いなりではなくよくよく自分で調べてみる。かくいう私も最初はトルコリラに騙されかけました（笑）」

政策金利の高いトルコリラ、メキシコペソ、南アフリカランドは高金利通貨の代表格だが、ファンダメンタルズはまちまちだ。

「トルコにはインフレ率が高いという致命的な弱点がありました。高インフレは通貨安の裏返しです。損切りして、はたと立ち止まってみるとトルコほど金利は高くないが安定していそうなメキシコという国があった。『メキシコペソは原油価格と連動しやすい』と言われますが、原油産業がGDPに占める割合はごくわずか。原油は輸出していますが、ガソリンは輸入しているほどです。自動車部品や完成車の輸出が主力なので世界景気のほうがはるかに重要です。金利ばかりに目を奪われず、国の内情を自分で勉強して見極めてください」

そして、「もうひとつ大切なのは」とシンボリルドルフさんは続ける。

「私が得意なのは待つことなんです。9時から競馬場に行っても、これぞという勝負レースが来るまで何時間でも待っていられる。どんな通貨も高値で買ったら、あとは下がるだけ。早く儲けたいという欲は捨てて、チャンスを待つ。人生で5番目に大事なお金ですから大切に使いましょう」

“高金利通貨3兄弟”を調べてみる!

3カ国並べてみるとメキシコは安定しているのがわかる

	トルコ共和国	メキシコ	南アフリカ
政策金利(2022年12月)	9.00%	10.50%	7.00%
人口	8468万人	1億2897万人	6014万人
1人当たりのGDP	9654ドル	1万62ドル	6965ドル
失業率	11.96%	4.14%	34.30%
消費者物価指数	19.60%	5.69%	4.56%

※政策金利以外はIMF、2021年

第6章

先輩トレーダーに学ぶトレードスタイル

［この章で覚えること］

1. 自分のトレードスタイルを見つけること
2. 最初はマネから入ってよし
3. 何回も繰り返して身につけよう

トレードに王道はない 自分にしっくりくるスタイルを見つけよう

自分の性格やライフスタイル目標に合わせて選ぼう！

FXトレードに王道はない。FXでがっぽり稼いでいるトレーダーを見ても、そのやり方は人によりさまざま。「このやり方なら絶対に勝てる！」という万能手法を求めてしまいがちだが、万人に通用する必勝法はないのだ。

FXでは、こうした必勝法をよく〝聖杯〟なんて言ったりする。イエス・キリストが最後の晩餐で使ったとされる杯で、奇蹟をもたらすとされる。でも、残念ながらFXでは誰もが勝てる奇蹟の手法＝聖杯なんてありえないのだ。

そこで大切になるのは、いろんなやり方を試してみて、自分に合ったトレードスタイル&手法を見つけること。ある人が勝っている手法だって自分でやってみると、「あれ？　ぜんぜん勝てない……」というのはよくある話。人によって合う手法・合わない手法があるのだ。

気の短い人が、利益をじっくり伸ばして大きく勝とうと思っても、日々の上げ下げが気になって、結局は待ちきれずに損ばかりふくらませてしまうかもしれない。また、コツコツと小さな利益を積み重ねる堅実手法は、バクチ好きな人には続けにくいかもしれない。自分の性格やトレードにあてられる時間、目標とする金額などによって、最適なトレードスタイルは異なるのだ。

まずは先輩の手法をマネしてみること

FXの場合、トレードする長さによって名前がつけられている。経済指標の発表タイミングを狙って、数秒から数分単位でトレードするのはスキャルピング、1日で完結させるデイトレ、数日から数週間の大きな動きを取りにいくスウィングなどだ。それぞれトレードするタイミングも違えば、使うチャートやレバレッジのかけ方、取引数量なども変わってくるので、自分にしっくりくるものを選びたい。

とはいえ、どれがしっくりくるのか事前に判断するのは難しい。まずは1000通貨トレードでいろんなスタイルを試してみるといいだろう。そのとき、気をつけたいのが、2～3回試して負けが続いただけで「こりゃだめだ」とあきらめてしまうこと。

どんなトレードスタイルだって、連戦連勝といくわけがないし、すぐに結果が出るわけでもない。トレードスタイルが自分の生活パターンに合わないのなら仕方がないが、最低でも数週間から1カ月程度は試してみてから判断をくだすようにしよう。

また、最初のうちは中途半端にアレンジしないこと。最初はおとなしく先人の言葉に忠実に従ってトレードしてみて、ある程度の結果が出てきたら、自分なりのアレンジを加えていこう。素人が付け焼き刃でアレンジしても、ケガのもとにしかならないのだ。

それに、それぞれのトレードスタイルが自分にとってどんなメリットやデメリットがあったのか、注意点やトレード結果などを忘れないよう、記録をつけることも大切！

ここからはスキャルピングからスウィングトレードまで、FXで成功している5人の先輩トレーダーのやり方を紹介していく。「これならやりやすそう！」というトレードスタイルからマネしてみよう。

●トレードスタイルの特徴を知ろう!

反応速度が試される? **スキャルピング**	分析眼が試される?  **デイトレード**	忍耐力が試される? **スウィングトレード**

こんなトレード **数秒から数分**	こんなトレード **数分から数時間**	こんなトレード **数日から数週間**
市場が動く瞬間を狙うのがスキャル。一瞬の判断の遅れで利益を逃すので、集中力が必要。ダメだと思ったらダラダラ追いかけないあきらめの早さを。	1日の中で値が大きく動くチャンスを待ち構えてトレードする。相場の動きやすい欧州市場オープン後、日本時間の夕方から深夜のトレードが効率もよい。	ポジションをとったら数日は様子見し、じっくりと利益を伸ばすスタイル。チャートは朝晩15分しか見る時間がない、という人はスウィングで。
1回の利益の目安は? **5pips程度**	1回の利益の目安は? **20pips程度**	1回の利益の目安は? **100pips程度**
小さな利益でもレバレッジをかけて大きな取引数量で利益を増やす。よくよく気をつけないとスキャルは損大利小になりがちなので、メンタルを鍛える!	少なっ!と思うかもしれないが、20pips程度の利益でも回数を増やして稼ぐ。ときに多く、ときに少なくと、トレード数量にメリハリをつけることも重要。	ポジションを持つ時間が長いので利益も損失も大きくなりがち。ちょっと利益が乗ったからってすぐリカクすると損大利小になる。最低100pipsは目指すこと!
使うチャートは? **5分足、1分足**	使うチャートは? **30分足、5分足**	使うチャートは? **日足、4時間足**
基本は5分足や1分足といった超短期のチャートで、レートが動く一瞬を捉える。レートの動きを逐一記録したTickチャートでスキャルする人もいる。	短い足ばかり見ていると視野が狭くなる。木を見て森を見ず、にならないよう、デイトレであってもトレードの前には、日足で大きな流れの確認は忘れないこと。	スウィングトレードの基本は週足や日足で大きなトレンドを見て、そのトレンド方向には逆らわず、4時間足などで効率のいいトレードポイントを探すこと。
注意ポイントは?	**注意ポイントは?**	**注意ポイントは?**
スキャルピングでは、“スプレッド負け”しないコストの低さや、注文への反応速度、スベリにくさなど、会社選択が重要なポイントとなる!	ついアツくなって値ごろ感によるトレードにならないよう、売買ルールの確立は不可欠。ハイレバになりがちなので、損切りも徹底すべし!	トレンド順バリだからといっても、決算や要人発言など不意のイベントで流れが一転することもある。必ず、損切りの逆指値は入れておこう。

テクニカルオンリーやルールに従って機械的になどFXの手法は人それぞれ

FXの手法をマトリックスで整理

FXのスタイルは時間軸によって超短期・短期・中期の主に3つに分けられる、と説明したが、次は「何を頼りに、どう売買していくのか」と「手法」を考えてみよう。全体の見取り図が描けると、本書に登場してくれた7人の個人投資家の手法もよりわかりやすくなるはずだ。左ページにマトリックスを作ったので、参照してほしい。

FXの手法を分類するには2つの軸が有効だ。ひとつは時間軸。秒単位でトレードするスキャルピングとスワップを狙って1年、2年と持ち続けるスタイルでは同じFXといえども、考え方はまったく違う。

SNSを見ていると億トレ（1億円以上稼いでいるトレーダー）が多いのはスキャルピングだが習得までに半年、1年程度の練習期間を要した人も多く、一朝一夕に稼げるものではない。このあとに登場するジュンさんは日本を代表するスキャルピング勢のひとりだが、勝てるようになるまで3年以上もかかっている。

左のマトリックスで横軸としたのはファンダメンタルズとテクニカルだ。言うまでもなく2大分析手法だが、どちらか片方だけで稼いでいる人も少なくない。むしろFXに多くの時間を費やせない兼業の人には、テクニカルのみを分析し、数日から数週間程度の保有期間でトレンドを狙っていくテクニカル原理主義派も多い印象だ。Y・Iさんもそんなタイプだし、その師匠にあたる田向宏行さんの持論は「ファンダメンタルズはチャートに織り込まれる」。チャート分析が自分に向いているなと思った人は、ムリにファンダメンタルズを分析しなくても勝ち筋が見つけられるはずだ。

別の手法なら勝てた！そんなパターンの人も

「ファンダメンタルズだけで戦う人もいるの？」と思うかもしれないが、そんな人も実際にいる。とくに「グローバルマクロ」と呼ばれる戦略を採用するヘッジファンドは政策金利の差や景気の循環といった数カ月から数年単位の大きな流れを狙ってポジションを取っていく。スパンが長すぎて個人投資家には真似しにくいのはたしかだが、外貨預金のようにレバレッジを下げて真似するならアリ。

ただやっぱり王道はテクニカルとファンダメンタルズの両面から分析するバカラ村さんのようなやり方。バカラ村さんは数日程度のスウィングトレードだが、逢坂みぁさんは時間軸を短くしてファンダメンタルズも加味したデイトレードを行っている。

ちょっと変わったところでは、「1ドル130円から140円の間で50銭刻みで買って、50銭刻みで利益確定する」といったようにレンジ幅と売買ルールを決めてひたすら繰り返す「リピート系」と呼ばれる一派もある。想定した値幅を超えてしまうと大きな損失となるが、レンジになりやすい為替市場の特徴を利用した手法だ。

ある手法で勝てなかったからといって即、「自分にFXは向いていない」なんて考える必要はない。「スキャルでは勝てなかったけどスウィングで勝てた」という人もいる。FXの手法はさまざま。いろんな手法を勉強して、自分にあった勝ち方を探してみよう。

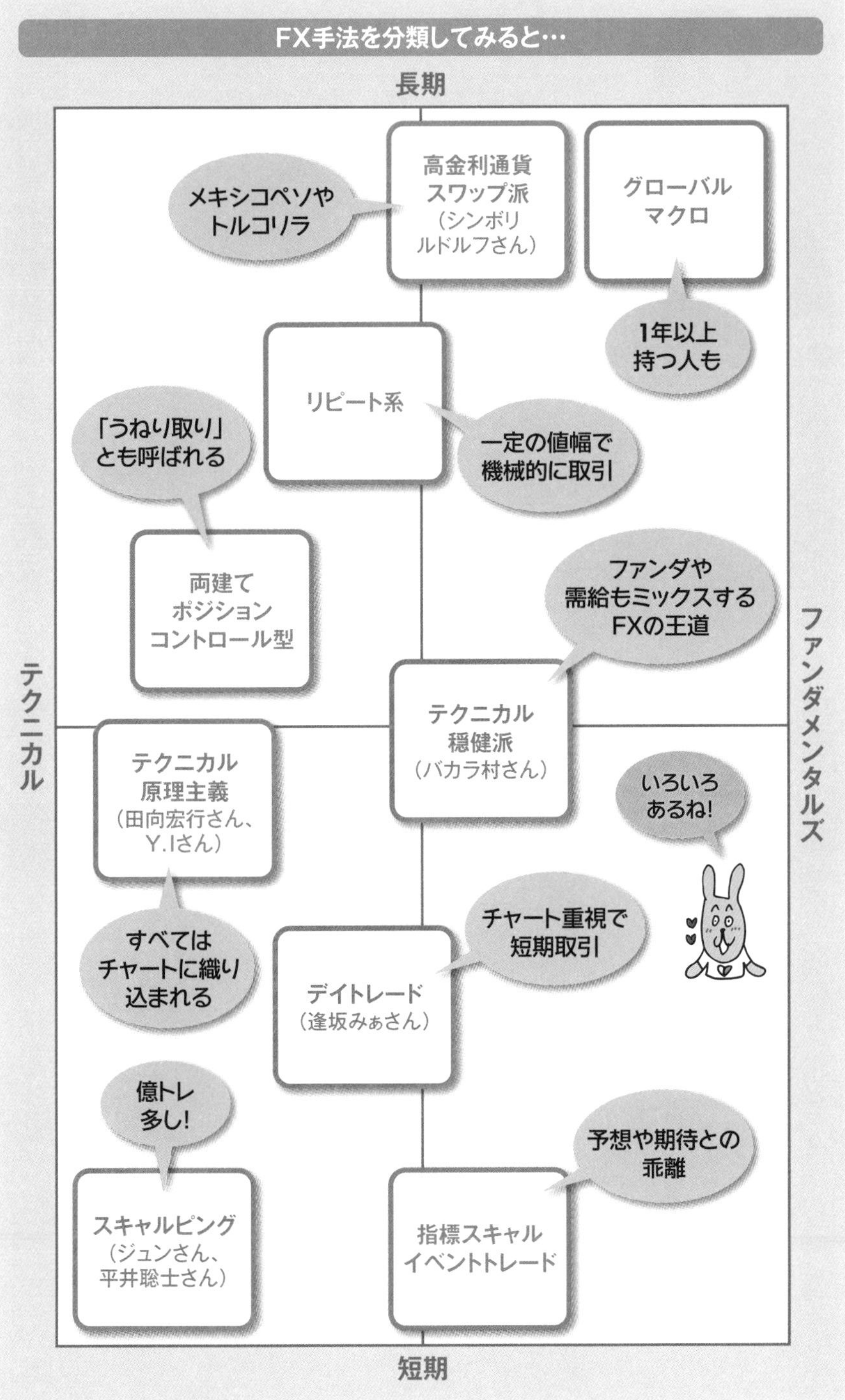
FX手法を分類してみると…
長期
短期
テクニカル
ファンダメンタルズ
高金利通貨
スワップ派
（シンボリ
ルドルフさん）
メキシコペソや
トルコリラ
グローバル
マクロ
1年以上
持つ人も
リピート系
一定の値幅で
機械的に取引
「うねり取り」
とも呼ばれる
両建て
ポジション
コントロール型
ファンダや
需給もミックスする
FXの王道
テクニカル
穏健派
（バカラ村さん）
テクニカル
原理主義
（田向宏行さん、
Y.Iさん）
いろいろ
あるね！
すべては
チャートに織り
込まれる
チャート重視で
短期取引
デイトレード
（逢坂みぁさん）
億トレ
多し！
予想や期待との
乖離
スキャルピング
（ジュンさん、
平井聡士さん）
指標スキャル
イベントトレード

File #01

RSI
トレンドフォローの押し目買いはRSIで判断する

トレンドに乗るために、どこでエントリーしたらいいかは悩みどころ。初心者にもわかりやすいRSIを使った目安の探し方を教えてもらった。

使うチャートは？	トレード期間は？	注文方法は？	キーワードは？
日足 1時間足	1日～ 数日	IFD	トレンドフォロー 建値ストップ

File #01
●カリスマ個人投資家

バカラ村さん

世界的なトレード大会で日本人初の優勝を果たす。FX会社のセミナーにも定期的に登壇。ポジションを公開するメルマガも好評。ツイッターは@fxbaccarat

移動平均線の傾きや高値・安値更新をチェック

「FXで資金を失ってしまう人には2パターンがあります。ひとつは損切りをしない人、もうひとつはむやみやたらとエントリーする人なんです」

そう教えてくれたのは個人投資家のカリスマとして、セミナーやメルマガ配信などで活躍するバカラ村さん。

「逆に言ったら勝つために必要なのは間違えたら必ず損切りをすること、エントリーのタイミングを見極めることなんです。エントリーの考え方はそれぞれですが、わかりやすいのはトレンド相場でオシレータ系を使うこと。日足が上昇トレンドだとしますよね。上昇トレンドだからとむやみに買うと高値をつかまされることがあります。そこで使うのがRSIです」

RSIは買われすぎや売られすぎを判断するテクニカル分析。バカラ村さんが使うパラメータは9。70を超えていたら買われすぎ、30を割っていたら売られすぎだ。

「トレンド相場でのRSIはトレンド方向へ張り付くことが多いので逆バリには使えません。でもトレンドフォローでの押し目買いや戻り売りを判断するには使いやすい。日足で上昇トレンドが出ていたら、1時間足のRSIが30を割って売られすぎとなったら買うんです。ただ、RSI単体だと精度はそれほど高くないため、だまされることもある。『RSIが30を割って、直近安値のサポートラインともぶつかった』といったように、もうひとつ材料があるとうまくいきやすい。多少逆にいってもトレンドが続くかぎりは後々含み益になります」

では、トレンド自体はどう判断するのだろう。

「移動平均線の傾きやローソク足が高値・安値を更新しているか。日足で見るのが基本ですが、エントリーの回数を増やしたいなら4時間足で見てもいい。損切りは、最初は直近安値に置きますが、50pipsくらい含み益が出てきたら建値（エントリーしたレート）に引き上げてリスクをゼロにした上で、なるべく利益を伸ばします。トレンドフォローなので1時間足のRSIが買われすぎとなったところで利益確定すると利幅が小さくもったいないので、日足や4時間足のレジスタンスにぶつかるまで伸ばすのが理想です」

トレンドが出ていることが大前提だし、逆バリでは使わないことがポイントだ。

「トレンドフォローで取引したいけどどこで買おうかと迷ったとき、目安を見つけやすい手法です。トレンド方向の逆バリで使うと大きなヤラレにつながるのでやめておきましょう。通貨ペアは、どれでもいいですが、トレンドが強すぎるとRSIが30を割ることなく進んでしまうのでドルストレートのほうがやりやすいと思います。このやり方だと、週に1回くらいはトレードのチャンスが見つかるはずです」

とてもシンプルな手法だから、スマホのチャートでもチェックしやすい！

［トレードステップ］

1. 日足で上昇トレンドが出ていることをカクニン
2. 1時間足のRSIが30を割って売られすぎとなったら買う
3. トレンドが続く限り利益を伸ばす

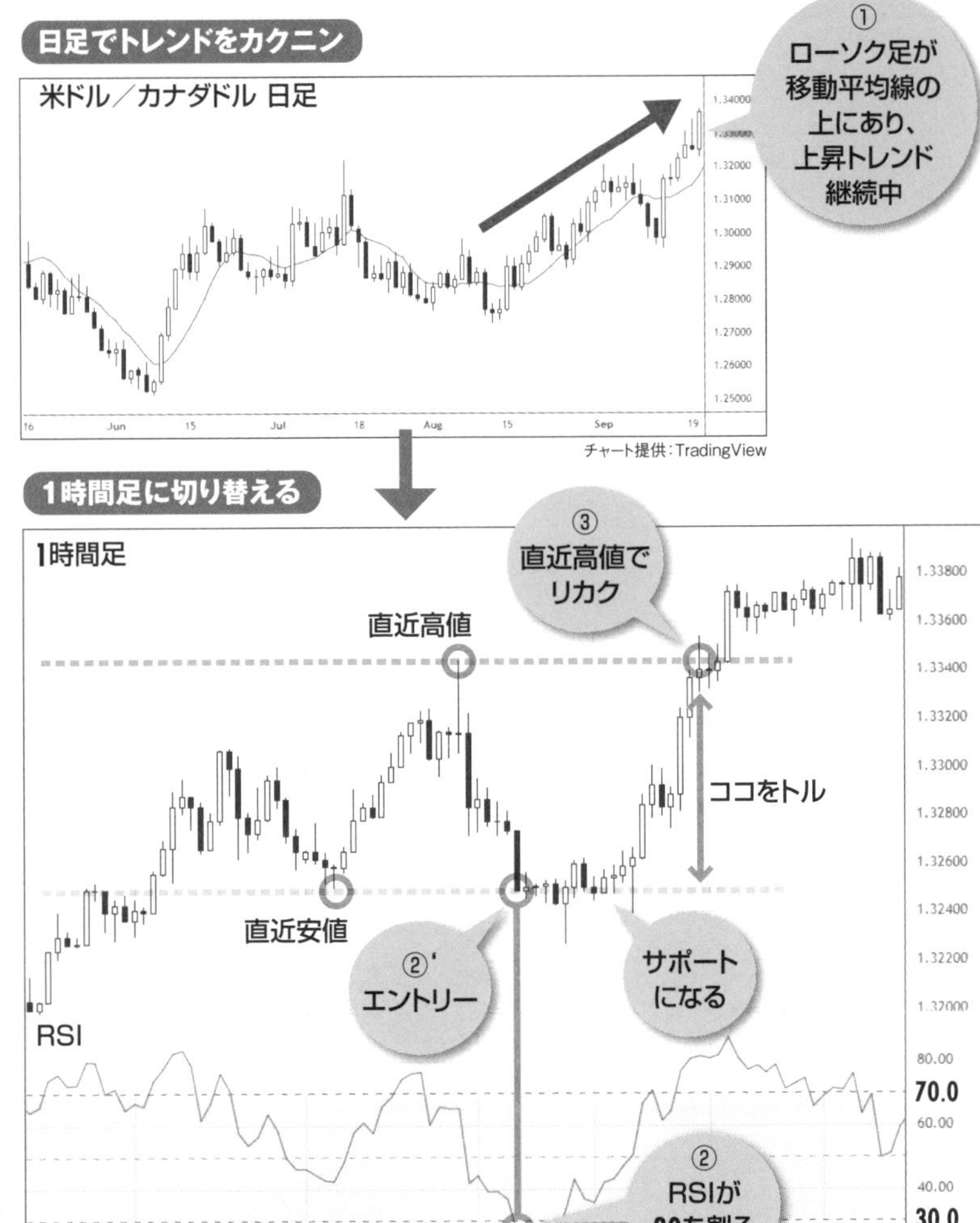

チャート提供：TradingView

チャート提供：TradingView

移動平均線
トレンドを乗りこなす 兼業投資家のシンプルトレード

トレンドの転換点は、ローソク足と移動平均線の位置で判断する超シンプルなやり方。
兼業トレーダーならではの、仕事に影響しない注文の工夫も教えてもらおう。

使うチャートは?	トレード期間は?	注文方法は?	キーワードは?
日足 1時間足	数時間〜 数日	IFD 逆指値	移動平均線 チャート

File#02
●FXでポルシェに乗る男

Y. Iさん

工場勤務のかたわらFXを取引し450万円の元手から2億円以上の利益を積み上げる。22年には2台目となるポルシェを発注済み。ツイッターは@Porsche_love_FX

10年愛用する移動平均線 クセはもう把握した!

「自分なんて大したトレーダーじゃないんですが、自慢できるのは移動平均線を10年、ずっと使い続けてプロにも負けないデータを集めたことです」

そう話すのは、工場勤務のかたわらFXに取り組むY・Iさんだ。

「『移動平均線で勝てないからボリンジャーバンドに変えた』なんて話を聞きます。でも、『この形になったらこうなる』というクセパターンを見抜けるまで使い込まないと、どのテクニカルを使っても勝てません」

2億円超の利益を稼いだ武器は移動平均線。どんな移動平均線を使っているのだろう。

「いちばん普通の単純移動平均線ですね。自分、アホなんで『単純』っていう言葉が好きなんです(笑)。為替の世界で軸になっている日足チャートで21と75、200の3本を見ています。見方も単純で、ローソク足との関係を見て75移動平均線を上に抜けたら上昇トレンドへの転換、下抜けで下降トレンドへの転換と判断するし、長期である200移動平均線を抜けると大きな動きになる可能性がある。ただ、最初はローソク足が21移動平均線を上に抜けたら買い目線、下に抜けたら売り目線、といった感じでいいと思います。英ポンド/円が急落したときも21移動平均線を頼りに売っていきました」

Y・Iさんは兼業だからエントリーは指値、逆指値注文を多用する。

「相場ではいつもトレンドがあるわけではなく、レンジの状態も長い。ローソク足が移動平均線を上に抜けてトレンドが走り出すと、同時にレンジをブレイクします。21移動平均線を抜けてトレンドができそうと思ったら、日足から4時間足に時間軸を下げて、直近の高値・安値を上限と下限にしたレンジをイメージします。売りで入るときはレンジ下限に逆指値を発注。相場が下へ走り出せばレンジをブレイクするので逆指値が約定します」

逆指値でのエントリーだから天井ロング(買い)、ド底ショート(売り)になる可能性もある。IFD注文なども活用して、損切り注文も忘れずに入れておこう。

「FXを始めたばかりのころはポジションを持っていると、どうしていいかわからなくて『このまま仕事に行っていいのか』と、仕事が手につかなかったことを覚えています。でも損切りの逆指値注文さえ入れておけば安心して仕事に行けます。利益確定はケースバイケース。月足の重要な高値、安値がターゲットとなるときは指値を入れることもありますし、21移動平均線まで戻ってきたら決済することもあります」

Y・Iさんの取引はテクニカル分析、それも移動平均線とローソク足そのものの分析をメインにして勝ってきた。

「高値・安値を中心にしたダウ理論も愛用していますが、でも何より大切にしているのは『取引をよりよくするために自問自答すること』ですね」

[トレードステップ]

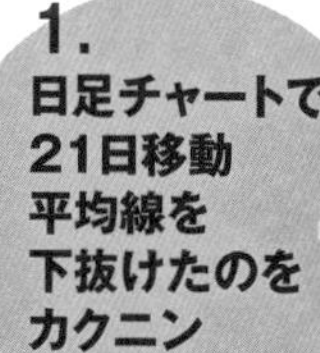

1. 日足チャートで21日移動平均線を下抜けたのをカクニン

→ **2.** 4時間足チャートで売りポイントを探す

→ **3.** 直近レンジの下限に売り指値を置いてエントリー

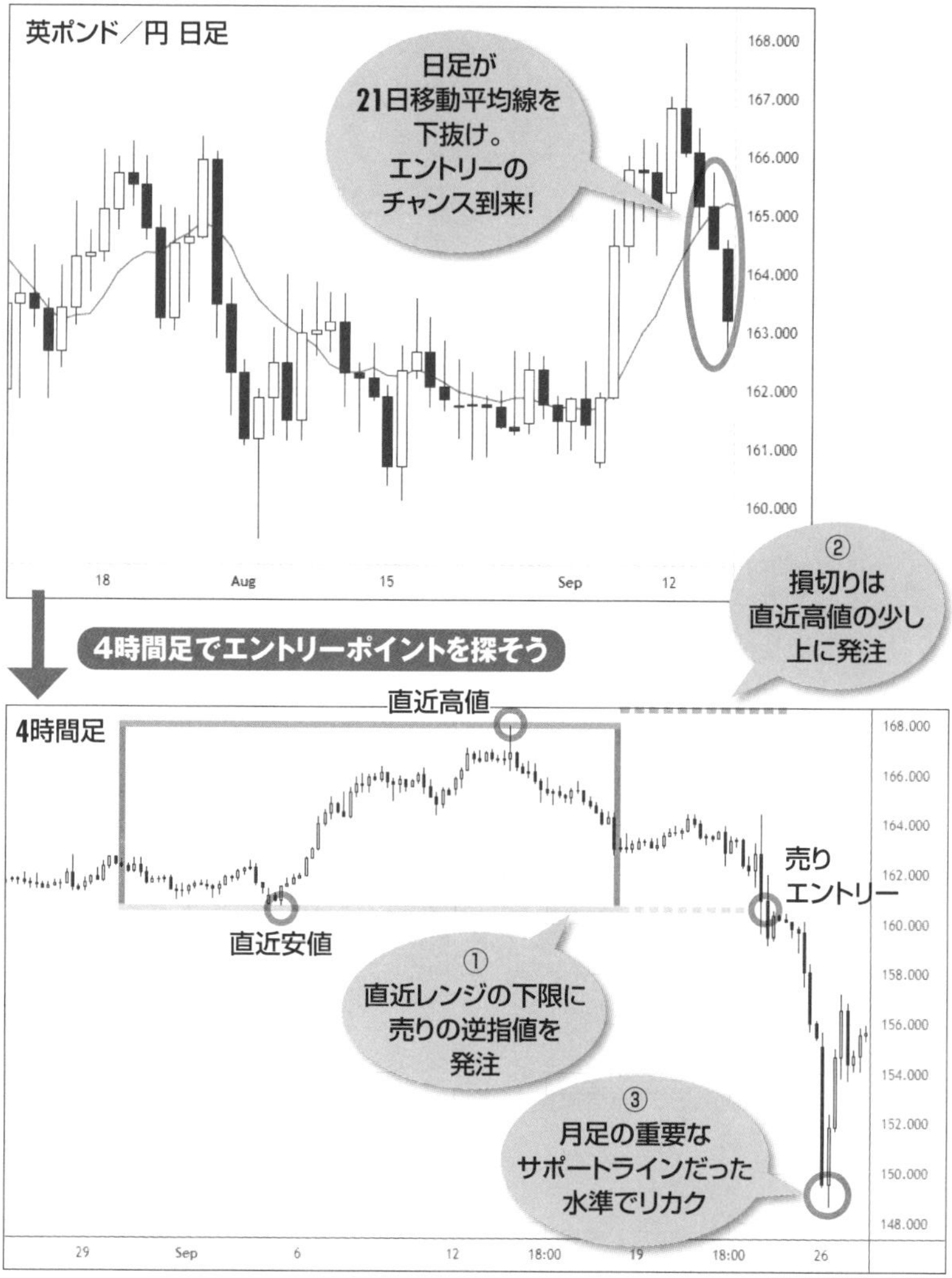

英ポンド／円 日足

168.000
167.000
166.000
165.000
164.000
163.000
162.000
161.000
160.000

18 Aug 15 Sep 12

日足が21日移動平均線を下抜け。エントリーのチャンス到来!

↓ **4時間足でエントリーポイントを探そう**

②
損切りは直近高値の少し上に発注

4時間足

直近高値

168.000
166.000
164.000
162.000
160.000
158.000
156.000
154.000
152.000
150.000
148.000

売りエントリー

直近安値

①
直近レンジの下限に売りの逆指値を発注

③
月足の重要なサポートラインだった水準でリカク

29 Sep 6 12 18:00 19 18:00 26

チャート提供：TradingView

File #03

スキャルピング

秒の取引で「年億」達成！ブレイク後の逆バリを狙う

1銭、2銭といった小さな値幅を狙うスキャルピングは、エントリーのタイミングが重要だ。1日に100回、200回と繰り返しトレードするワザが知りたい！

使うチャートは？	トレード期間は？	注文方法は？	キーワードは？
Tick 1分足	数十秒〜 数分	成行	ブレイクアウト オーバーシュート

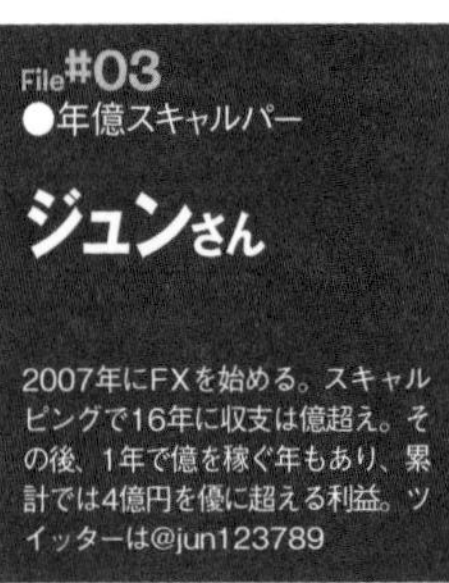

File #03
●年億スキャルパー

ジュンさん

2007年にFXを始める。スキャルピングで16年に収支は億超え。その後、1年で億を稼ぐ年もあり、累計では4億円を優に超える利益。ツイッターは@jun123789

4億円超えのスゴ腕は1銭を積み上げる

専業トレーダーであるジュンさん。2020年までに稼いだ金額はなんと4億円……！　その後も驚きのペースで稼ぎ続ける日本屈指のトレーダーはどんな取引をしているのだろう。

「スキャルピングですね。2022年は変動が大きかったので『年億』を稼いだ人がたくさん出た。夢のある世界です。そうやってスキャルで稼げるようになったのはスプレッドが縮まったから。僕がFXを始めたころはまだ米ドル／円のスプレッドが1銭とかで広かった。FX会社がスプレッドを0・2銭まで縮めてくれて、スキャルができる環境になった。僕らスキャ勢が1取引で狙うのは1銭、2銭くらいの小さな利幅です。5銭とれたら『大成功やな』というくらい狙う利幅は小さい。だから0・1銭の違いでも収益に大きく影響するんです」

利幅1銭でも1取引100万通貨なら利益は1万円。こうした取引を1日に100回、200回と繰り返していくのがジュンさんのスタイルだ。

「僕がやっているのが逆バリ。逆バリってFXの教科書には『節目で跳ね返されて落ちたら売り』って書いてあります。本当にそうかな、と。節目の手前で売ると、節目を超えたときに勢いよく上がってしまい一度の損失が大きくなります。よほど勝率が高くないと勝てないんです。最初は僕も節目の手前で売って大きな損切りを繰り返しました。そのうちに少しでも有利なレートで損切りするよう高値からの戻りを待って切るようになった。『だったら節目の手前では売らず、勢いよく上がるオーバーシュートのあとに売ればいい』と気が付いたんです」

146・50円ちょうどといった「00銭」「50銭」のキリのいいレートや、直近の高値・安値などが狙うべき節目。

「とくに『1年ぶり』とか『5年ぶり』といった新鮮な高値・安値はオーバーシュートも大きい。ブレイクして走っても焦らず、『勢いが弱まった、今から戻る！』というときに逆バリを入れると、ポンと戻ってくれます。勢いの見方？　僕が見ているのは1分足とTick（ティック）チャートです。Tickチャートで、ブレイクする場面を何度も見ているとだんだんコツがつかめてきます」

狙うのは1銭、2銭といった小さな値幅だから損切りも同じ。少しでも反対に動いたら即損切りだ。

「僕がよく使う利幅と損切り幅の比率は1・2：1くらい。勝率は60％前後です。スキャルピングでは勝率が50％以上になるよう、エントリーの精度を磨かないと稼げない。1日100回取引し、買ったり負けたりを繰り返しながら少しずつ資産を増やしていくイメージです。ときには為替介入のような大イベントで1カ月分の利益を稼げるような日もあります」

独特な練習が必要だが身につければ大きな収益が得られるスキャルピング。腕に覚えがある人は試してみよう。

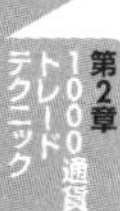

[トレードステップ]

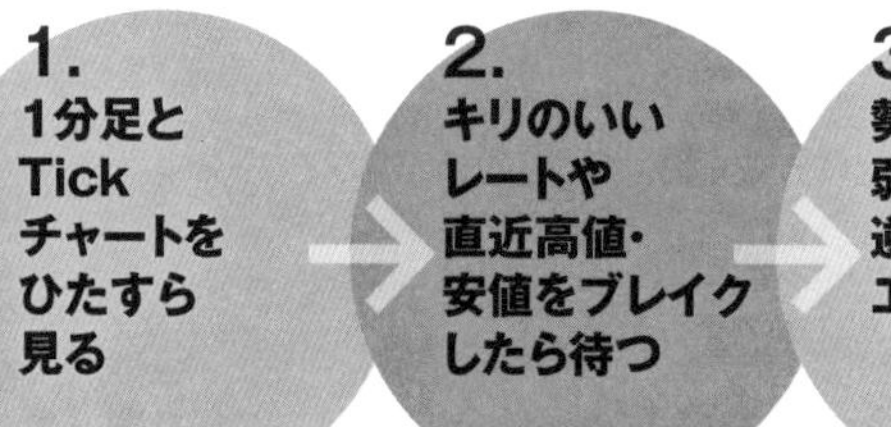

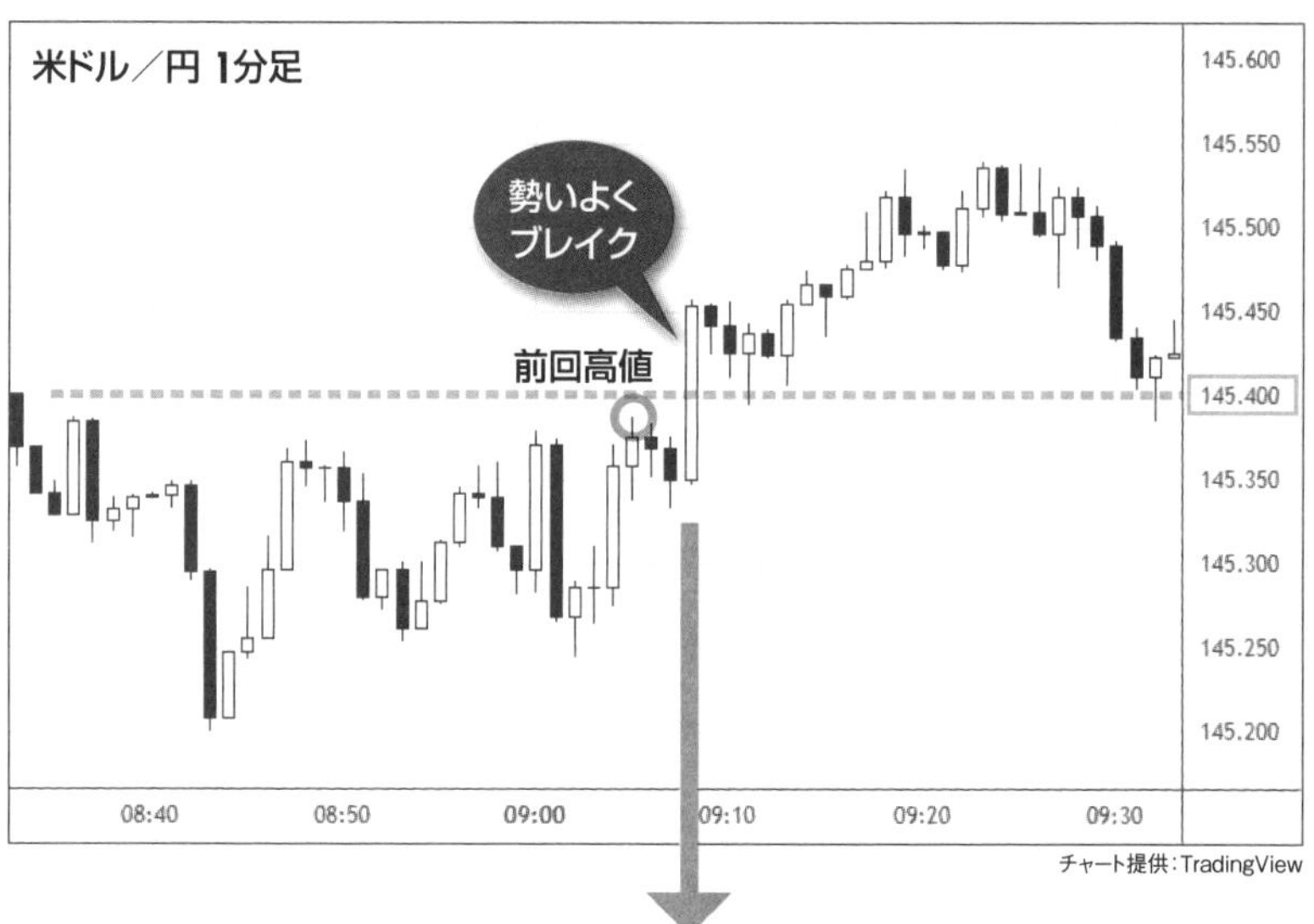

チャート提供：TradingView

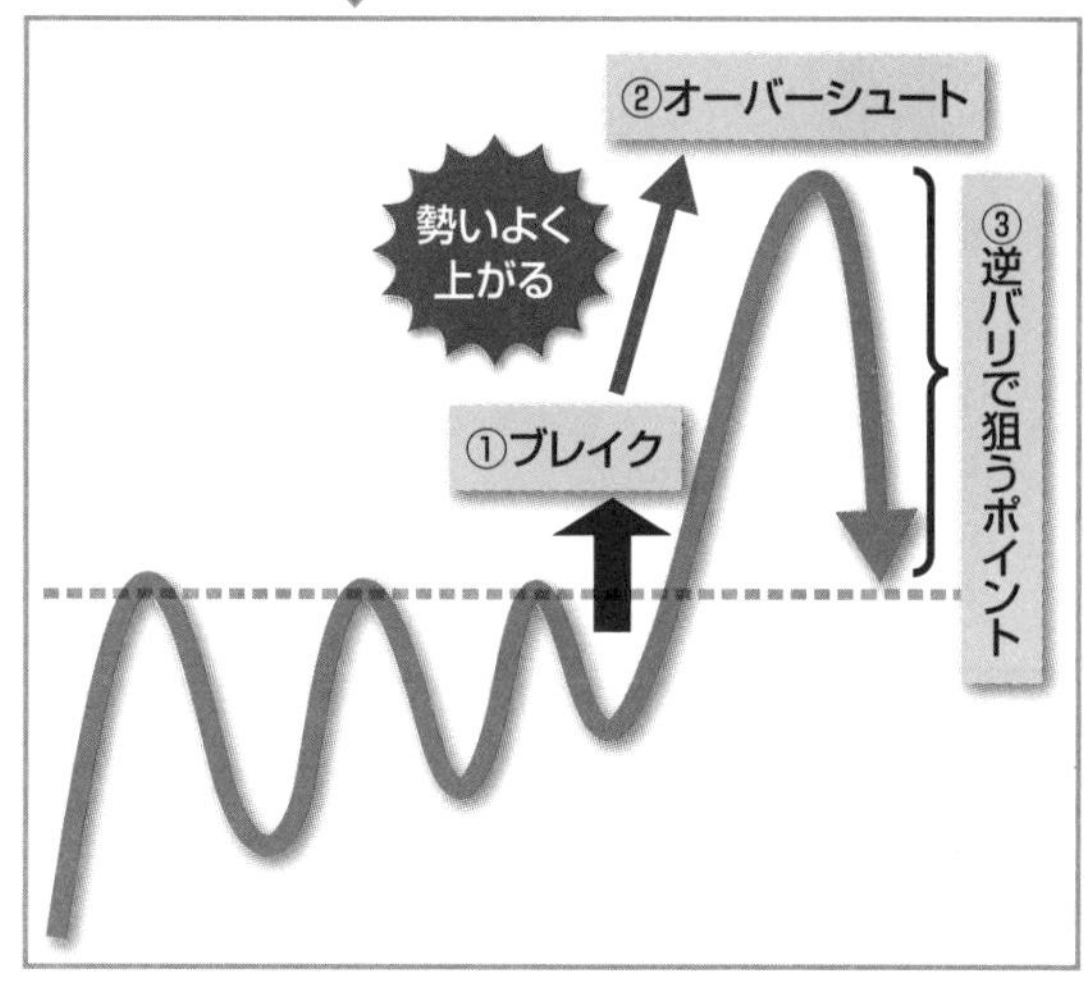

焦らずに戻りを待つ

教科書的にいえば、レンジをブレイクしたら、順バリでトレンドに乗っていくのがセオリーだが、勢いよく上がった後はいったん戻す傾向にあると気づいたジュンさんは、そのタイミングを狙っていく。

File#04
●生粋のチャーティスト

田向宏行さん

2007年からFXを開始し、専業トレーダーに。著書に『1日2回のチャートチェックで手堅く勝てる兼業FX』など多数。ツイッターは@maru3rd

ボリンジャーバンド 日足でトレンドを見極め 1時間足のレンジで発注する

File#04

ニュースを見ていなくても、悪材料が出ればちゃんとチャートに反映される
テクニカル分析だけでトレードする田向さんにはボリンジャーバンドのテクを教わろう。

使うチャートは?	トレード期間は?	注文方法は?	キーワードは?
日足 1時間足	1日〜 数日	IFD 逆指値	1σ、2σ ドルストレート

ファンダメンタルズはチャートが教えてくれる

「ファンダメンタルズも見てはいますが、取引に加味することはありません。たとえば、英ポンドに悪材料が出ているなら、ニュースを見なくてもチャートが教えてくれるからです」

そう話すのは、テクニカル分析だけでトレードする専業トレーダーの田向宏行さんだ。

「金融市場の値動きは、すべて売り手と買い手のどちらが多いかだけ。テクニカル分析はそれを見やすくしてくれる道具。私はテクニカル分析が教えてくれる方向についていくだけです。分析手法はさまざまですが、基本の値動きのしくみはみな同じです。シンプルな例はボリンジャーバンドを使ったやり方ですね。ボリンジャーバンドのセンターラインは移動平均線ですから、その傾きやローソク足との位置関係を見ればおおよそのトレンドがわかります。センターラインが上を向いていて、なおかつローソク足が+1σを越えていれば、上昇の可能性が高いので、チャンスがあれば買ってみようか、と考えます」

センターラインが横向きならレンジ相場だから、無理してトレードする必要はない。

「目安となる高値が近くにあれば、そこにエントリーの逆指値を置いて買います。ただ、2022年の米ドル/円のように20年ぶりの高値を更新していくようなトレンドだと、目安の高値がありません。そんなときはチャートの時間軸を落としてもいい。分析のベースは日足ですが、どこで買うかは時間軸を1時間足にして考えるんです。日足では見えなかった高値・安値のレンジが見えてきますから、買い目線ならレンジの高値にエントリーの逆指値を置いておく。そうすると値動きが出てきたときに自動でエントリーできますし、レンジの安値には損切りを置けますから合理的です」

利益確定はどう考えればいい?

「じつは私も利益確定ははっきりしていないんです。私のようなトレンドフォローだと上がっている間はずっと持ち続けたい。ボリンジャーバンドでいえばローソク足が+1σと+2σの間にあるかぎりは上昇トレンドですから、保有を継続します。ただ、ローソク足が+1σを割ってくると、下げる可能性がでてくる。買いポジションを持っているならいったん決済してもいいタイミングです」

ローソク足が再び+1σを上抜いたら、最初と同じように1時間足のレンジを使ってエントリーすればいい。

「ただ、気をつけてほしいのが通貨ペア選び。最初は米ドル/円やユーロ/円など円の絡む通貨ペアを見がちですが、円の値動きは異例の金融緩和や為替介入で歪められています。また豪ドル/円などのクロス円はドルストレートである豪ドル/米ドルなどの値動きに振り回されることがあります。円に縛られず、米ドルを中心にしたほうがわかりやすいですよ」

［トレードステップ］

1. ボリンジャーバンドのセンターラインが上向いている

→ **2.** ローソク足が$+1\sigma$を越えていればエントリーを検討

→ **3.** $+1\sigma$を割ってきたら決済

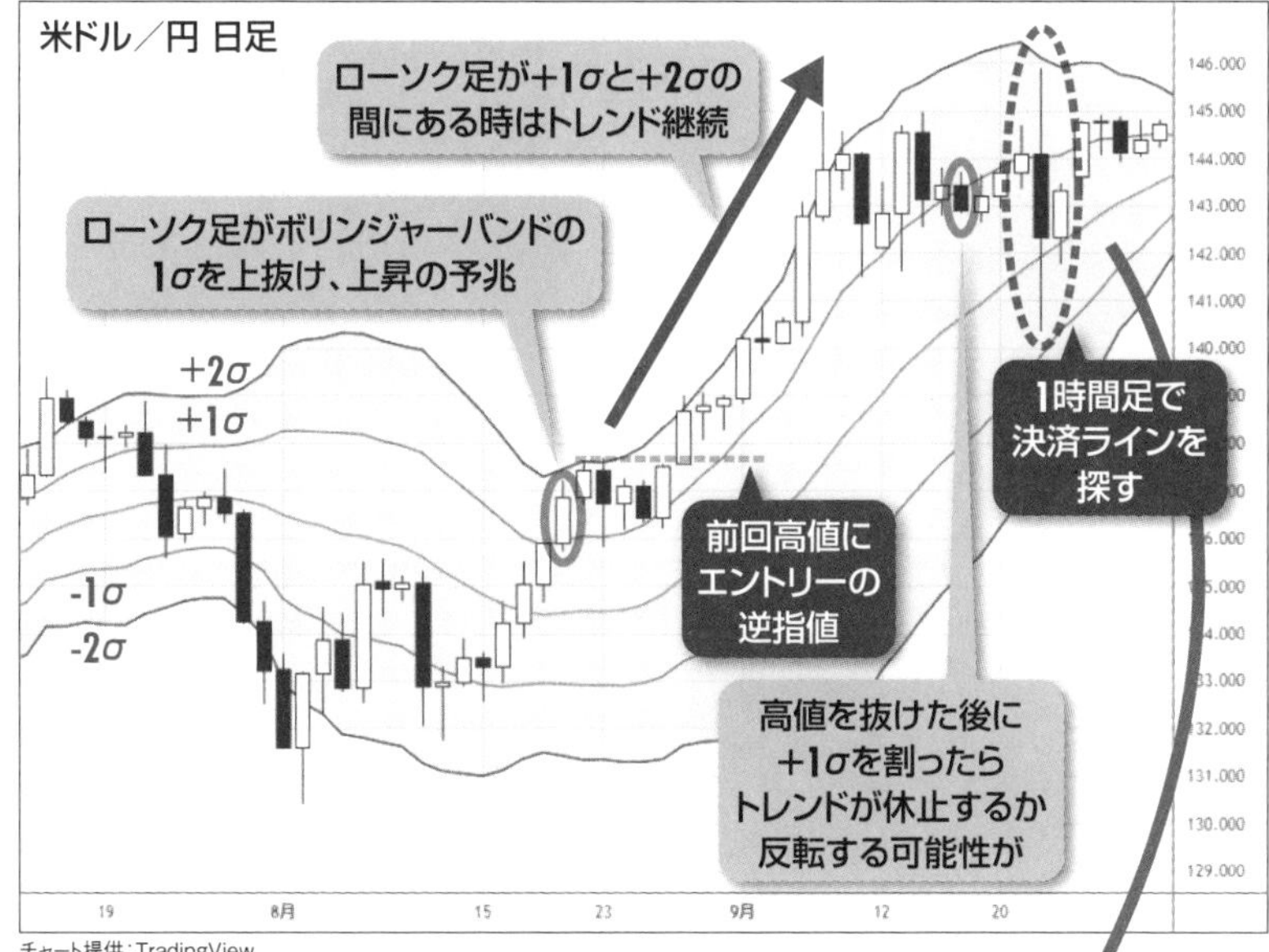

チャート提供：TradingView

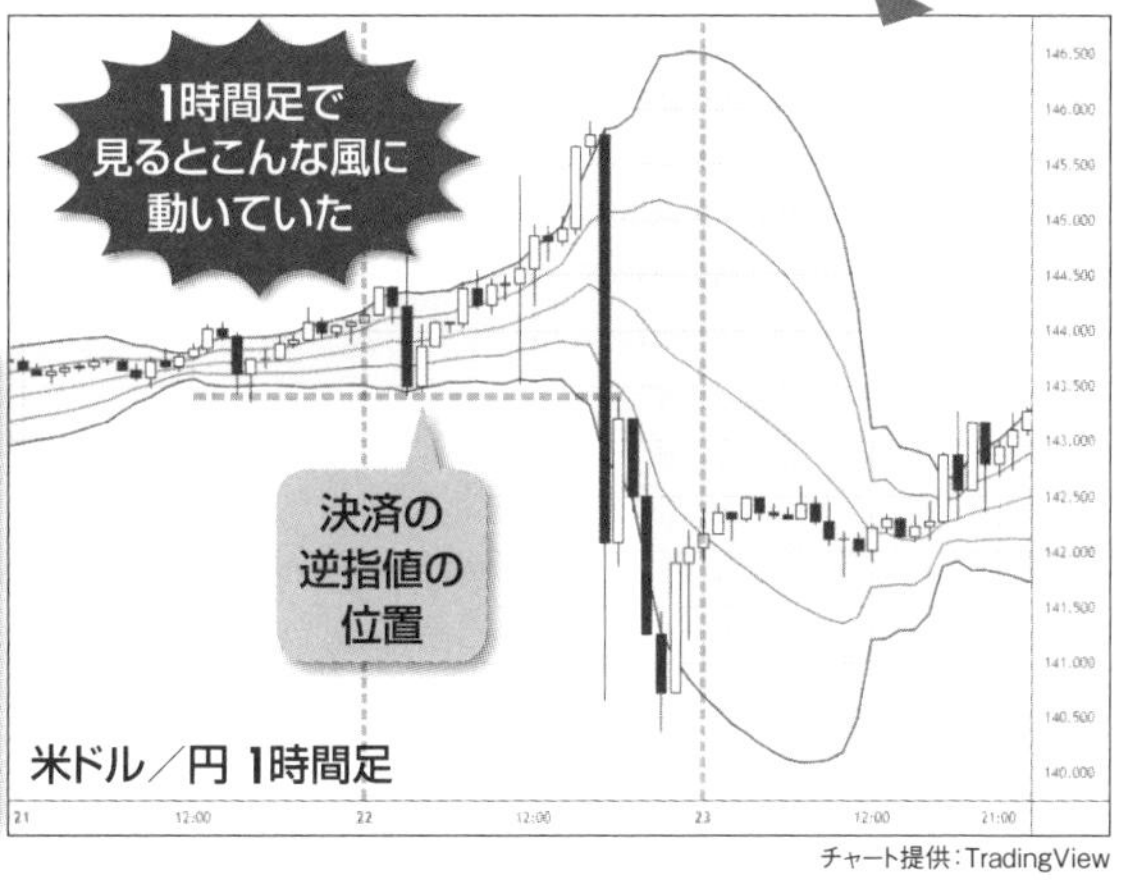

落ち着いて決済まで！

9月22日は政府・日銀の為替介入があり、米ドル／円は**5**円超も動いた。**1**時間足で見ると震えてしまいそうな陰線だが、ここは慌てずに決済。この間でも**4**円超の利益になっている。

チャート提供：TradingView

File#05

スワップ狙い投資
「エンド」を考えた上で買い時を見極める

コロナショックでメキシコペソを爆買い、今やスワップで悠々自適の生活を送るシンボリルドルフさん。いかにして安値を拾うかを教えてもらおう。

使うチャートは？	トレード期間は？	注文方法は？	キーワードは？
週足 日足	数カ月〜 数年	指値 逆指値	高金利通貨 チャートの横軸

File#05
●スワップ派サラブレッド

シンボリルドルフさん

2019年から高金利通貨を手掛ける。トルコリラでは損切りとなるもメキシコペソで成功。週42万円のスワップで悠々自適。ツイッターは@akawasabi2012

メキシコペソが週42万円の収入源に

「今は、午前中はジム通い、午後はのんびりと過ごす悠々自適の生活です」

そう話すのは高金利通貨へのスワップ投資で成功を収め、2022年春に早期退職を果たしたシンボリルドルフさんだ。

「今もメキシコペソと南アフリカランドを持っていて、今週も42万円ほどのスワップ収入がありました。年換算すると2228万円ほどになります。高金利通貨に興味を持ったのはトルコリラがきっかけでした。少し買ってみたところ直後にトルコショックに巻き込まれました。トルコリラが30%以上も値下がりしたんです。『これはいかん』と高金利通貨について勉強し直して見つけたのがメキシコペソ。トルコはインフレ率が非常に高く、政治的にも大統領の独裁体制。投資すべき国ではありませんでした。それに比べてメキシコはアメリカ企業の製造拠点として発展し、政治的にも安定していました」

狙いが決まったら、あとはいつ買うか、だ。

「スワップ派だからといって寝ていて儲かるわけではない。チャートは月足、週足、日足で大きな流れを見ます。チャートも対円ばかりでなく、米ドル／メキシコペソのようなドルストレートも見ます。メキシコペソ／円だと円安・円高に左右されるため、メキシコペソそのものが強いか弱いかを知るには対ドルのチャートも併せて見る必要があるからです。高金利通貨は高額なスワップがもらえる一方、値動きも激しい。高値で買うと、スワップなんてすぐ吹っ飛ぶような下落に巻き込まれます。安値を拾うのが基本です」

少なくとも過去1年の安値水準で買いたい。○○ショックで暴落するようなタイミングも狙い目だ。

「私がメキシコペソを最初に買ったのは2019年ごろ。直後のコロナショックでメキシコペソは暴落し、損切りを余儀なくされました。ただ、メキシコ経済がしっかりしていることはもうわかっていましたから、大底で買い直すチャンスを探して朝までチャートを監視し、『買い時はここだ！』と信じて少しずつ買いを入れました。あの時期は毎晩死ぬ思いでした」

シンボリルドルフさんはメキシコペソを5200万通貨まで買い増していった。円換算すると2億円以上になる。預けた証拠金は約3000万円だから、レバレッジは7倍だ。

「一般的にスワップ派の投資家はエンド、つまり決済を考えずに買ってしまい、下がっても塩漬けして耐えるだけになりがちです。それだと資金がなくなってしまう。どうエンドさせるかを必ず考えてから買ってください。エンドとはチャートの縦軸で考える利益確定や損切りだけでなく、横軸で考えるタイムアウト（時間切れ）もあります。『○年までに上がらなければ売る』『スワップが○円以下になったら手放す』といったように『いつまで持つのか』も考えるべきです」

[トレードステップ]

1. 高金利通貨についてとことん調べる → **2.** 安値で拾うためにチャートをしっかりチェックする → **3.** ひたすら待つ。その時が来たら、自分を信じて、エントリーする

チャート提供：TradingView（https://jp.tradingview.com）

ワンポイントアドバイス！

「エントリーする時には、必ずエンド（決済）を考えておくこと」
たとえば

- どうなったら利益確定するか？
- 損切りはいくらに設定するか？
- ○年までに上がらなかったら売る
- スワップが○円以下になったら手放す…

など

300万円が4000万円になり コロナショックで半分に…

FX億トレーダー **平井聡士**さん
(トレード手法は90ページへGO!)

Column #06

FXはボラティリティが命 大相場で残さず稼ぎ切る!

「僕がめぐりあった最初の『大相場』が2020年3月のコロナショック。あの相場で収支がプラ転しました」

億トレの平井聡士さんも、FXを始めて2年ほどは苦戦した。転換点となったのは、コロナショックだった。

「300万円でスタートしたFXですが20年のピーク時には4000万円くらいになりました。僕のスタイルであるスキャルピングは相場のボラティリティが大きいほど勝ちやすい。コロナショックのような相場はとても大きなチャンスです。今になってみれば、それがわかるんですが、当時はボラティリティの価値がわかっていなかった。効率よく稼ごうとして動きそうな夕方以降の時間だけトレードしたりしていました。もっと稼げたはずなのにと悔いが残ります」

スキャルピングに限らずFXは相場の変動が大きいほど稼ぎやすい。もちろんリスクもあるが、リスク管理をしっかりしておけばボーナスにもなる。

「コロナショックのときはまだ未熟でした。勝てたのは相場のおかげだったのに自分の実力だと勘違い。4000万円は結局、半分ほどに減ってしまいました。それもあって22年の円安トレンドでは『この相場で稼ぎ切ろう』と、時間を問わずにトレード。『バカになろう』と。自分は堅く勝てる場面を狙って安定して利益を積み上げるタイプですが、相場の急変時に大勝ちするには『そんな無茶な!』という高値や安値でもバカになって飛び乗ってエントリーしたり、『もう伸び切っただろう』というところでもホールドしたりして利益を伸ばす。それを貫いて22年は『年億』を達成しました」

1日の中でもボラティリティが高いかどうかは重要だ。

「自分が考えるのは、『上がるか・下がるか』ではなく、『ボラが出るか・出ないか』なんです。9時や16時などボラティリティが高まりやすい時間帯はパソコンの前に必ずいるし、ボラが出たら動いた方向にエントリーするだけです。ローソク足が伸びてくれないと僕らは勝てないし、逆に言えばボラさえあれば勝てるんです」

ボラにかけて"年億"トレーダーに!

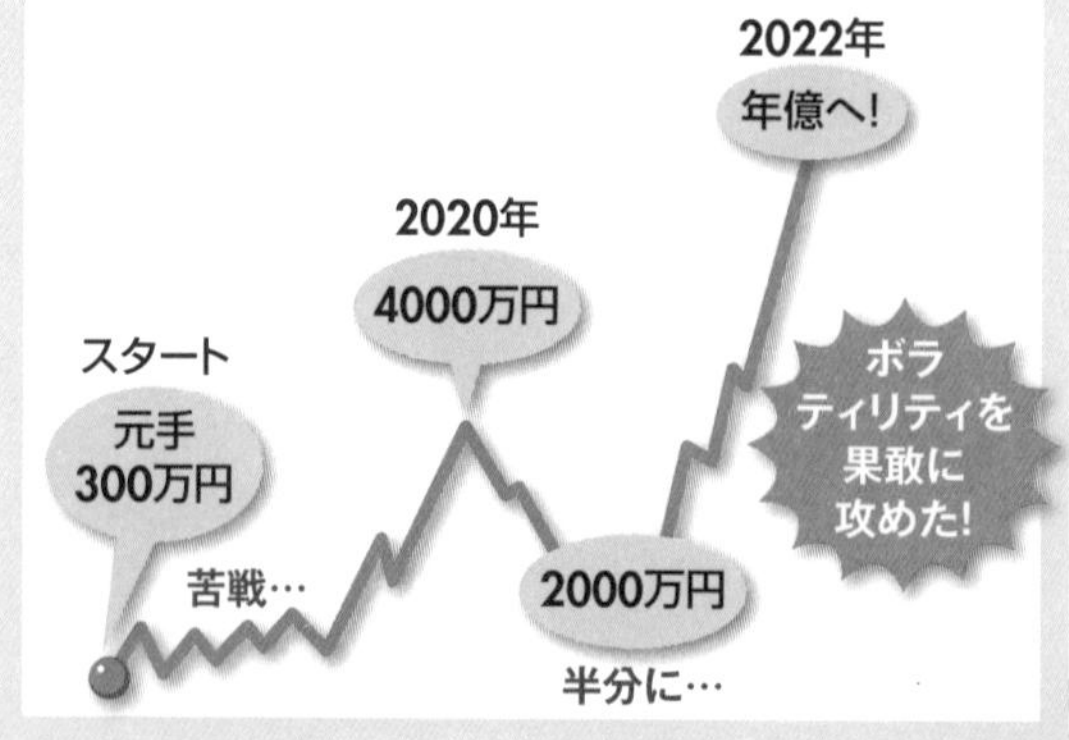

平井聡士

第7章

FX PLUSでFXを始めよう！

3つの取引ツールを使いこなそう！

1000通貨でトレードができて、取引手数料は無料。情報発信も充実しているFX PLUSなら、初心者から中・上級者も満足！

※掲載情報は2022年12月28日時点のものです。

［口座開設〜入金まで］3ステップで簡単スタート！トレード前の準備はこれで完璧！

マイナンバーカードを用意して始めよう!

Step 1 まずは、口座開設をしよう！

マネックス証券なら最短翌営業日に完了！

ＦＸ口座を開くのに面倒な手続きは不要だ。マネックス証券の「ＦＸ　ＰＬＵＳ」を例に見ていこう。

マネックス証券に証券総合取引口座を持っているかどうかで、流れが変わる。すでに口座があれば、取引を始めるまでわずか数分だ。マネックス証券のホームページにログインしたら画面上部のタブから「ＦＸ」を選んでＦＸ口座開設ボタンをクリック。あとは簡単な必要事項を入力し、審査を待つだけ。とくに問題がなければ数分で審査が完了し、登録したメールアドレスへ完了通知が届く。ＩＤやパスワードは証券総合取引口座と共通だ。

証券総合取引口座を持っていない人も大丈夫。オンラインでの開設なら、最短で翌日には取引できる。オンライン口座開設には、マネックス証券のホームページで口座開設ボタンをクリックする。メールアドレスを登録し必要事項を入力しよう。次のステップ「本人確認」はスマホがあると話が早い。最初からスマホで手続きしてもいいし、本人確認だけをスマホで行う場合はパソコンの画面に表示される二次元コードをスマホで読み込む。本人確認が完了したら「同時に申込む」ボタンで「ＦＸ　ＰＬＵＳ口座」を申込んでおこう。簡単な質問に答えるだけでＯＫだ。

審査が完了すると「証券総合取引口座開設完了のお知らせ」のメールが届く。最短で翌営業日とスピーディだから今すぐ手続きしてみよう。

スマホが簡単!

1. インターネット上で申込フォームに入力
2. マイナンバーカードをアップロード
3. IDとパスワードが届くのを待つ

スマホなら本人認証が超らくちん!

手続きにはマイナンバーと本人確認書類が必要になる。マイナンバーカードがあれば1枚でOK。本人認証はスマホで自分を撮影すればいいので、スマホからだと簡単＆スピーディだ。

FX PLUSってどんな口座？

- 1000通貨から取引可能
- 取扱い通貨ペアは16種類
- 証券総合取引口座からの資金移動がラクラク
- 動画やレポート、ニュースも充実
- 初心者から上級者まで満足の取引ツール
- 日本株・米国株・投信など、他の金融商品も取引できる

※マネックス証券の証券総合取引口座

Step 2 取引システムにログインしてみよう！

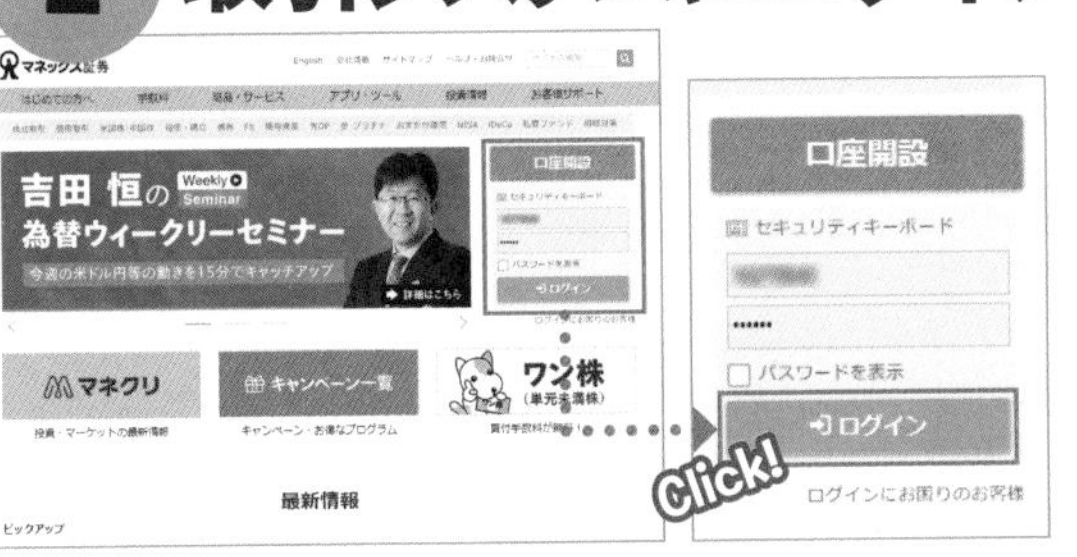

パスワードを変更しておくと、後で便利

初期設定のパスワードは覚えにくいし入力が面倒。FXアプリからログインするときも同じパスワードを使うから、最初にログインしたら変更しておこう。ただし他サイトとの使い回しや「名前＋誕生日」など他人に類推されやすいパスワードは避けること。

Step 3 さっそく入金してみよう！

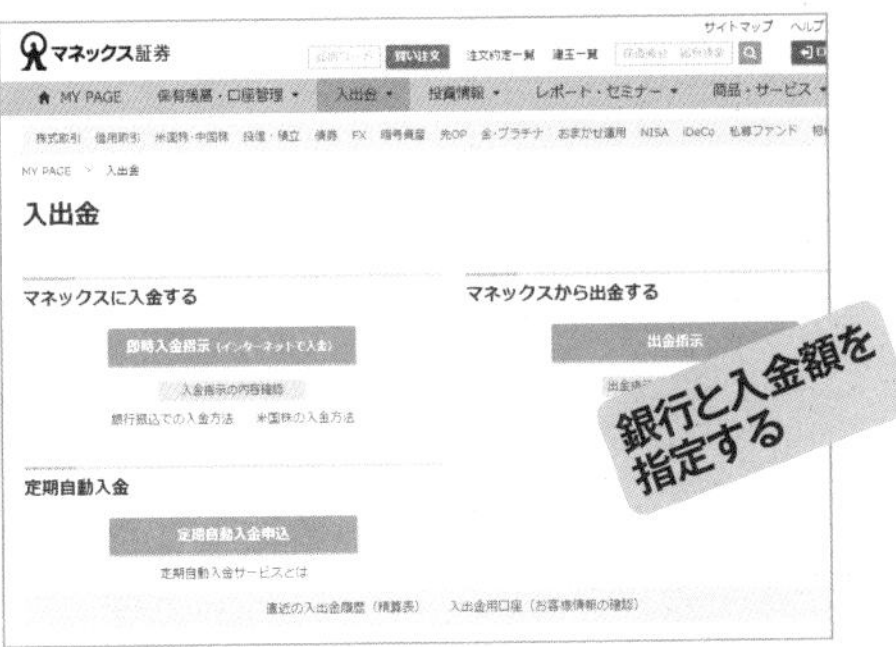

オススメは…
即時入金サービス
● 手数料無料で、即時に残高に反映される！

● **入金の流れ**

ネットバンキング
↓ 即時入金サービス
証券総合取引口座
↓ 振替
FX PLUS口座

即時入金サービスなら24時間即反映＆手数料が無料！

入金には「即時入金サービス」がオススメ。深夜など一部の時間を除き、入金指示が即座に口座へ反映され、しかも振込手数料が無料！　提携金融機関は17行。メガバンクや主要ネット銀行は網羅されている。入金したらFX PLUS口座への振替をお忘れなく。

入金手数料は無料！「資金振替」を忘れずに

IDとパスワードが揃ったら早速マネックス証券のホームページでログインしてみよう。

いきなり取引を始めてもいいけど、初期パスワードを自分なりのパスワードに変更しておいたほうがスマホからログインする場合などに便利だ。ただし万が一のリスクに備えて、第三者が類推しやすいパスワードや他のサービスとの使い回しは避けよう。

パスワードを変更したら次は入金。インターネットバンキングを利用した「即時入金サービス」を使えば一部の時間を除きリアルタイムで入金が反映され、しかも振込手数料は無料だ。マネックス証券の即時入金サービスは、みずほ銀行や三菱UFJ銀行、楽天銀行、住信SBIネット銀行など主要17行に対応している。

入金手続きが終わったらホームページで確認だ。この段階では、入金したお金は証券総合取引口座に入っている。FXを取引するには証券総合取引口座からFX PLUS口座へと資金を移動させる必要がある。入出金メニューから「資金振替」を選んで、「FX PLUS」へ資金を振り替えておこう。この手続きもリアルタイムで反映されるし、数クリックで終わるから問題ないはず。

ここまで済んだら取引の準備はすべて完了だ。為替市場がアナタを待っている！

 ※FX PLUSのリスク・手数料等の重要事項を164ページに記載していますので必ずご確認ください。

トレードを左右する情報力 最強の「吉田さん」を味方につけよう

レポートや動画視聴をルーティンにしよう

「FXを通じてお客様の資産を増やすことが僕の役割。そのために動画やレポートを通じて、さまざまな情報を発信しています」

そう話すのはマネックス証券のチーフ・FXコンサルタント兼マネックス・ユニバーシティFX学長の吉田恒さん。数々の大相場を予測してきた実績があり、吉田さんの情報をチェックしていればレベルアップできるだろう。

「ウィークリーセミナーをベースにし、デイリーのレポートで日々の変化を確認して、月例の雇用統計セミナーで長期的な市場環境を定点観測する、といった活用法がいいと思います。マネックス証券では僕のレポート以外にもさまざまなレポートが読めますし、速報ニュースや通知機能も非常に優れています。ぜひ活用してください」

日々の生活習慣に吉田レポートのチェックを加えてみよう。

その時何が起こったか! 手軽に読める!

取引リアルタイムニュース

[パソコン]

投資情報

ニュース　経済指標　レポート

20221108 ～　検索　クリア　1-50/225

ニュースカテゴリ：全て／速報・市況／要人発言／経済指標／テクニカル／マーケットウォッチ／主要ニュース／その他

ご留意事項

日時	カテゴリ		見出し
22/11/15 12:36	要人発言	Gi24	【要人発言】仏中銀総裁「ECBは利上げ継続する見込みだが、ペース落とす可能性も」
22/11/15 11:01	要人発言	MW24	鈴木財務相「FTX破綻、緊張感持って注視したい」
22/11/15 10:57	要人発言	MW24	ウクライナ大統領「核使用容認しない米中の姿勢表明を歓迎」
22/11/15 10:27	要人発言	MW24	米高官、G20は露のウクライナ戦争非難を＝ロイター
22/11/15 09:42	要人発言	MW24	NATO事務局長、「露軍を過小評価するべきではない」と警戒
22/11/15 09:37	要人発言	Gi24	【RBA議事要旨】「金利はあらかじめ設定された経路上にあるわけではない」
22/11/15 09:35	要人発言	Gi24	【RBA議事要旨】「金利のさらなる引き上げが必要であることに合意」
22/11/15 08:49	要人発言	Gi24	【要人発言】中国外相「習主席はバイデン大統領との台湾巡る協議で反国家分裂法に言及」
22/11/15 07:50	要人発言	MW24	バーFRB副議長、仮想通貨との関係が従来型金融に広がればシステミックリスク
22/11/15 07:49	要人発言	MW24	加中銀総裁、経済減速は低所得者層にもっとも打撃
22/11/15 07:27	要人発言	MW24	露報道官、国連との穀物協議は「建設的」だった
22/11/15 07:25	要人発言	MW24	FRB副議長、「近く」利上げペース減速する可能性に言及＝ブルームバーグ

…能性に言及＝ブルームバーグ

カテゴリ：要人発言

ブルームバーグによると、米連邦準備制度理事会（FRB）のブレイナード副議長は14日、米金融当局が利上げ幅を小さくする時期が近くやってくるとの見解を示した。一方で利上げを停止する用意はまだないことも強調した。

ブレイナード氏はブルームバーグのワシントン支局で行われたイベントで、「恐らく利上げペース減速への移行が近く適切になるだろう」と発言。その上で「われわれは多くのことを行ってきたが、追加でしなければならないことがある。強調すべき真に重要なことはそれだ」と述べた。

ブレイナード氏は「累積的な引き締めが浸透するまでにはいくらか時間がかかるだろう」とし、「そのため、インフレを徐々に低下させるような抑制を確実に続けつつ、より慎重かつ一段とデータに依存したペースに移行することは理にかなっている」と続けた。

B ニュースの他、経済指標やレポートも読める!

A 「速報・市況」「要人発言」など7つの項目でソートできる

[スマホ]

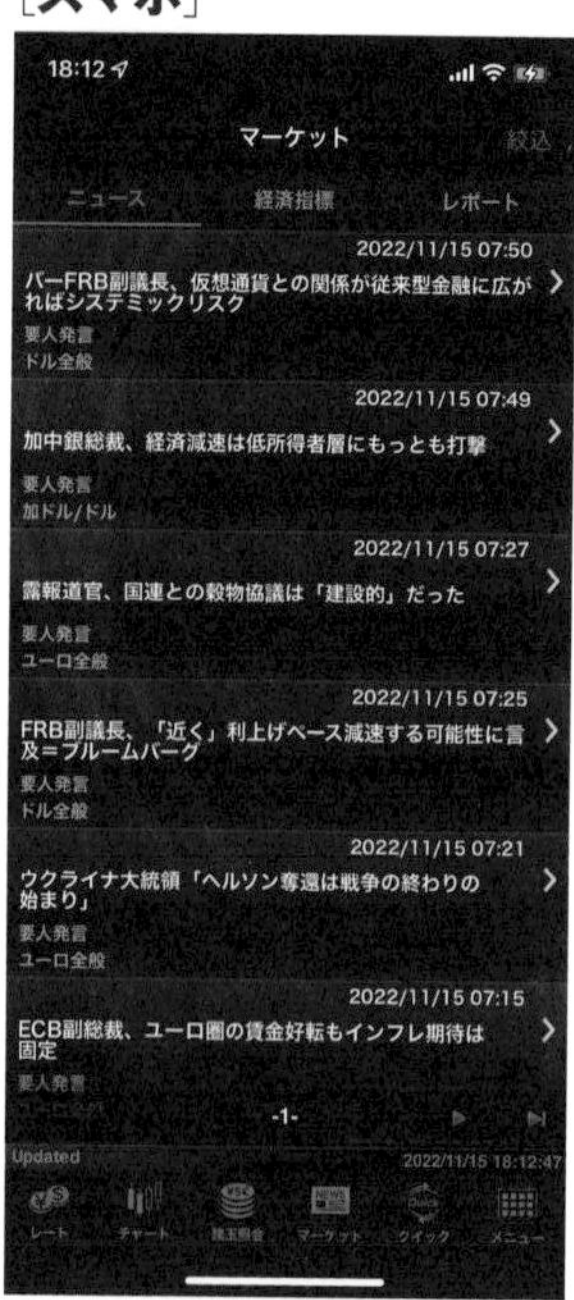

情報を実践に役立てる！

1カ月のルーティンでレベルアップ！

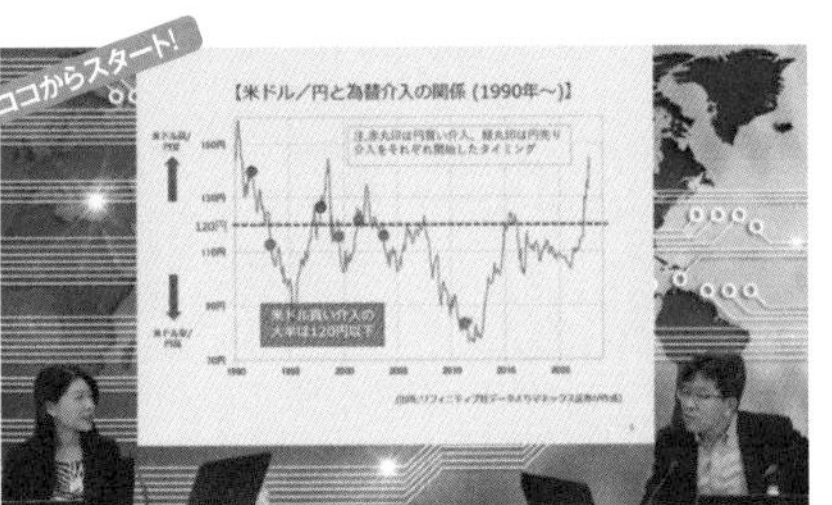

1

1カ月の予想を元に、今月のトレードプランを練ろう！
［ライブ配信］ 第一金曜日 21時30分〜22時40分
※夏時間は20時30分〜21時40分

「雇用統計セミナー」を視聴

毎月第一金曜日に発表される米雇用統計の時間に合わせ、吉田さんが米雇用統計の発表直後に解説してくれる。雇用統計の結果で金融政策の見通しが大きく変わることもあり、注目度が高く毎回数千人が参加する大人気セミナーだ。

2

1週間の米ドル/円の予想を元に、微調整
［オンデマンド動画］ 月曜日(第一営業日)

「吉田恒の為替ウィークリーセミナー」を視聴

15分でOK!

毎週月曜日に配信される動画では今週の展望や注目のイベント、経済指標、取引ストラテジーなどをチャートとともに解説。今週の取引を始める前に視聴しておこう。文字で読めるウィークリーレポートもある。

3

スマホでチェック

平日はさくっと今日の出来事をレポートでカクニン
月曜日〜金曜日 昼休みにチェック

「吉田恒の為替デイリー」を読む

毎営業日お昼前後に更新されるレポート。前営業日のイベントや市況をデイリーとは思えない深さで分析してくれる。吉田さんの見通しに変化があれば即座に反映されるから、自分の取引戦略を組み立てていく材料にも。

執筆陣の顔ぶれも多彩！

●陳満咲杜流FXプライスアクション
上海出身でテクニカル分析を得意とする陳さんによる市場見通し。大衆心理などにも踏み込む独特な分析が出色。

●大橋ひろこのなるほど! わかる! 初めてのFX
フリーアナウンサーでありプロ顔負けの知識を誇る大橋さんのレポートは、アナリストも参考にするほど。

●田嶋智太郎の外国為替攻略法
大手証券会社出身の経済アナリスト。チャートだけでなく世界のさまざまな話題から市場の未来を予想。

メールでお知らせ！

●経済指標通知
「経済指標アラートメール」は発表予定と結果を教えてくれる。アプリで設定できるスマホでの通知も便利だ。

●レポート通知
スマホで設定しておくと吉田さんなどのレポートが更新された時に通知される。読み忘れ防止に。

●プレアラート通知
証拠金維持率が低下し、自動ロスカットが近づいた時に通知してくれる。手遅れにならないよう設定必須！

 ※FX PLUSのリスク・手数料等の重要事項を164ページに記載していますので必ずご確認ください。

スマホでもパソコンでも取引ツールはシーンや目的に合わせて使い分け！

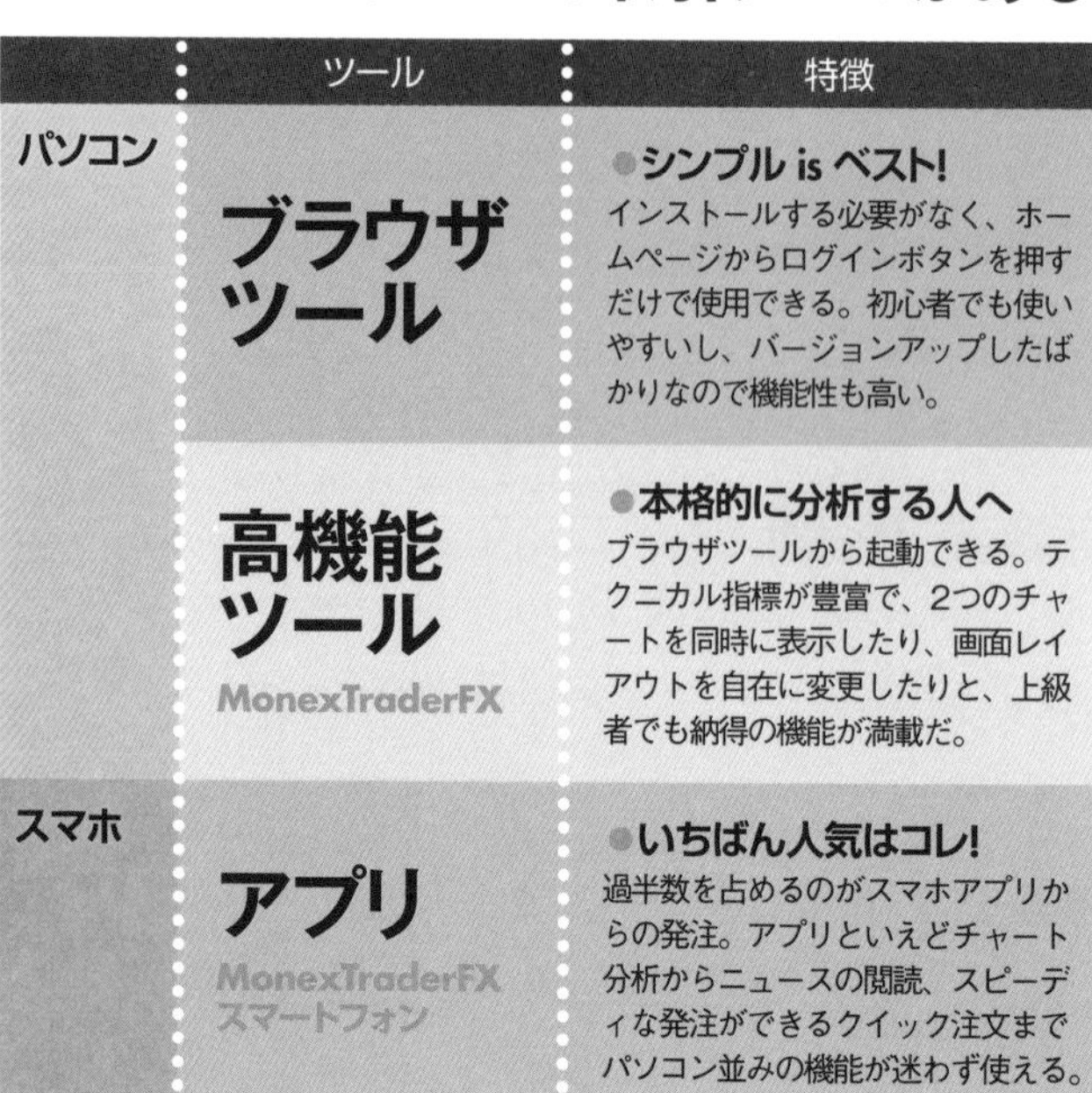

FX PLUSには3つの取引ツールがある!

	ツール	特徴
パソコン	ブラウザツール	●シンプル is ベスト！ インストールする必要がなく、ホームページからログインボタンを押すだけで使用できる。初心者でも使いやすいし、バージョンアップしたばかりなので機能性も高い。
	高機能ツール MonexTraderFX	●本格的に分析する人へ ブラウザツールから起動できる。テクニカル指標が豊富で、2つのチャートを同時に表示したり、画面レイアウトを自在に変更したりと、上級者でも納得の機能が満載だ。
スマホ	アプリ MonexTraderFX スマートフォン	●いちばん人気はコレ！ 過半数を占めるのがスマホアプリからの発注。アプリといえどチャート分析からニュースの閲読、スピーディな発注ができるクイック注文までパソコン並みの機能が迷わず使える。

最初はスマホアプリかブラウザツールで

ＦＸの取引をするときに使うのが「取引ツール」。マネックス証券だと３種類の取引ツールが用意されている。どれも使い方は簡単だ。

パソコンで取引したい人はマネックス証券のホームページでログインするだけで、初心者向けのブラウザツールや高機能ツールが使える。面倒なインストールが不要なのは嬉しい。ログイン後、最初に表示されるのはブラウザツール。チャートや発注画面が見やすく表示され、初心者でも「どこで発注するんだろう」と迷うことがない。ニュースやポジションの確認などは左側のメニューにまとまっている。

もっと自分なりに分析したいと思ったら画面左のメニューから「高機能ツール」を選択しよう。こちらはレイアウトをカスタマイズして保存したり、複数のチャートを同時に表示して分析したり、上級者向けの機能を備えている。ブラウザツールだけでも機能は十分だが、さらにレベルアップしたいときは高機能ツールを使ってみよう。

今や欠かせないツールとなったのがスマホ。発注の過半数がスマホ経由というほど普及している。為替市場はいつ急変するかわからない。予期せぬ事態に備えてアプリをインストールしておこう。マネックス証券のＦＸアプリは初心者が使いやすいよう設計されており、機能性も高い。テクニカル指標やトレンドラインを使ったチャートの分析もできるし、短期売買に便利なクイック注文も使える。

［パソコン］シンプルで見やすい画面！

ブラウザツール

インストール不要で、すぐアクセス

A 口座状況がひと目でわかる

FXで大切なレバレッジ管理の目安となる証拠金維持率が上部に表示される。マネックス証券では証拠金維持率が100％（初期値。50％まで変更可能）を割ると自動ロスカットだから気をつけて。

ひとつの画面で操作OK！

イエス！

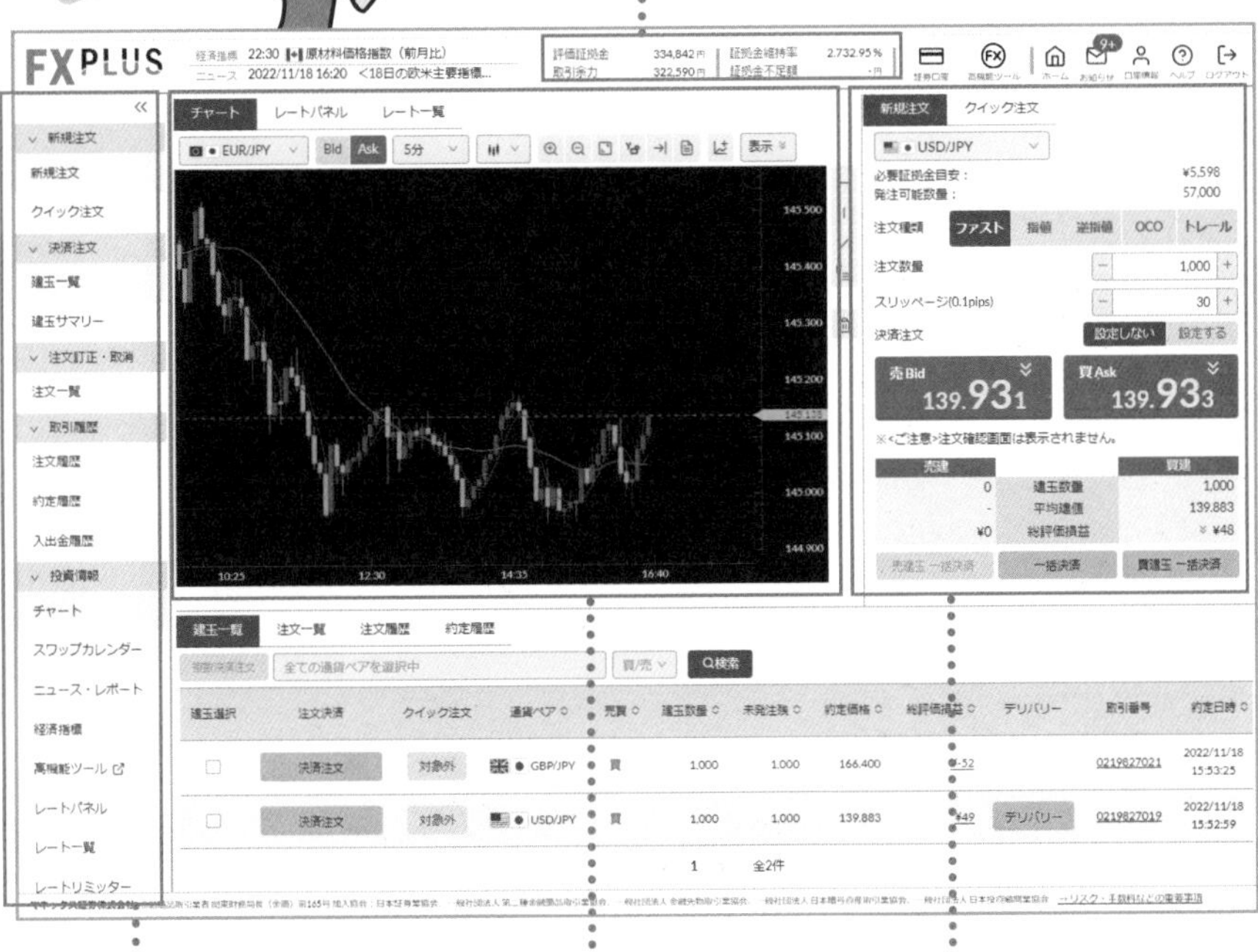

B 左のメニューバーで選ぶ

やりたいことを左側の基本メニューで選択する。ニュースやロスカット率の変更、高機能ツールの起動など「どこかな？」と思ったら左側を探してみよう。チャートを大きくしたければ隠すこともできる。

C チャートはシンプル

TICKから月足まで時間軸を変更でき、ラインやフィボナッチ・リトレースメントの描画にも対応。テクニカル指標も人気の11種類が表示可能。チャートを初めて操作する人でも安心の使いやすさだ。

D 大きな発注画面

発注時に必要な機能が全部つまった便利な画面。IFD OCO注文の発注は、指値を選び決済注文を「設定する」に。タブを「クイック注文」に切り替えると新規注文から決済までここで完結できる。

 ※FX PLUSのリスク・手数料等の重要事項を164ページに記載していますので必ずご確認ください。

スピーディに発注できる

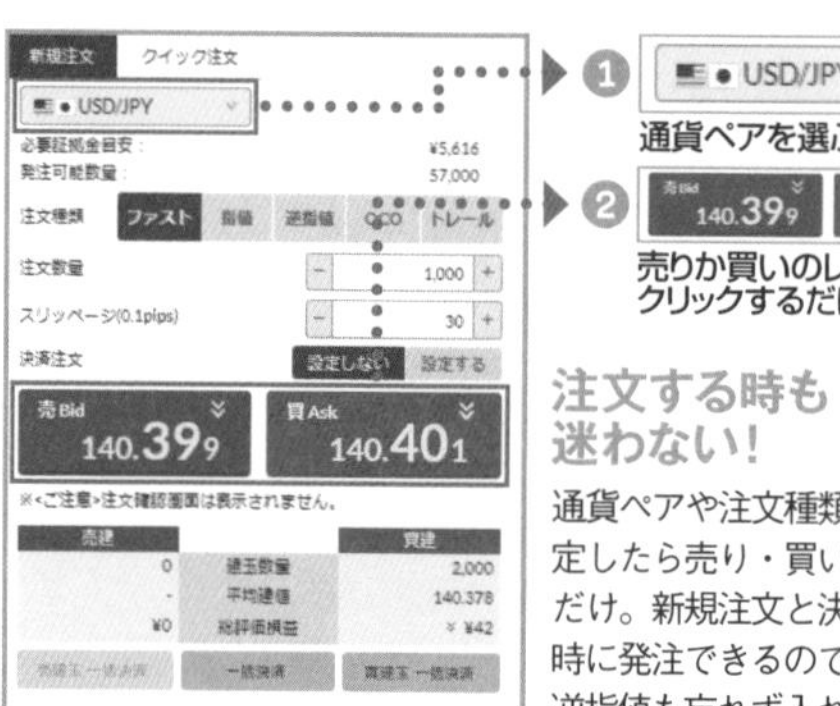

❶ USD/JPY

通貨ペアを選ぶ

❷ 売Bid 140.399 買Ask 140.401

売りか買いのレートをクリックするだけ

注文する時も迷わない！

通貨ペアや注文種類、数量を指定したら売り・買いを指定するだけ。新規注文と決済注文も同時に発注できるので、損切りの逆指値も忘れず入れておく。

よく注文する数量を設定しておくと便利！

「だいたい毎回2000通貨で発注する」なんて人は注文共通設定で数量を変更しておこう。次回から発注画面に2000通貨と表示される。決済同時発注や注文の有効期限なども設定可能だ。

テクニカル指標の切り替えもラクラク

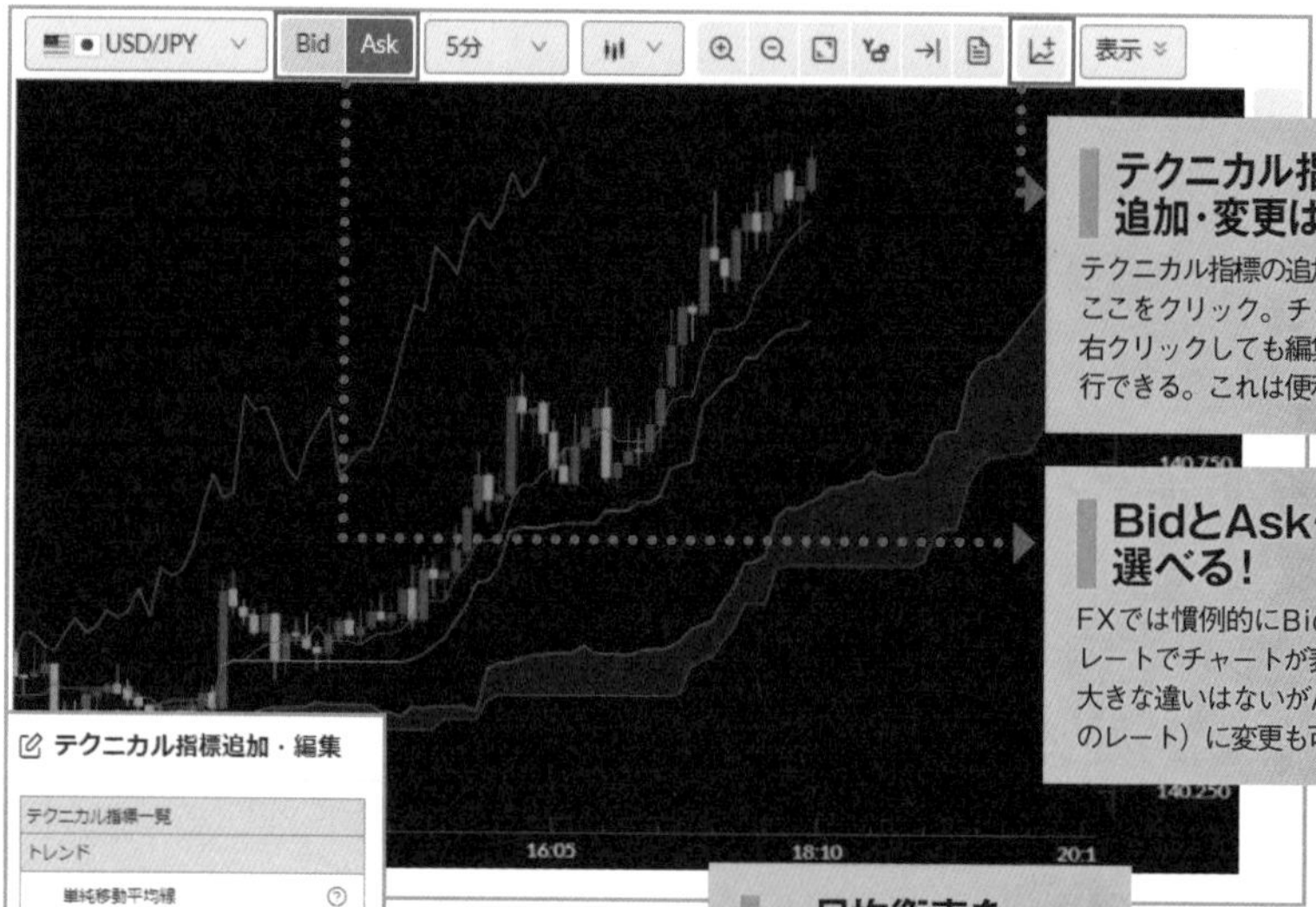

USD/JPY　Bid　Ask　5分　表示

テクニカル指標の追加・変更はここで！

テクニカル指標の追加や変更はここをクリック。チャート上で右クリックしても編集画面に移行できる。これは便利！

BidとAskも選べる！

FXでは慣例的にBid＝売りのレートでチャートが表示される。大きな違いはないがAsk（買いのレート）に変更も可能だ。

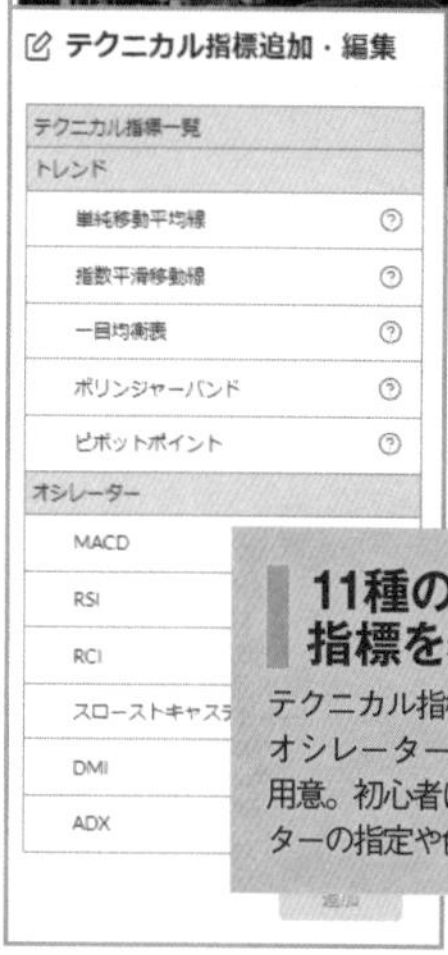

テクニカル指標追加・編集

テクニカル指標一覧

トレンド
- 単純移動平均線
- 指数平滑移動線
- 一目均衡表
- ボリンジャーバンド
- ピボットポイント

オシレーター
- MACD
- RSI
- RCI
- スローストキャス…
- DMI
- ADX

一目均衡表をボリンジャーバンドに変更！

表示中のテクニカル指標はチャート上で右クリックし「表示済みテクニカル指標」で確認。それを削除し、好みのものを追加。

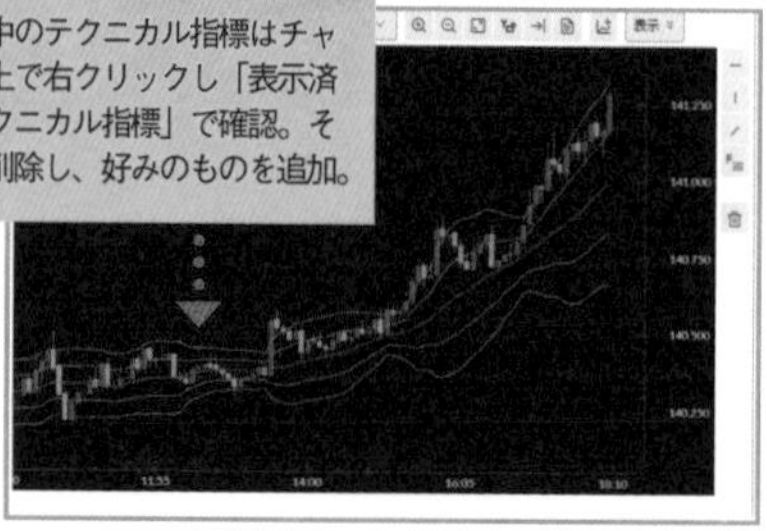

11種のテクニカル指標を表示できる

テクニカル指標はトレンド系5種、オシレーター系6種の計11種類を用意。初心者には十分だ。パラメーターの指定や色の変更もできる。

第1章 FXトレードの基本
第2章 1000通貨のトレードテクニック
第3章 便利なFXのしくみ
第4章 ファンダメンタルズ分析の実践練習
第5章 テクニカル分析なしでは勝ち目なし！
第6章 先輩に学ぶトレードスタイル
第7章 FXを始めよう！

［パソコン］慣れてきたら使ってみたい

高機能ツール

MonexTraderFX

自分仕様にカスタマイズできる！

メニューからチャートを表示

新しいチャートや比較チャート、ニュースなど表示したいメニューを選択する。レイアウトの保存や再表示もここから。

レイアウトパターンは5つ

レイアウトは最大5パターンまで保存できる。「デイトレ用」「ドル円分析」などスタイルに応じて変更したい時に便利！

選んだメニューを上に乗せられる

新しいウィンドウを表示させると既存のウィンドウの上に追加されていく。大きさや位置を見やすいように変更していこう。

レイアウトを保存

完成したレイアウトはメニューから「レイアウト保存」しておこう。次回ログイン時にもすぐに呼び出せる。

高機能チャートを最大限に使いこなそう

豊富なテクニカル指標や描画機能はもちろん、マネックス証券利用者の売買比率が見られ、複数通貨ペアの比較チャートも表示できる。クイック注文やチャート発注もできるからサクサク短期売買したい時にも快適だ。

 ※FX PLUSのリスク・手数料等の重要事項を164ページに記載していますので必ずご確認ください。

［スマホ］パソコン並みの充実ツール

アプリ

MonexTraderFXスマートフォン

ログインなしでもレートチェックができる!

チャート

建玉照会

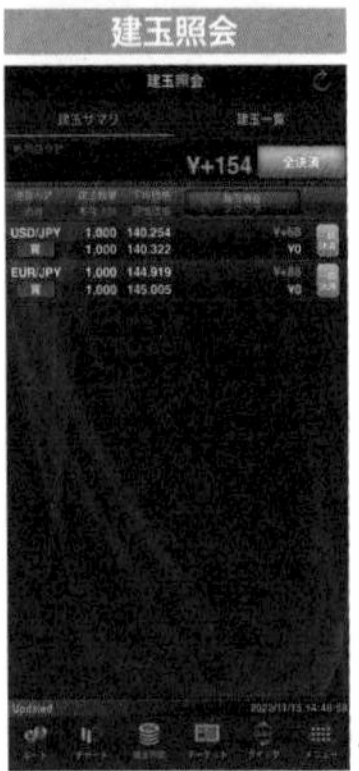

［トップページ］レート

クイック（注文）

マーケット

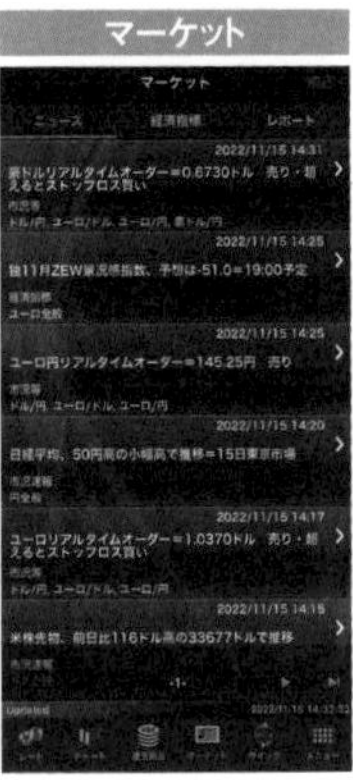

発注もチャート分析もやみつきになる便利さ!

じっくり分析するなら画面が大きなパソコンのほうが見やすいが、簡単に発注できるのはスマホだ。家にいるときでも「パソコンでじっくり分析しながら発注は手元のスマホで」という使い方もできる。もちろんチャートやニュースなどの機能も充実しているから、スマホ1台で取引することもOK。

スマホアプリはログインしなくてもレートやチャートを表示できるから、作業の合間にチェックするのに最適。本気でFXに取り組むならスマホアプリのインストールが必須だ。

チャートも注文機能も充実!

テクニカル分析を3つも表示可能!

テクニカル指標はパソコン並みに14種類が用意されている。「移動平均線+RSI+MACD」といったように3つまで同時に表示できる。チャートを見ながらクイック注文で発注することも可能だ。

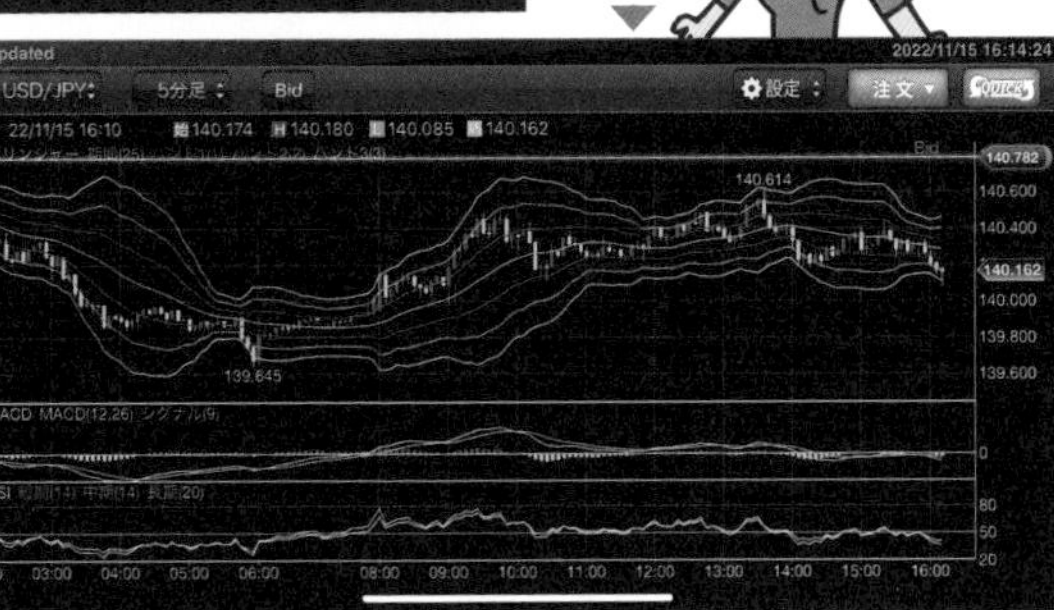

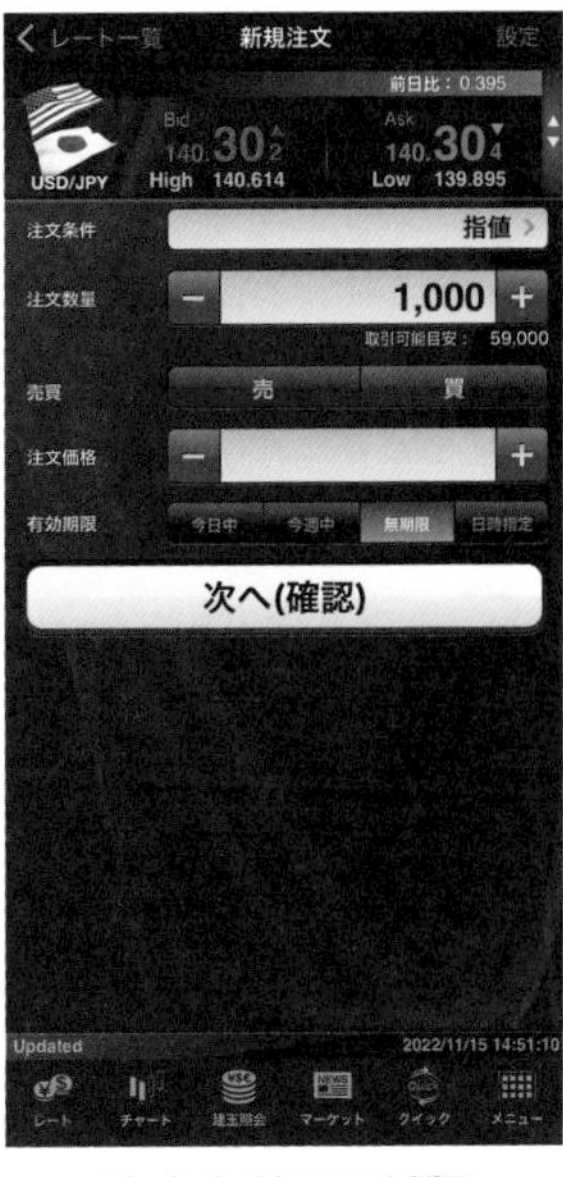

注文条件は9種類

指値、逆指値やファストのほか、IFDOCO、トレール、短期売買向けのクイック注文まで9種類。有効期限も4種類から選べる。レート一覧やチャートから発注画面へもスムーズに遷移できるので便利だ!

便利な設定機能も搭載!

情報もバッチリ!

マーケットのタブから、ニュースや経済指標予定と結果、吉田恒さんなど強力な執筆陣のレポートが読める。ニュースは通貨やジャンルで細かく絞り込みができて、欲しい情報だけを選べる!

 ※FX PLUSのリスク・手数料等の重要事項を164ページに記載していますので必ずご確認ください。

マネックス証券の口座開設・維持費は無料です。

口座開設にあたっては、「契約締結前交付書面」で内容をよくご確認ください。

FX PLUS（店頭外国為替証拠金取引）に関する重要事項

［リスク］

FX PLUSでは、取引対象である通貨の価格の変動により元本損失が生じることがあります。また、取引金額が預託すべき証拠金の額に比して大きいため（具体的な倍率は当社ウェブサイトをよくご確認ください）、取引対象である通貨の価格の変動により、その損失の額が証拠金の額を上回る（元本超過損）ことがあります。 さらに、取引対象である通貨の金利の変動により、スワップポイントが受取りから支払いに転じることがあります。FX PLUSは、店頭取引であるため、当社・カバー先の信用状況の悪化等により元本損失が生じることがあります。FX PLUSでは、損失が一定比率以上になった場合に自動的に反対売買により決済されるロスカットルールが設けられていますが、相場の急激な変動により、元本超過損が生じることがあります。加えて、相場の急激な変動により、意図した取引ができない可能性があります。

［手数料等］

FX PLUSでは、取引手数料はかかりません。当社は、通貨ペアごとにオファー価格（ASK）とビッド価格（BID）を同時に提示します。オファー価格とビッド価格には差額（スプレッド）があり、オファー価格はビッド価格よりも高くなっています。流動性の低下、相場の急激な変動により、スプレッドの幅は拡大することがあります。

［証拠金］

FX PLUSでは、取引通貨の為替レートに応じた取引額に対して一定の証拠金率以上で当社が定める金額の証拠金（必要証拠金）が必要となります。一定の証拠金率とは以下のとおりです。ただし、相場の急激な変動等の事由が発生した場合には当社判断により変更することがあります。

（個人口座）

原則4%（一部の通貨ペアでは8%、詳細は当社ウェブサイトをご確認ください）

（法人口座）

金融商品取引業等に関する内閣府令第117条第31項第1号の定める定量的計算モデルにより金融先物取引業協会が算出した通貨ペアごとの為替リスク想定比率です。ただし、金融先物取引業協会の算出した為替リスク想定比率が、当社が通貨ペアごとに定める最低証拠金率（原則1%、一部の通貨ペアでは8%、詳細は当社ウェブサイトをご確認ください）を下回る場合には、当社が通貨ペアごとに定める最低証拠金率を優先させることとします。

［その他］

お取引の際は、当社ウェブサイトに掲載の「契約締結前交付書面」「リスク・手数料などの重要事項に関する説明」を必ずお読みください。

マネックス証券株式会社
金融商品取引業者 関東財務局長（金商）第165号
加入協会：日本証券業協会、一般社団法人 第二種金融商品取引業協会、一般社団法人 金融先物取引業協会、一般社団法人 日本暗号資産取引業協会、一般社団法人 日本投資顧問業協会

index

索引

※黒字は用語解説、
赤字は文中・図中に出てきた用語

あ

か

さ

index

ま

ら

た

な

は

ダイヤモンド・ザイとは

初心者から上級者まで、幅広い層に人気の月刊投資情報誌。イラストや写真を豊富に使い、基礎的なことも、高度なことも、誰にでもわかるように解説する。特に「人気の株500激辛診断」や「10万円以下の株カタログ！」、「株で1億円をつくる！」などは、心待ちにしている読者も多いヒット企画。FXや投資信託などの投資情報のほか、年金や税金関連、ふるさと納税などのマネー情報を幅広く掲載（毎月21日発売）。

めちゃくちゃ売れてる投資の雑誌ザイが作った
10万円から始めるFX超入門 改訂2版

2023年2月14日　第1刷発行

編著 ――――― ダイヤモンド・ザイ編集部
執筆協力 ――― 高城 泰
発行所――――― ダイヤモンド社
〒150-8409　東京都渋谷区神宮前6-12-17
https://www.diamond.co.jp/
電話／03-5778-7248（編集）　03-5778-7240（販売）

装丁・本文デザイン ―― 伊藤退助（p.d.o）
イラスト ――――― 斎藤ひろこ（ヒロヒロスタジオ）
撮影―――――――― 和田佳久
図表作成 ――――― 地主南雲
製作進行 ――――― ダイヤモンド・グラフィック社
印刷／製本 ――― 三松堂
協力―――――――― マネックス証券
編集担当 ――――― 石川絵美

ISBN 978-4-478-11734-7

※投資は情報を確認し、ご自分の判断で行ってください。本書を利用したことによるいかなる損害などについても、著者および出版社はその責を負いません。本書の内容は特に記載のないものは2023年1月15日時点のものであり、予告なく変更される場合もあります。また、本書の内容には正確を期すよう努力を払いましたが、誤り・脱落等がありましても、その責任は負いかねますのでご了承ください。